DR. OETKER

DIE BESTEN KUCHEN

VON A–Z

DR. OETKER

DIE BESTEN KUCHEN

VON A–Z

Dr. Oetker Verlag

Abkürzungen

EL	=	Esslöffel
TL	=	Teelöffel
Msp.	=	Messerspitze
Pck.	=	Packung/Päckchen
g	=	Gramm
kg	=	Kilogramm
ml	=	Milliliter
l	=	Liter
evtl.	=	eventuell
Fl.	=	Fläschchen
geh.	=	gehäuft
gestr.	=	gestrichen
TK	=	Tiefkühlprodukt
°C	=	Grad Celsius

Kalorien-/Nährwertangaben

E	=	Eiweiß
F	=	Fett
Kh	=	Kohlenhydrate
kcal	=	Kilokalorie
kJ	=	Kilojoule

Hinweise zu den Rezepten

Lesen Sie vor der Zubereitung – besser noch vor dem Einkauf – das Rezept einmal vollständig durch. Oft werden Arbeitsabläufe oder -zusammenhänge dann klarer.

Zutatenliste

Die Zutaten sind in der Reihenfolge ihrer Bearbeitung angegeben.

Arbeitsschritte

Die Arbeitsschritte sind einzeln hervorgehoben, in der Reihenfolge, in der sie von uns ausprobiert wurden.

Backofeneinstellung

Die in den Rezepten angegebenen Backtemperaturen und -zeiten sind Werte, die je nach individueller Hitzeleistung Ihres Backofens über- oder unterschritten werden können. Die Temperaturangaben beziehen sich auf Elektrobacköfen.
Beachten Sie bitte bei der Einstellung des Backofens die Gebrauchsanleitung des Herstellers.
Die Temperatur-Einstellmöglichkeiten für Gasbacköfen variieren je nach Hersteller sehr stark, sodass wir keine allgemeingültigen Angaben machen können.

Einschubhöhe

Hohe und halbhohe Formen werden im Allgemeinen auf dem Rost auf die untere Einschubleiste geschoben, flache Formen auf die mittlere Einschubleiste. Blechkuchen gelingen am besten in der Mitte des Backofens.
Abweichungen sind möglich und von der Ausführung Ihres Backofens abhängig. Beachten Sie daher auch die Angaben Ihres Herstellers.

Zubereitungs- und Backzeiten

Die Zubereitungszeit ist ein Anhaltswert für die Zeit der Vorbereitung und die eigentliche Zubereitung. Sie variiert je nach Geschick und Übung. Die Backzeiten sind, in der Regel, gesondert ausgewiesen.
Bei einigen Rezepten setzt sich die Gesamtbackzeit aus mehreren Teilbackzeiten zusammen. Längere Wartezeiten, z. B. Kühl- und Auftauzeiten, sind nicht miteinbezogen.

Nur frische Eier verwenden

Bei der Zubereitung mit frischen Eiern nur Eier verwenden, die nicht älter als 5 Tage sind (Legedatum beachten!). Ei bzw. Eier in eine Rühr- oder Edelstahlschüssel geben und im heißen Wasserbad mit Handrührgerät mit Rührbesen bei mittlerer Hitze aufschlagen, bis eine Temperatur von etwa 70 °C entsteht. Die Torten und Kuchen im Kühlschrank aufbewahren und innerhalb von 24 Stunden verzehren.

Vorwort

Kuchen von A–Z ist das Nachschlagewerk für Kuchen aller Art und viele Gelegenheiten.

Hier finden Sie die leckersten Nusskuchen, die raffiniertesten Käsekuchen, die saftigsten Schokoladenkuchen, die fruchtigsten Obstkuchen, eben alles von Apfelkuchen bis Zwetschen-Wähe.

Klassiker wie Gugelhupf, Grillkuchen und Omas Nusskuchen sind hier ebenso vertreten, wie beliebte moderne Kuchen, z. B. Erfrischungskuchen, Bratapfelkuchen und Mohn-Zebrakuchen.

Soll es schnell gehen, eher fettarm sein oder einen besonderen Tag verschönern? Die Angaben zu Zubereitungszeiten, Nährwerten und Klassifizierungen helfen bei der Auswahl.

Die Rezepte sind einfach und gut nachvollziehbar – Schritt für Schritt beschrieben. Sie finden immer ein Foto zum leichten Nacharbeiten der Rezepte. Tipps und Abwandlungen ergänzen die Rezepte.

Alle Rezepte wurden von uns nachgebacken und sind so beschrieben, dass sie garantiert gelingen.

Affen-Butterkuchen | Für Kinder

Insgesamt:
E: 90 g, F: 187 g, Kh: 315 g, kJ: 13793, kcal: 3299

Für den Hefeteig:
250 g Weizenmehl
1 Pck. Hefeteig Garant
50 g Zucker
150 ml Wasser
1 EL Speiseöl, z. B. Sonnenblumenöl

Für den Belag:
100 g Erdnusscreme
50 g Zucker
150 g ungesalzene Erdnusskerne
100 g Schlagsahne

Zubereitungszeit: 15 Minuten
Backzeit: etwa 15 Minuten

1. Den Backofen vorheizen.
Ober-/Unterhitze: etwa 200 °C
Heißluft: etwa 180 °C

2. Für den Teig Mehl in eine Rührschüssel geben, mit Hefeteig Garant sorgfältig vermischen. Zucker, Wasser und Speiseöl hinzufügen. Die Zutaten mit Handrührgerät mit Knethaken zunächst kurz auf niedrigster, dann auf höchster Stufe in etwa 2 Minuten zu einem glatten Teig verarbeiten. Den Teig auf einem Backblech (30 x 40 cm, gefettet) ausrollen.

3. Für den Belag die Erdnusscreme mit einem Messer in kleinen Flöckchen gleichmäßig auf den Teig setzen und vorsichtig etwas verstreichen. Den Zucker daraufstreuen. Erdnusskerne grob hacken und auf dem Teig verteilen.

4. Das Backblech in den vorgeheizten Backofen schieben. Den Kuchen **etwa 15 Minuten backen.**

5. Das Backblech auf einen Kuchenrost stellen. Die flüssige Sahne mit einem Löffel auf dem Kuchen verteilen. Kuchen erkalten lassen.

Tipp: Sind die Erdnusskerne gesalzen, muss man sie vorher unter fließendem Wasser kurz abspülen und mit Küchenpapier trocken tupfen.

After-Eight-Gugelhupf I

Raffiniert – zum Verschenken

Insgesamt:
E: 92 g, F: 388 g, Kh: 787 g, kJ: 29373, kcal: 7006

Für den Rührteig:
300 g weiche Butter oder Margarine
275 g Zucker
1 Pck. Dr. Oetker Vanillin-Zucker
1 Prise Salz
5 Eier (Größe M)
375 g Weizenmehl
4 gestr. TL Dr. Oetker Backin
etwa 3 EL Milch

Für die Füllung:
12 After Eight® (Minztäfelchen)
2 Pck. Paradiescreme Vanille-Geschmack (Dessertpulver)
200 g Schlagsahne
100 ml Milch

Zum Garnieren:
8 After Eight® (Minztäfelchen)

Zubereitungszeit: 60 Minuten, ohne Abkühlzeit
Backzeit: etwa 55 Minuten

1. Den Backofen vorheizen.
Ober-/Unterhitze: etwa 180 °C
Heißluft: etwa 160 °C

2. Für den Teig Butter oder Margarine mit Handrührgerät mit Rührbesen auf höchster Stufe geschmeidig rühren. Nach und nach Zucker, Vanillin-Zucker und Salz unterrühren. So lange rühren, bis eine gebundene Masse entstanden ist.

3. Die Eier nach und nach unterrühren (jedes Ei etwa 1/2 Minute). Mehl mit Backpulver mischen, in 2 Portionen abwechselnd mit der Milch auf mittlerer Stufe unterrühren. Den Teig in eine Napfkuchen- oder Gugelhupfform (Ø 22 cm, gefettet, gemehlt) geben und glatt streichen. Die Form auf dem Rost in den vorgeheizten Backofen schieben. Den Gugelhupf **etwa 55 Minuten backen.**

4. Die Form auf einen Kuchenrost stellen. Den Gugelhupf etwa 10 Minuten in der Form stehen lassen, aus der Form lösen und auf einen mit Backpapier belegten Kuchenrost stürzen. Gugelhupf erkalten lassen.

5. Für die Füllung 12 Minztäfelchen klein schneiden. Dessertpulver in einer Rührschüssel nach Packungsanleitung, aber mit 200 g Schlagsahne und 100 ml Milch aufschlagen. Die Minzstückchen unterrühren.

6. Den Gugelhupf dreimal waagerecht durchschneiden. Die 3 unteren Böden mit insgesamt gut der Hälfte der Creme bestreichen. Dann die 4 Böden wieder zu einem Kranz zusammensetzen. Die restliche Creme in einen Gefrierbeutel füllen und eine kleine Ecke abschneiden. Den Gugelhupf von oben nach unten damit verzieren.

7. Zum Garnieren die Minztäfelchen diagonal halbieren und dekorativ auf den Gugelhupf setzen. Den Gugelhupf bis zum Servieren kalt stellen.

Tipp: Falls sich das Gebäck nach dem Backen nicht leicht aus der Form lösen sollte, die Backform kurz auf der Arbeitsfläche aufstoßen.

Amarena-Schnittchen

Mit Alkohol – ohne zu backen

Insgesamt:
E: 85 g, F: 521 g, Kh: 481 g, kJ: 29601, kcal: 7044

Für den Boden:

300 g mit Schokolade gefüllte Doppelkekse
25 g Trinkschokolade
120 g Butter
50 g Schlagsahne

Für den Belag:

500 g Mascarpone (ital. Frischkäse)
250 g Speisequark (Magerstufe)
75 g Zucker
1 Pck. Dr. Oetker Bourbon-Vanille-Zucker
350 g Schlagsahne
2 Pck. Dr. Oetker Sahnesteif
2 Gläser Amarenakirschen (Einwaage je 140 g)

Zum Verzieren:

50 g Zartbitter-Schokolade
1 TL Speiseöl

Zubereitungszeit: 30 Minuten, ohne Kühlzeit

1. Für den Boden Schokoladenkekse in einen Gefrierbeutel geben. Den Beutel verschließen. Kekse mit einer Teigrolle zerbröseln. Brösel in eine Rührschüssel geben und mit dem Trinkschokoladenpulver mischen. Butter zerlassen, mit der Sahne zu den Bröseln geben und gut verrühren.

2. Einen Backrahmen (etwa 30 x 20 cm) auf eine Platte (mit Backpapier belegt) stellen. Die Bröselmasse darin gleichmäßig verteilen, mit einem Löffel gut zu einem Boden andrücken. Boden kalt stellen.

3. Für den Belag Mascarpone, Quark, Zucker und Vanille-Zucker in eine Rührschüssel geben und mit Handrührgerät mit Rührbesen geschmeidig rühren. Sahne mit Sahnesteif steif schlagen und unterheben.

4. Amarenakirschen in einem Sieb gut abtropfen lassen. Einige Kirschen halbieren und zum Garnieren beiseitelegen.

5. Amarenakirschen auf dem Bröselboden verteilen. Dann die Quark-Sahne-Creme daraufgeben und glatt streichen. Den Kuchen etwa 1 Stunde kalt stellen (Kühlschrank).

6. Zum Verzieren Schokolade in Stücke brechen, mit Speiseöl in einem kleinen Topf im heißen Wasserbad bei schwacher Hitze unter Rühren schmelzen. Schokolade in einen Gefrierbeutel füllen und eine kleine Spitze abschneiden. Die Kuchenoberfläche mit der Schokolade besprenkeln und mit den beiseitegelegten Amarenakirschen garnieren. Schokolade fest werden lassen.

7. Den Backrahmen lösen und das Backpapier entfernen. Den Kuchen in etwa 15 Schnittchen schneiden.

Tipp: Die Schnittchen nach Belieben in Papierbackförmchen setzen und servieren.

Amarettini-Aprikosen-Strudel I

Beliebt – fruchtig

Insgesamt:
E: 47 g, F: 117 g, Kh: 426 g, kJ: 12430, kcal: 2962

Für den Blätterteig:

450 g TK-Blätterteig (4 rechteckige Platten)

Für die Füllung:

500 g frische Aprikosen oder 500 g Aprikosenhälften (aus der Dose)
100 g Marzipan-Rohmasse
150 g Aprikosenkonfitüre
100 g Amarettini (ital. Mandelmakronen)

1 Eigelb
1–2 EL Milch

Zum Verzieren und Garnieren:

30 g Puderzucker
1 EL Zitronensaft
einige Amarettini

Zubereitungszeit: 40 Minuten, ohne Auftauzeit
Backzeit: etwa 40 Minuten

1. Für den Teig die Blätterteigplatten nebeneinander zugedeckt nach Packungsanleitung auftauen lassen. Die Blätterteigplatten aufeinanderlegen und auf einer leicht bemehlten Arbeitsfläche zu einem Rechteck (etwa 35 x 45 cm) ausrollen. Das Teigrechteck mit einem Geschirrtuch abdecken.

2. Den Backofen vorheizen.
Ober-/Unterhitze: etwa 200 °C
Heißluft: etwa 180 °C

3. Für die Füllung die Aprikosen waschen, abtropfen lassen, halbieren und entsteinen. Die Aprikosenhälften aus der Dose sehr gut abtropfen lassen. Aprikosen in Scheiben schneiden.

4. Marzipan sehr klein schneiden und mit der Konfitüre gut verrühren, evtl. pürieren. Die Marzipanmasse auf die Teigplatte streichen, dabei rundherum einen etwa 2 cm breiten Rand frei lassen. Aprikosenscheiben auf der Teigplatte verteilen. Amarettini grob zerbröseln und daraufstreuen.

5. Die Teigränder über die Füllung schlagen. Den Teig von der längeren Seite aus aufrollen.

6. Die Teigrolle auf ein Backblech (mit Backpapier belegt) legen. Eigelb mit Milch schlagen. Die Teigrolle damit bestreichen. Das Backblech in den vorgeheizten Backofen schieben. Den Strudel **etwa 40 Minuten backen.**

7. Das Backblech auf einen Kuchenrost stellen. Den Strudel leicht abkühlen lassen.

8. Zum Verzieren und Garnieren Puderzucker mit Zitronensaft verrühren. Den Strudel damit verzieren und mit Amarettini garnieren.

Tipp: Den Strudel warm mit Vanillesauce, Vanilleeis und Schlagsahne servieren.

Amaretto-Mandel-Kuchen I

Für Gäste – mit Alkohol

Insgesamt:
E: 94 g, F: 267 g, Kh: 303 g, kJ: 17472, kcal: 4175

Für den Teig:
50 g Marzipan-Rohmasse
5 Eigelb (Größe M)
75 g Zucker
8 EL Amaretto (Mandellikör)
100 g Weizenmehl
20 g Speisestärke
2 gestr. TL Dr. Oetker Backin
100 g abgezogene, gemahlene Mandeln
100 g zerlassene, abgekühlte Butter oder Margarine
5 Eiweiß (Größe M)

Für den Guss:
150 g Zartbitter-Schokolade
50 g geröstete Pinienkerne

Zum Bestäuben:
1–2 EL Puderzucker

Zubereitungszeit: 35 Minuten, ohne Abkühlzeit
Backzeit: 40–45 Minuten

1. Den Backofen vorheizen.
Ober-/Unterhitze: etwa 180 °C
Heißluft: etwa 160 °C

2. Für den Teig Marzipan in Stücke schneiden. Eigelb, Zucker, Marzipan und 2 Esslöffel Amaretto in einer Rührschüssel mit Handrührgerät mit Rührbesen gut verrühren.

3. Anschließend das Mehl mit Speisestärke, Backpulver und Mandeln mischen, mit der Butter oder Margarine auf mittlerer Stufe unter die Eigelbmasse rühren.

4. Eiweiß steif schlagen und unterheben. Den Teig in eine Springform (Ø 26 cm, gefettet, gemehlt) geben und glatt streichen.

5. Die Form auf dem Rost in den vorgeheizten Backofen schieben. Dann den Kuchen **40–45 Minuten backen.**

6. Den Kuchen **evtl. nach etwa 30 Minuten Backzeit** mit Backpapier belegen, damit er nicht zu dunkel wird.

7. Den Kuchen aus der Form lösen und auf einen Kuchenrost setzen. Die Kuchenoberfläche mehrmals mit einer Gabel einstechen und mit dem restlichen Amaretto beträufeln. Den Kuchen erkalten lassen.

8. Für den Guss Schokolade in Stücke brechen, in einem kleinen Topf im heißen Wasserbad bei schwacher Hitze unter Rühren schmelzen.

9. Den Kuchen mit dem Guss überziehen und mit Pinienkernen bestreuen. Den Guss fest werden lassen.

10. Den Amaretto-Mandel-Kuchen kurz vor dem Servieren mit Puderzucker bestäuben.

Tipp: Dazu leicht angeschlagene Schlagsahne und Zwetschenkompott oder Rote Grütze aus dem Kühlregal servieren.

Amerikanischer Kaffeekuchen I

Raffiniert

Insgesamt:
E: 92 g, F: 343 g, Kh: 590 g, kJ: 25139, kcal: 6006

Für den Rührteig:
250 g weiche Butter oder Margarine
150 g brauner Zucker (Farinzucker)
1 Pck. Dr. Oetker Vanillin-Zucker
1 Prise Salz
3 Eier (Größe M)
400 g Weizenmehl
2 gestr. TL Dr. Oetker Backin
150 g saure Sahne

Für die Füllung:
125 g brauner Zucker (Farinzucker)
150 g gemahlene Paranusskerne
125 ml (1/8 l) starker Kaffee

Für den Guss:
200 g Schokoladenglasur

Zum Garnieren:
einige Paranusskerne
einige große Mokkabohnen

Zubereitungszeit: 30 Minuten, ohne Abkühlzeit
Backzeit: etwa 50 Minuten

1. Den Backofen vorheizen.
Ober-/Unterhitze: etwa 180 °C
Heißluft: etwa 160 °C

2. Für den Teig Butter oder Margarine mit Handrührgerät mit Rührbesen auf höchster Stufe geschmeidig rühren. Nach und nach braunen Zucker, Vanillin-Zucker und Salz unterrühren. So lange rühren, bis eine gebundene Masse entstanden ist.

3. Die Eier nach und nach unterrühren (jedes Ei etwa 1/2 Minute). Mehl mit Backpulver mischen, in 2 Portionen auf mittlerer Stufe unterrühren. Zuletzt saure Sahne kurz unterrühren.

4. Für die Füllung braunen Zucker mit Paranusskernen und Kaffee verrühren. Ein Drittel des Teiges in eine Kastenform (30 x 11 cm, gefettet, mit Backpapier ausgelegt) füllen. Die Kaffee-Nuss-Masse und den restlichen Teig abwechselnd in die Form füllen. Die oberste Schicht sollte aus Teig bestehen.

5. Die oberste Teigschicht mit einer Gabel durchziehen. Form auf dem Rost in den vorgeheizten Backofen schieben. Kuchen **etwa 50 Minuten backen.**

6. Den Kuchen aus der Form lösen. Mitgebackenes Backpapier entfernen. Den Kuchen auf einem Kuchenrost erkalten lassen.

7. Für den Guss Schokoladenglasur nach Packungsanleitung schmelzen. Dann den Kuchen mit der Glasur (2 Teelöffel zum Verzieren abnehmen) überziehen.

8. Zum Garnieren Paranusskerne zur Hälfte in die restliche Glasur tauchen und auf die Kuchenoberfläche legen. Die Mokkabohnen auf die feuchte Glasur legen, leicht andrücken, oder mit etwas Glasur auf den Kuchen kleben. Glasur fest werden lassen.

Tipps: Der Kuchen ist ohne Glasur gefriergeeignet. Er bleibt aber auch in Alufolie verpackt 4–5 Tage saftig.

Amerikanischer Schokoladenkuchen

Raffiniert – für Gäste

Insgesamt:
E: 80 g, F: 448 g, Kh: 790 g, kJ: 31505, kcal: 7527

Für den All-in-Teig:

300 g Weizenmehl
80 g gesiebtes Kakaopulver
3 gestr. TL Dr. Oetker Backin
200 g Zucker
2 Pck. Dr. Oetker Vanillin-Zucker
1 Prise Salz
4 Eier (Größe M)
200 ml Speiseöl
200 ml Wasser
75 g Schokotröpfchen

Zum Bestreuen:

75 g Schokotröpfchen

Für den Belag:

200 g weiche Butter
250 g gesiebter Puderzucker
125 ml (1/8 l) Cranberry-Saft (Zimmertemperatur)
evtl. etwas rote Speisefarbe

Zubereitungszeit: 20 Minuten, ohne Abkühlzeit
Backzeit: etwa 25 Minuten

1. Den Backofen vorheizen.
Ober-/Unterhitze: etwa 200 °C
Heißluft: etwa 180 °C

2. Für den Teig Mehl mit Kakao und Backpulver in einer Rührschüssel mischen. Zucker, Vanillin-Zucker, Salz, Eier, Speiseöl, Wasser und Schokotröpfchen hinzufügen.

3. Die Zutaten mit Handrührgerät mit Rührbesen zunächst kurz auf niedrigster, dann auf höchster Stufe in etwa 2 Minuten zu einem glatten Teig verarbeiten.

4. Den Teig auf ein Backblech (30 x 40 cm, gefettet) geben und glatt streichen. Schokotröpfchen darauf verteilen. Das Backblech in den vorgeheizten Backofen schieben. Kuchen **etwa 25 Minuten backen.**

5. Das Backblech auf einen Kuchenrost stellen. Den Kuchen erkalten lassen.

6. Für den Belag Butter in einer Rührschüssel mit Handrührgerät mit Rührbesen kurz cremig aufschlagen. Nacheinander Puderzucker, Cranberry-Saft und nach Belieben etwas rote Speisefarbe kurz unterrühren. Die Creme auf den Kuchen geben und glatt streichen. Ein Muster mit einer Gabel oder einem Tortengarnierkamm in die Creme ziehen. Kuchen mindestens 15 Minuten kalt stellen.

Tipp: Sie können den Teig auch mit Mayonnaise zubereiten. Verwenden Sie dann aber nur 3 Eier (Größe M) und anstelle des Speiseöls 250 g Mayonnaise (80 % Öl, aus dem Glas).

Ananasblechkuchen mit Kokosstreusel I

Raffiniert – fruchtig

Insgesamt:
E: 140 g, F: 381 g, Kh: 712 g, kJ: 28935, kcal: 6913

Zum Vorbereiten:
500 g Ananasscheiben (aus der Dose)

Für die Streusel:
150 g Weizenmehl
80 g Zucker
1 Prise Salz
125 g Butter oder Margarine
120 g Kokosraspel

Für den Schüttelteig:
350 g Weizenmehl
1 Pck. Dr. Oetker Backin
175 g Zucker
1 Pck. Dr. Oetker Vanillin-Zucker
5 Eier (Größe M)
200 g zerlassene, abgekühlte Butter oder Margarine
150 ml Ananassaft (aus der Dose)

Zubereitungszeit: 40 Minuten
Backzeit: etwa 30 Minuten

1. Zum Vorbereiten Ananasscheiben in einem Sieb gut abtropfen lassen, dabei den Saft auffangen und 150 ml abmessen. Ananasscheiben in kleine Stücke schneiden.

2. Für die Streusel Mehl in eine Rührschüssel geben, mit Zucker und Salz mischen. Butter oder Margarine und Kokosraspel hinzufügen. Die Zutaten mit Handrührgerät mit Rührbesen zu Streuseln verarbeiten. Teigstreusel beiseitestellen.

3. Den Backofen vorheizen.
Ober-/Unterhitze: etwa 200 °C
Heißluft: etwa 180 °C

4. Für den Teig Mehl mit Backpulver mischen, in eine verschließbare Schüssel (etwa 3-Liter-Inhalt) geben, mit Zucker und Vanillin-Zucker mischen. Eier, Butter oder Margarine und Ananassaft hinzufügen. Schüssel mit dem Deckel fest verschließen. Mehrmals (insgesamt 15–30 Sekunden) kräftig schütteln, sodass alle Zutaten gut vermischt sind. Alles mit einem Schneebesen oder Rührlöffel nochmals sorgfältig durchrühren, damit vor allem trockene Zutaten vom Rand mit untergerührt werden.

5. Den Teig auf ein Backblech (30 x 40 cm, gefettet, gemehlt) geben und glatt streichen. Ananasstücke darauflegen. Beiseitegestellte Teigstreusel darauf verteilen. Das Backblech in den vorgeheizten Backofen schieben. Den Kuchen **etwa 30 Minuten backen.**

6. Das Backblech auf einen Kuchenrost stellen. Den Kuchen erkalten lassen.

Ananas-Kranzkuchen I

Schnell

Insgesamt:
E: 101 g, F: 290 g, Kh: 641 g, kJ: 24343, kcal: 5815

Zum Vorbereiten:
etwa 500 g Ananasscheiben (aus der Dose)
100 g abgezogene, ganze Mandeln

Für den Schüttelteig:
200 g Butter oder Margarine
75 g Zartbitter-Schokolade
350 g Weizenmehl
1 Pck. Dr. Oetker Pudding-Pulver Vanille-Geschmack
1 Pck. Dr. Oetker Backin
200 g brauner Zucker (Farinzucker)
4 Eier (Größe M)
100 ml Buttermilch

Zubereitungszeit: 25 Minuten
Backzeit: etwa 50 Minuten

1. Zum Vorbereiten Ananasscheiben in einem Sieb abtropfen lassen. Die Ananasscheiben in eine Springform mit Rohrbodeneinsatz (Ø 26 cm, gefettet, mit braunem Zucker ausgestreut) legen. Die Mandeln in den Zwischenräumen verteilen.

2. Den Backofen vorheizen.
Ober-/Unterhitze: etwa 180 °C
Heißluft: etwa 160 °C

3. Für den Teig Butter oder Margarine zerlassen und abkühlen lassen. Schokolade fein hacken. Mehl mit Pudding-Pulver und Backpulver mischen, in eine verschließbare Schüssel (etwa 3-Liter-Inhalt) geben, mit Zucker vermischen. Eier, Butter oder Margarine und Buttermilch hinzufügen. Die Schüssel mit dem Deckel fest verschließen.

4. Schüssel mehrmals (insgesamt 15–30 Sekunden) kräftig schütteln, sodass alle Zutaten gut vermischt sind. Schokolade hinzugeben. Alles mit einem Schneebesen oder Rührlöffel nochmals sorgfältig durchrühren, damit trockene Zutaten vom Rand mit untergerührt werden.

5. Den Teig in die mit Ananasscheiben und Mandeln ausgelegte Form geben und glatt streichen. Die Form auf dem Rost in den vorgeheizten Backofen schieben. Den Kuchen **etwa 50 Minuten backen.**

6. Die Form auf einen Kuchenrost stellen. Den Kuchen etwa 10 Minuten in der Form stehen lassen, danach aus der Form lösen und auf einen Kuchenrost stürzen. Ananas-Kranzkuchen erkalten lassen.

Tipp: Besprenkeln Sie den Kranz mit etwas geschmolzener Schokolade oder mit etwas Puderzuckerguss.

Ananas-Kürbis-Tarte I

Fettarm – dauert länger

Insgesamt:
E: 35 g, F: 50 g, Kh: 430 g, kJ: 9864, kcal: 2358

Zum Vorbereiten:
350 g Kürbisfleisch
etwa 700 g Ananasscheiben in Ananassaft ohne Zuckerzusatz (aus Dosen)

Für den Knetteig:
200 g Weizenmehl
2 gestr. TL Dr. Oetker Backin
1 EL Zucker

Zum Blindbacken:
1 Stück Backpapier
Hülsenfrüchte, z. B. Erbsen, Linsen

Für den Belag:
75 g Speisestärke
1 Pck. Dr. Oetker Bourbon-Vanille-Zucker
abgeriebene Schale von ½ Bio-Zitrone (unbehandelt, ungewachst)
100 ml Kokosmilch
250 ml (¼ l) Ananassaft (aus den Dosen)
1 Eigelb (Größe M)

Zum Bestreuen:
2 geh. EL Kokosraspel

Zubereitungszeit: 75 Minuten, ohne Abkühlzeit
Backzeit: 15–20 Minuten

1. Zum Vorbereiten das Kürbisfleisch in große Würfel schneiden und zugedeckt in kochendem Wasser etwa 20 Minuten garen. Kürbiswürfel in einem Sieb gut abtropfen und erkalten lassen. Kürbiswürfel durch eine Kartoffelpresse drücken und kalt stellen.

2. Ananasscheiben in einem Sieb gut abtropfen lassen, den Saft auffangen und 250 ml (¼ l) abmessen. Ananasscheiben klein würfeln und nochmals abtropfen lassen.

3. Den Backofen vorheizen.
Ober-/Unterhitze: etwa 200 °C
Heißluft: etwa 180 °C

4. Für den Teig Mehl mit Backpulver mischen und in eine Rührschüssel geben. Zucker und Kürbismus hinzufügen.

5. Die Zutaten mit Handrührgerät mit Knethaken zunächst kurz auf niedrigster, dann auf höchster Stufe gut durcharbeiten.

6. Den Teig auf einer leicht bemehlten Arbeitsfläche nochmals gut durchkneten und zu einer Kugel formen.

7. Die Teigkugel zu einer runden Platte (Ø 30–32 cm) ausrollen, in eine Tarteform (Ø 26–28 cm, Boden gefettet) legen, einen Rand hochdrücken.

8. Ein Stück Backpapier auf den Teig legen. Hülsenfrüchte darauf verteilen. Die Form auf dem Rost in den vorgeheizten Backofen schieben. Den Boden **15–20 Minuten backen.**

9. Die Form auf einen Kuchenrost stellen. Die Hülsenfrüchte mit dem Backpapier entfernen. Gebäckboden erkalten lassen.

10. Für den Belag die Speisestärke mit Vanille-Zucker und die Zitronenschale in einem Topf mischen. Kokosmilch und Ananassaft hinzugießen, gut unterrühren.

11. Die Flüssigkeit unter Rühren zum Kochen bringen. Den Topf von der Kochstelle nehmen, Eigelb unterrühren. Die Masse abkühlen lassen, Ananaswürfel unterrühren. Die Ananasmasse auf dem Gebäckboden verteilen und erkalten lassen.

12. Zum Bestreuen Kokosraspel in einer Pfanne ohne Fett rösten, herausnehmen und auf einem Teller erkalten lassen. Kokosraspel auf die Tarte streuen.

Tipp: Sie können die Tarte auch in einer Springform (Ø 26–28 cm, Boden gefettet) backen.

Ananasschnitten

Dauert länger

Insgesamt:
E: 99 g, F: 507 g, Kh: 807 g, kJ: 34847, kcal: 8327

Für den Knetteig:

150 g Weizenmehl
40 g Zucker
1 Pck. Dr. Oetker Vanillin-Zucker
1 Prise Salz
100 g Butter oder Margarine

Für den Rührteig:

150 g weiche Butter oder Margarine
200 g Zucker
1 Pck. Dr. Oetker Vanillin-Zucker
4 Eier (Größe M)
150 g Weizenmehl
40 g Speisestärke
40 g gesiebtes Kakaopulver
3 gestr. TL Dr. Oetker Backin

Für die Füllung:

8 Blatt weiße Gelatine
340 g Ananasscheiben (aus der Dose)
200 ml Ananassaft (aus der Dose)
50 g Zucker
800 g Schlagsahne

1 EL Ananaskonfitüre

Zum Garnieren und Bestreuen:

340 g Ananasscheiben (aus der Dose)
40 g Haselnusskrokant

Zubereitungszeit: 90 Minuten, ohne Kühlzeit
Backzeit: 25–30 Minuten

1. Den Backofen vorheizen.
Ober-/Unterhitze: etwa 200 °C
Heißluft: etwa 180 °C

2. Für den Knetteig Mehl in eine Rührschüssel geben. Zucker, Vanillin-Zucker, Salz und Butter oder Margarine hinzufügen. Die Zutaten mit Handrührgerät mit Knethaken zunächst kurz auf niedrigster, dann auf höchster Stufe gut durcharbeiten. Anschließend den Teig auf einer leicht bemehlten Arbeitsfläche nochmals kurz verkneten. Sollte er kleben, ihn in Frischhaltefolie gewickelt eine Zeit lang kalt stellen.

3. Den Teig auf einem Backblech (gefettet) zu einem Rechteck (etwa 15 x 40 cm) ausrollen. Den Teigboden mehrmals mit einer Gabel einstechen. Das Backblech in den vorgeheizten Backofen schieben. Den Knetteigboden **10–15 Minuten backen.**

4. Dann die **Backofentemperatur um etwa 20 °C herunterschalten.**

5. Das Backblech auf einen Kuchenrost stellen. Den Knetteigboden erkalten lassen.

6. Für den Rührteig die Butter oder Margarine mit Handrührgerät mit Rührbesen auf höchster Stufe geschmeidig rühren. Nach und nach Zucker und Vanillin-Zucker unterrühren. So lange rühren, bis eine gebundene Masse entstanden ist. Die Eier nach und nach unterrühren (jedes Ei etwa ½ Minute).

7. Mehl mit Speisestärke, Kakao und Backpulver mischen, in 2 Portionen auf mittlerer Stufe unterrühren. Den Teig auf ein Backblech (30 x 40 cm, gefettet, mit Backpapier belegt) geben und glatt streichen. Das Backblech in den vorgeheizten Backofen schieben. Die Gebäckplatte **etwa 15 Minuten backen.**

8. Die Gebäckplatte sofort nach dem Backen auf einen mit Backpapier belegten Kuchenrost stürzen. Mitgebackenes Backpapier vorsichtig abziehen.

9. Für die Füllung Gelatine in kaltem Wasser nach Packungsanleitung einweichen. Ananasscheiben in einem Sieb gut abtropfen lassen. Den Saft auffangen und 200 ml abmessen. Ananasscheiben in kleine Stücke schneiden und mit Küchenpapier gut trocken tupfen. Gelatine leicht ausdrücken und in einem kleinen Topf bei schwacher Hitze unter Rühren erwärmen (nicht kochen), bis sie völlig gelöst ist. Ananassaft nach und nach unterrühren. Zucker ebenfalls unterrühren. Die Gelatine-Ananas-Flüssigkeit kalt stellen.

10. Sahne steif schlagen. 2–3 Esslöffel der Sahne zum Verzieren in einen Spritzbeutel mit Sterntülle geben und beiseitelegen. Sobald die Ananas-Flüssigkeit anfängt zu gelieren, durchrühren und restliche Sahne unterrühren. Unter zwei Drittel der Sahnecreme die Ananasstücke heben.

11. Konfitüre durch ein Sieb streichen. Den Knetteigboden damit bestreichen. Die Gebäckplatte (Rührteig) der Länge nach halbieren. Eine Gebäckhälfte auf den Knetteigboden legen und mit der Ananassahne bestreichen. Zweite Gebäckhälfte darauflegen.

12. Kuchenrand und -oberfläche mit der restlichen Sahncreme bestreichen. Die Schnitten mit einem Messer andeuten. Die Schnitten mit der beiseitegelegten Sahne aus dem Spritzbeutel verzieren. Den Kuchen 2–3 Stunden kalt stellen.

13. Zum Garnieren Ananasscheiben in einem Sieb gut abtropfen lassen.

14. Den Kuchen vor dem Servieren mit den Ananasscheiben garnieren und mit Krokant bestreuen. Den Kuchen in Schnitten schneiden.

Ananas-Toffee-Kuchen I

Raffiniert – schnell

Insgesamt:
E: 132 g, F: 224 g, Kh: 551 g, kJ: 20036, kcal: 4785

150 g gehackte Mandeln
50 g Semmelbrösel
490 g Ananasstücke (aus der Dose)

Für die Toffee-Masse:
680 g gezuckerte Kondensmilch (aus Dosen, 8 % Fett, 45 % Zucker)
600 g saure Sahne
3 Eier (Größe M)
1 leicht geh. EL Weizenmehl

Zubereitungszeit: 30 Minuten
Backzeit: etwa 40 Minuten

1. Die Mandeln mit Semmelbröseln mischen und auf ein Backblech (30 x 40 cm, gefettet) streuen. Ananasstücke in einem Sieb gut abtropfen lassen.

2. Den Backofen vorheizen.
Ober-/Unterhitze: etwa 200 °C
Heißluft: etwa 180 °C

3. Für die Toffee-Masse Kondensmilch in einem weiten Topf oder einer Pfanne unter Rühren zum Kochen bringen und bei mittlerer Hitze etwa 15 Minuten einkochen lassen, bis die Masse eine cremige Konsistenz hat und etwas dunkler geworden ist. Während des Einkochens die Kondensmilch mit einem Holzspatel oder einem Kochlöffel umrühren, damit sie gleichmäßig bräunt und nicht am Topf- oder Pfannenboden ansetzt.

4. Den Topf oder die Pfanne von der Kochstelle nehmen. Nacheinander saure Sahne, Eier und Mehl unterrühren. Die Masse auf das vorbereitete Backblech geben und glatt streichen. Ananasstücke darauf verteilen. Das Backblech in den vorgeheizten Backofen schieben. Den Kuchen **etwa 40 Minuten backen.**

5. Das Backblech auf einen Kuchenrost stellen. Den Kuchen erkalten lassen und in Stücke schneiden.

Hinweis: Möglichst keine Ananaswürfel verwenden. Sie sind größer als die einfachen Ananasstücke und müssten halbiert werden.

Tipps: Damit die Ananasstücke nach dem Backen Glanz bekommen, 3 Esslöffel Ananas- oder Aprikosenkonfitüre in einem kleinen Topf gut aufkochen lassen. Die Ananasstücke mithilfe eines Pinsels damit bestreichen. Die Kuchenstücke nach Belieben in Papierbackförmchen setzen und servieren.

Apfel-Aprikosen-Hefekuchen

Beliebt – fruchtig

Insgesamt:
E: 73 g, F: 101 g, Kh: 707 g, kJ: 17281, kcal: 4133

Für den Hefeteig:
75 g Butter oder Margarine
300 g Weizenmehl
1 Pck. Hefeteig Garant
75 g Zucker
2 Pck. Dr. Oetker Vanillin-Zucker
1 TL gemahlener Zimt
175 ml Buttermilch (Zimmertemperatur)

Für die Füllung:
2 EL Zitronensaft
1 Pck. Saucenpulver Vanille-Geschmack zum Kochen
500 g Apfel-Aprikosenmus (aus dem Glas)

Zum Bestreichen:
3 EL Milch

Zum Bestreuen:
2 EL Zimt-Zucker

Zubereitungszeit: 40 Minuten, ohne Ruhezeit
Backzeit: etwa 35 Minuten

1. Für den Teig Butter oder Margarine zerlassen und abkühlen lassen. Mehl in eine Rührschüssel geben und mit Hefeteig Garant sorgfältig vermischen. Zucker, Vanillin-Zucker und Zimt mischen. Mit der Butter oder Margarine und der Buttermilch zu der Mehlmischung geben.

2. Die Zutaten mit Handrührgerät mit Knethaken zunächst kurz auf niedrigster, dann auf höchster Stufe in etwa 2 Minuten zu einem glatten Teig verarbeiten.

3. Die Hälfte des Teiges auf einem Stück Backpapier (mit Mehl bestäubt) zu einer runden Platte (Ø 28 cm) ausrollen. Teigplatte auf eine Teigrolle aufrollen. Restlichen Teig in eine Springform (Ø 26 cm, Boden gefettet) geben und flach drücken, dabei den Rand etwas hochdrücken.

4. Für die Füllung Zitronensaft mit Saucenpulver und etwas von dem Mus verrühren, dann mit dem restlichen Mus verrühren. Die Musmasse auf den Teigboden geben und glatt streichen.

5. Den Backofen vorheizen.
Ober-/Unterhitze: etwa 200 °C
Heißluft: etwa 180 °C

6. Die aufgerollte Teigdecke auf der Musmasse wieder abrollen und den Rand andrücken. Teigdecke mit einem Holzspieß mehrmals einstechen (damit die Luft beim Backen entweichen kann). Teigdecke mit Milch bestreichen und mit Zimt-Zucker bestreuen. Den Teig etwa 15 Minuten ruhen lassen.

7. Die Form auf dem Rost in den vorgeheizten Backofen schieben. Kuchen **etwa 35 Minuten backen.**

8. Den Kuchen etwa 5 Minuten in der Form etwas abkühlen lassen, dann aus der Form lösen und auf einem Kuchenrost erkalten lassen.

Apfel-Hefekranz | Fettarm

Insgesamt:
E: 146 g, F: 81 g, Kh: 623 g, kJ: 16353, kcal: 3910

Für den Hefeteig:
300 ml Milch
50 g Butter oder Margarine
500 g Weizenmehl
1 Pck. Dr. Oetker Trockenbackhefe
50 g Zucker
1 Pck. Dr. Oetker Vanillin-Zucker

Für die Füllung:
500 g Speisequark (Magerstufe)
100 g Zucker
1 Pck. Dr. Oetker Vanillin-Zucker
2 EL Zitronensaft
abgeriebene Schale von ½ Bio-Zitrone (unbehandelt, ungewachst)
1 Ei (Größe M)

etwas Weizenmehl

600 g Äpfel, z. B. Cox Orange

Zum Bestreichen und Bestreuen:
1 Eigelb
1 EL Milch
20 g Pinienkerne

Zubereitungszeit: 60 Minuten, ohne Teiggehzeit
Backzeit: etwa 40 Minuten

1. Für den Teig Milch erwärmen. Butter oder Margarine darin zerlassen, etwas abkühlen lassen.

2. Das Mehl in eine Rührschüssel geben, mit Trockenbackhefe sorgfältig vermischen. Den Zucker, Vanillin-Zucker und die warme Milch-Fett-Mischung hinzufügen. Die Zutaten mit Handrührgerät mit Knethaken zunächst kurz auf niedrigster, dann auf höchster Stufe in etwa 5 Minuten zu einem glatten Teig verarbeiten. Den Teig zugedeckt so lange an einem warmen Ort gehen lassen, bis er sich sichtbar vergrößert hat (etwa 30 Minuten).

3. Für die Füllung Quark mit Zucker, Vanillin-Zucker, Zitronensaft, -schale und Ei in einer Rührschüssel gut verrühren.

4. Den gegangenen Teig leicht mit Mehl bestäuben, aus der Schüssel nehmen, auf einer leicht bemehlten Arbeitsfläche nochmals kurz durchkneten. Den Teig zu einem Rechteck (etwa 30 x 60 cm) ausrollen.

5. Die Äpfel schälen, vierteln, entkernen und in kleine Würfel schneiden. Die Quarkmasse auf den Teig geben und glatt streichen, dabei einen etwa 1 cm breiten Rand frei lassen. Die Apfelwürfel darauf verteilen. Den Teig von der längeren Seite aus aufrollen.

6. Zum Bestreichen und Bestreuen die Teigenden mit etwas verschlagenem Eigelb bestreichen.

7. Die Teigrolle senkrecht halbieren und auf einem Backblech (mit Backpapier belegt) zu einem Kranz zusammenlegen. Den Kranz nochmals zugedeckt so lange an einem warmen Ort gehen lassen, bis er sich sichtbar vergrößert hat (etwa 30 Minuten).

8. In der Zwischenzeit den Backofen vorheizen.
Ober-/Unterhitze: etwa 180 °C
Heißluft: etwa 160 °C

9. Restliches Eigelb mit Milch verschlagen. Den Hefekranz damit bestreichen.

10. In die Teigoberfläche mit einem scharfen Messer etwa 4 cm lange Kerben im Abstand von etwa 3 cm einritzen. Den Hefekranz mit Pinienkernen bestreuen.

11. Das Backblech in den vorgeheizten Backofen schieben. Den Hefekranz **etwa 40 Minuten backen.**

12. Das Backblech auf einen Kuchenrost stellen. Den Apfel-Hefekranz erkalten lassen und in Stücke schneiden.

Tipp: Backen Sie den Apfelkranz auf Vorrat. Er lässt sich sehr gut einfrieren.

Apfelkuchen mit Cidre I

Raffiniert – mit Alkohol

Insgesamt:
E: 44 g, F: 123 g, Kh: 382 g, kJ: 12792, kcal: 3055

Für den Belag:

500 g	*Äpfel, z. B. Elstar*
350 ml	*Cidre (Apfelwein)*

Für den Schüttelteig:

125 g	*Butter oder Margarine*
200 g	*Weizenmehl*
2 gestr. TL	*Dr. Oetker Backin*
70 g	*Zucker*
1 Pck.	*Dr. Oetker Vanillin-Zucker*
2	*Eier (Größe M)*
6 EL	*Milch*
70 g	*Rosinen*

Für den Guss:

1 Pck.	*ungezuckerter Tortenguss, klar*
2 gestr. EL	*Zucker*
250 ml (1/4 l)	*Cidreflüssigkeit (von den Äpfeln)*
30 g	*Rosinen*

Zubereitungszeit: 50 Minuten, ohne Durchzieh- und Kühlzeit
Backzeit: 35–40 Minuten

1. Für den Belag Äpfel schälen, vierteln, entkernen und quer in Scheiben schneiden. Apfelscheiben in eine Schüssel geben, mit Cidre mischen und zugedeckt etwa 1 Stunde durchziehen lassen.

2. Für den Teig Butter oder Margarine zerlassen und abkühlen lassen. Das Mehl mit Backpulver mischen, in eine verschließbare Schüssel (etwa 3-Liter-Inhalt) geben. Mit Zucker und Vanillin-Zucker mischen. Eier, Butter oder Margarine und Milch hinzufügen. Dann die Schüssel mit dem Deckel fest verschließen.

3. Den Backofen vorheizen.
Ober-/Unterhitze: etwa 200 °C
Heißluft: etwa 180 °C

4. Die Schüssel mehrmals (insgesamt 15–30 Sekunden) kräftig schütteln, sodass alle Zutaten gut vermischt sind. Die Rosinen hinzugeben. Alles mit einem Schneebesen oder Rührlöffel nochmals sorgfältig durchrühren, damit trockene Zutaten vom Rand mit untergerührt werden.

5. Apfelscheiben in einem Sieb abtropfen lassen, die Cidreflüssigkeit auffangen und 250 ml (1/4 l) abmessen.

6. Den Teig in eine Springform (Ø 26 cm, Boden gefettet) geben und glatt streichen. Apfelscheiben darauf verteilen. Die Form auf dem Rost in den vorgeheizten Backofen schieben. Kuchen **35–40 Minuten backen.**

7. Die Form auf einen Kuchenrost stellen. Den Kuchen in der Form erkalten lassen. Dann den Kuchen aus der Form lösen und auf eine Tortenplatte legen. Einen Tortenring darumlegen.

8. Für den Guss aus Tortengusspulver, Zucker und der Cidreflüssigkeit einen Guss nach Packungsanleitung zubereiten. Rosinen unterrühren. Den Guss von der Mitte aus gleichmäßig auf den Apfelscheiben verteilen. Den Kuchen etwa 2 Stunden kalt stellen. Den Tortenring lösen und entfernen.

Apfelkuchen mit Guss | Für Gäste

Insgesamt:
E: 86 g, F: 218 g, Kh: 559 g, kJ: 19259, kcal: 4600

Für den Hefeteig:
375 g Weizenmehl
1 Pck. Hefeteig Garant
50 g Zucker
1 Pck. Dr. Oetker Vanillin-Zucker
1 Prise Salz
200 ml Milch
75 g weiche Butter oder Margarine

etwas Weizenmehl

Für den Belag:
1,2 kg Äpfel
50 g Korinthen
100 g gestiftelte Mandeln
½ gestr. TL gemahlener Zimt
1 Pck. Dr. Oetker Vanillin-Zucker

Für den Guss:
150 g Crème fraîche
100 g Schlagsahne
1 Ei (Größe M)
50 g Zucker

Zubereitungszeit: 50 Minuten, ohne Ruhezeit
Backzeit: etwa 45 Minuten

1. Für den Teig das Mehl in eine Rührschüssel geben, mit Hefeteig Garant sorgfältig vermischen. Den Zucker, Vanillin-Zucker, Salz, Milch und Butter oder Margarine hinzufügen. Die Zutaten mit Handrührgerät mit Knethaken zunächst kurz auf niedrigster, dann auf höchster Stufe in etwa 2 Minuten zu einem glatten Teig verarbeiten.

2. Den Teig leicht mit Mehl bestäuben, aus der Schüssel nehmen, auf einer leicht bemehlten Arbeitsfläche zu einer Rolle formen. Die Teigrolle in einer Fettpfanne (30 x 40 cm, gefettet) ausrollen.

3. Für den Belag Äpfel schälen, vierteln, entkernen und in Spalten schneiden. Apfelspalten dachziegelartig

auf den Teig legen. Korinthen und Mandeln darauf verteilen. Zimt mit Vanillin-Zucker mischen und daraufstreuen.

4. Den Backofen vorheizen.
Ober-/Unterhitze: etwa 180 °C
Heißluft: etwa 160 °C

5. Den Teig etwa 15 Minuten ruhen lassen.

6. Das Backblech in den vorgeheizten Backofen schieben. Den Apfelkuchen **etwa 25 Minuten vorbacken.**

7. Das Backblech auf einen Kuchenrost stellen.

8. Für den Guss Crème fraîche mit Sahne, Ei und Zucker gut verrühren. Den Guss auf den Apfelspalten verteilen. Die Fettpfanne wieder in den heißen Backofen schieben. Den Apfelkuchen **bei gleicher Backofentemperatur in etwa 20 Minuten fertig backen.**

9. Das Backblech auf einen Kuchenrost stellen. Den Apfelkuchen erkalten lassen.

Apfelkuchen mit Krokant

Für Kinder – fruchtig

Insgesamt:
E: 88 g, F: 255 g, Kh: 644 g, kJ: 22493, kcal: 5373

Zum Vorbereiten:
110 g Zucker
100 g gestiftelte Mandeln

Für den Hefeteig:
375 g Weizenmehl (Type 550)
1 Pck. Hefeteig Garant
75 g Zucker
1 Prise Salz
1 Ei (Größe M)
100 g zerlassene, abgekühlte Butter oder Margarine
250 ml (1/4 l) Milch

Für den Belag:
1 Pck. Mandella Vanille-Mandel Pudding-Pulver
55 g Zucker
250 ml (1/4 l) Milch
250 g Schlagsahne

6–7 Äpfel (etwa 750 g)

Zubereitungszeit: 90 Minuten, ohne Abkühl- und Ruhezeit
Backzeit: etwa 30 Minuten

1. Zum Vorbereiten Zucker in einem kleinen Topf bei schwacher Hitze unter Rühren karamellisieren lassen. Mandeln unterrühren.

2. Die Mandel-Krokant-Masse auf eine leicht geölte Marmorplatte oder auf ein Stück Alufolie geben und fest werden lassen. Krokant in kleine Stücke brechen.

3. Für den Teig Mehl in eine Rührschüssel geben. Mit Hefeteig Garant sorgfältig vermischen. Zucker, Salz, Ei, Butter oder Margarine und Milch hinzufügen. Die Zutaten mit Handrührgerät mit Knethaken zunächst kurz auf niedrigster, dann auf höchster Stufe in etwa 2 Minuten zu einem glatten Teig verarbeiten.

4. Den Teig auf einem Backblech (30 x 40 cm, gefettet) oder in einer Fettpfanne (30 x 40 cm, gefettet) ausrollen. Evtl. einen Backrahmen darumstellen.

5. Für den Belag einen Pudding aus Pudding-Pulver, Zucker, Milch und Sahne nach Packungsanleitung zubereiten, etwas abkühlen lassen. Die Puddingmasse auf dem Teigboden verteilen.

6. Den Backofen vorheizen.
Ober-/Unterhitze: etwa 180 °C
Heißluft: etwa 160 °C

7. Äpfel schälen, vierteln, entkernen und in Spalten schneiden. Die Apfelspalten dachziegelartig auf die Puddingmasse legen. Mit Mandel-Krokant bestreuen. Den Teig etwa 15 Minuten ruhen lassen.

8. Das Backblech in den vorgeheizten Backofen schieben. Den Kuchen **etwa 30 Minuten backen.**

9. Das Backblech auf einen Kuchenrost stellen. Den Kuchen erkalten lassen. Evtl. Backrahmen entfernen.

Apfelkuchen mit Marzipanguss

Raffiniert

Insgesamt:
E: 141 g, F: 370 g, Kh: 871 g, kJ: 31860, kcal: 7602

Für den Rührteig:

250 g weiche Butter oder Margarine
250 g Zucker
1 Pck. Dr. Oetker Vanillin-Zucker
5 Eier (Größe M)
150 g Weizenmehl
100 g Speisestärke
2 gestr. TL Dr. Oetker Backin

Für den Belag:

1 kg Äpfel

Für den Guss:

1 l Milch
2 Pck. Dr. Oetker Pudding-Pulver Vanille-Geschmack
75 g Zucker
3 Eigelb (Größe M)
200 g Marzipan-Rohmasse
3 Eiweiß (Größe M)

Zum Bestreuen:

50 g Hagelzucker

Zubereitungszeit: 65 Minuten, ohne Abkühlzeit
Backzeit: etwa 45 Minuten

1. Für den Teig Butter oder Margarine mit Handrührgerät mit Rührbesen auf höchster Stufe geschmeidig rühren. Nach und nach den Zucker und Vanillin-Zucker unterrühren. So lange rühren, bis eine gebundene Masse entstanden ist. Eier nach und nach unterrühren (jedes Ei etwa 1/2 Minute).

2. Mehl mit Speisestärke und Backpulver mischen, in 2 Portionen auf mittlerer Stufe unterrühren. Einen Backrahmen auf ein Backblech (30 x 40 cm, gefettet) stellen. Anschließend den Teig hineingeben und glatt streichen.

3. Den Backofen vorheizen.
Ober-/Unterhitze: etwa 180 °C
Heißluft: etwa 160 °C

4. Für den Belag Äpfel schälen, vierteln, entkernen und in Scheiben schneiden. Apfelscheiben dachziegelartig auf den Teig legen.

5. Für den Guss 6 Esslöffel Milch mit Pudding-Pulver, Zucker und Eigelb verrühren. Die Marzipan-Rohmasse klein schneiden.

6. Restliche Milch mit Marzipan in einem Topf unter Rühren zum Kochen bringen. Angerührtes Pudding-Pulver einrühren und unter Rühren gut aufkochen lassen.

7. Eiweiß steif schlagen und unterheben. Die Masse auf den Apfelscheiben verteilen. Das Backblech in den vorgeheizten Backofen schieben. Den Kuchen **etwa 45 Minuten backen.**

8. Das Backblech auf einen Kuchenrost stellen. Den Kuchen erkalten lassen. Den Backrahmen lösen und entfernen. Kuchen mit Hagelzucker bestreut servieren.

Tipp: Nach Belieben 100 g Marzipan-Rohmasse mit etwas Puderzucker verkneten und zwischen 2 Lagen Frischhaltefolie ausrollen. Aus der Marzipanplatte Blätter ausschneiden oder ausstechen und mit einem Messer Blattrippen einschneiden.

Apfelkuchen mit Streuseln I

Mit Alkohol

Insgesamt:
E: 68 g, F: 200 g, Kh: 533 g, kJ: 17778, kcal: 4248

Für den Rührteig:
150 g weiche Butter oder Margarine
150 g Zucker
1 Pck. Dr. Oetker Bourbon-Vanille-Zucker
1 Msp. gemahlener Zimt
1 Msp. gemahlener Koriander
½ Pck. Dr. Oetker Finesse Orangenschalen-Aroma
4 Eier (Größe M)
250 g Weizenmehl
2 gestr. TL Dr. Oetker Backin
2 EL Milch

Für den Belag:
etwa 750 g mürbe Äpfel, z. B. Glockenapfel

Für die Streusel:
75 g Weizenmehl
1 geh. EL abgezogene, gemahlene Mandeln
30 g Zucker
1 Msp. gemahlener Zimt
40 g Butter oder Margarine

Zum Aprikotieren:
2 EL Aprikosenkonfitüre
2 TL Rum

Zubereitungszeit: 50 Minuten
Backzeit: 45–50 Minuten

1. Für den Rührteig Butter oder Margarine in einer Rührschüssel mit Handrührgerät mit Rührbesen geschmeidig rühren.

2. Nach und nach den Zucker, Vanille-Zucker, Zimt, Koriander und Aroma unterrühren. So lange rühren, bis eine gebundene Masse entstanden ist.

3. Die Eier nach und nach unterrühren (jedes Ei etwa ½ Minute). Mehl mit Backpulver mischen, in 2 Portionen auf mittlerer Stufe unterrühren.

4. Den Teig in eine Springform (Ø 28 cm, Boden gefettet) geben und glatt streichen.

5. Den Backofen vorheizen.
Ober-/Unterhitze. etwa 180 °C
Heißluft: etwa 160°C

6. Für den Belag Äpfel schälen, vierteln und entkernen. Apfelviertel mehrmals der Länge nach einschneiden und kranzförmig auf den Teig legen.

7. Für die Streusel Mehl in eine Rührschüssel geben. Mandeln, Zucker, Zimt und Butter oder Margarine hinzufügen. Die Zutaten mit Handrührgerät mit Rührbesen zunächst kurz auf niedrigster, dann auf höchster Stufe zu Streuseln von gewünschter Größe verarbeiten. Die Teigstreusel auf den Apfelstücken verteilen.

8. Die Form auf dem Rost in den vorgeheizten Backofen schieben. Den Apfelkuchen **45–50 Minuten backen.**

9. Die Form auf einen Kuchenrost stellen.

10. Zum Aprikotieren die Konfitüre durch ein Sieb streichen, mit dem Rum in einem kleinen Topf unter Rühren einkochen lassen. Den Apfelkuchen damit bestreichen. Apfelkuchen erkalten lassen.

Apfelmuskuchen mit Haferflocken | Für Kinder

Insgesamt:
E: 106 g, F: 219 g, Kh: 599 g, kJ: 20798, kcal: 4970

Für den All-in-Teig:
200 g Weizenmehl
3 gestr. TL Dr. Oetker Backin
150 g Zucker
1 Pck. Dr. Oetker Vanillin-Zucker
½ TL gemahlener Zimt
1 Prise Salz
½ TL Dr. Oetker Finesse Geriebene Zitronenschale
4 Eier (Größe M)
6 EL Speiseöl
125 g Schmand (Sauerrahm)
200 g kernige Haferflocken
etwa 355 g Apfelmus (aus dem Glas)

Zum Bestreichen:
375 g Schmand (Sauerrahm)

Für die Krokantmasse:
6–7 EL kernige Haferflocken
2 EL Sonnenblumenkerne
4 EL Zucker

Zubereitungszeit: 40 Minuten, ohne Abkühlzeit
Backzeit: 45–50 Minuten

1. Den Backofen vorheizen.
Ober-/Unterhitze: etwa 180 °C
Heißluft: etwa 160 °C

2. Für den Teig das Mehl mit Backpulver mischen und in eine Rührschüssel geben. Zucker, Vanillin-Zucker, Zimt, Salz, Zitronenschale, Eier, Speiseöl und Schmand hinzufügen. Die Zutaten mit Handrührgerät mit Rührbesen zunächst kurz auf niedrigster, dann auf höchster Stufe in etwa 2 Minuten zu einem glatten Teig verarbeiten. Haferflocken und Apfelmus unterrühren.

3. Den Teig in eine Springform (Ø 26 cm, Boden gefettet) geben und glatt streichen. Die Form auf dem Rost in den vorgeheizten Backofen schieben. Den Kuchen **45–50 Minuten backen.**

4. Die Form auf einen Kuchenrost stellen. Schmand verrühren und auf den heißen Kuchen streichen. Den Kuchen erkalten lassen.

5. Für die Krokantmasse Haferflocken und Sonnenblumenkerne in einer Pfanne ohne Fett unter Rühren goldbraun rösten, herausnehmen und auf einen Teller geben. Zucker in der Pfanne schmelzen lassen. Die Sonnenblumenkern-Haferflocken-Mischung hinzugeben und mit dem Zucker goldbraun karamellisieren. Die Krokantmasse auf ein Stück Backpapier geben und erkalten lassen.

6. Die erkaltete Krokantmasse mit den Händen zerbröseln. Die Krokantbrösel auf den Kuchen streuen.

Apfel-Nuss-Kuchen

Beliebt – schnell

Insgesamt:
E: 83 g, F: 321 g, Kh: 499 g, kJ: 21922, kcal: 5239

Für den Rührteig:

1 Bio-Zitrone (unbehandelt, ungewachst)
200 g weiche Butter oder Margarine
175 g Zucker
2 Pck. Dr. Oetker Vanillin-Zucker
1 Prise Salz
3 Eier (Größe M)
300 g Dinkelmehl (Type 630)
3 gestr. TL Dr. Oetker Backin
1 gestr. TL gemahlener Zimt
½ gestr. TL gemahlener Ingwer
600 g säuerliche Äpfel, z. B. Cox Orange, Elstar, Boskop
100 g gehobelte Haselnusskerne

Zum Bestreuen:

100 g gehobelte Haselnusskerne
20 g Zucker

Zubereitungszeit: 30 Minuten
Backzeit: etwa 30 Minuten

1. Für den Teig Zitrone heiß abwaschen, abtrocknen und die Schale abreiben. Die Zitrone halbieren und den Saft auspressen. Den Backofen vorheizen.
Ober-/Unterhitze: etwa 200 °C
Heißluft: etwa 180 °C

2. Die Butter oder Margarine mit Handrührgerät mit Rührbesen auf höchster Stufe geschmeidig rühren. Nach und nach Zucker, Vanillin-Zucker, Salz und die Zitronenschale unterrühren. So lange rühren, bis eine gebundene Masse entstanden ist. Eier nach und nach unterrühren (jedes Ei etwa ½ Minute). Dinkelmehl mit Backpulver, Zimt und Ingwer mischen, in 2 Portionen auf mittlerer Stufe unterrühren.

3. Die Äpfel schälen und auf der Haushaltsreibe grob raspeln. Die Apfelraspel (etwa 450 g) mit 2 Esslöffeln Zitronensaft mischen und mit den Haselnusskernen kurz unter den Teig rühren. Den Teig auf einem tiefen Backblech oder in einer Fettpfanne (30 x 40 cm, gefettet) gleichmäßig verteilen.

4. Zum Bestreuen zuerst Haselnusskerne, dann den Zucker auf den Teig streuen. Das Backblech in den vorgeheizten Backofen schieben. Den Kuchen **etwa 30 Minuten backen.**

5. Das Backblech auf einen Kuchenrost stellen. Den Kuchen erkalten lassen.

Tipp: Die geschälten Äpfel nicht vierteln, sondern jeweils im Ganzen raspeln, sodass von jedem Apfel nur das Kerngehäuse mit Blüte und Stiel zurückbleibt.

Apfel-Pie | Klassisch

Insgesamt:
E: 62 g, F: 254 g, Kh: 465 g, kJ: 18507, kcal: 4432

Für den Knetteig:

275 g Weizenmehl
1 gestr. TL Dr. Oetker Backin
60 g Zucker
1 Pck. Dr. Oetker Vanillin-Zucker
1 Prise Salz
1 Eiweiß (Größe M)
175 g Butter oder Margarine
75 g Crème fraîche

Für die Füllung:

1,2 kg Äpfel, z. B. Boskop oder Elstar
2 EL Zucker
½ TL gemahlener Zimt
3 EL abgezogene, gemahlene Mandeln
2 EL Semmelbrösel
1 EL Wasser

Zum Bestreichen und Bestreuen:

75 g Crème fraîche
1 Eigelb (Größe M)
1 EL Zimt-Zucker
40 g gestiftelte Mandeln

Zubereitungszeit: 45 Minuten, ohne Kühlzeit
Backzeit: etwa 50 Minuten

1. Für den Teig das Mehl und Backpulver in einer Rührschüssel mischen. Zucker, Vanillin-Zucker, Salz, Eiweiß, Butter oder Margarine und Crème fraîche hinzufügen. Die Zutaten mit Handrührgerät mit Knethaken zunächst kurz auf niedrigster, dann auf höchster Stufe gut durcharbeiten. Teig auf einer leicht bemehlten Arbeitsfläche zu einem glatten Teig verkneten. In Frischhaltefolie wickeln, etwa 1 Stunde kalt stellen.

2. Für die Füllung Äpfel schälen, vierteln und entkernen. Apfelviertel in Scheiben schneiden. Mit Zucker und Zimt vermengen.

3. Den Backofen vorheizen.
Ober-/Unterhitze: etwa 200 °C
Heißluft: etwa 180 °C

4. Zwei Drittel des Teiges auf der bemehlten Arbeitsfläche zu einer runden Platte (Ø etwa 34 cm) ausrollen. Den Teig in eine Pie- oder Tarteform (Ø 28 cm, gefettet) legen und am Rand andrücken. Die Mandeln mit Semmelbröseln mischen und auf den Teigboden streuen. Die Apfelscheiben darauf verteilen. Überstehenden Teigrand auf die Apfelscheiben legen und mit Wasser bestreichen.

5. Restlichen Teig auf der bemehlten Arbeitsfläche zu einer runden Platte in Größe der Form ausrollen. Die Teigplatte auf die Apfelscheiben legen und am Rand andrücken. Die Teigplatte mehrmals mit einer Gabel einstechen. Form auf dem Rost in den vorgeheizten Backofen schieben. Pie **etwa 50 Minuten backen.**

6. Zum Bestreichen Crème fraîche mit dem Eigelb verrühren. **Nach etwa 20 Minuten Backzeit** die Teigdecke mit der Crème-fraîche-Masse bestreichen. Mit Zimt-Zucker und Mandeln bestreuen. Die Apfel-Pie **in etwa 30 Minuten fertig backen.**

7. Die Form auf einen Kuchenrost stellen. Die Apfel-Pie etwas abkühlen lassen und lauwarm servieren.

Tipp: Säuerliche Äpfel sind zum Backen besser geeignet als süße Äpfel.

Apfel-Pie mit Streuseln

Raffiniert – klassisch

Insgesamt:
E: 31 g, F: 268 g, Kh: 511 g, kJ: 19348, kcal: 4628

Für den Knetteig:
180 g Weizenmehl
1 EL brauner Zucker (Kandisfarin)
1 Prise Salz
125 g Butter oder Margarine
2–3 EL kaltes Wasser

Für die Füllung:
1 kg Äpfel
2 EL Zitronensaft
60 g Butter
1 TL gemahlener Zimt
½ gestr. TL frisch geriebene Muskatnuss
100 g brauner Zucker (Kandisfarin)

Für die Streusel:
100 g Weizenmehl
125 g Butter
100 g brauner Zucker (Kandisfarin)
½ TL gemahlener Zimt
1 Msp. frisch geriebene Muskatnuss

Zubereitungszeit: 35 Minuten, ohne Kühlzeit
Backzeit: etwa 40 Minuten

1. Für den Teig das Mehl in eine Rührschüssel geben. Zucker, Salz, Butter oder Margarine und Wasser hinzufügen. Die Zutaten mit Handrührgerät mit Knethaken zunächst kurz auf niedrigster, dann auf höchster Stufe gut durcharbeiten. Anschließend den Teig auf einer leicht bemehlten Arbeitsfläche zu einem glatten Teig verkneten. Den Teig in Frischhaltefolie gewickelt etwa 30 Minuten kalt stellen.

2. Den Teig auf der leicht bemehlten Arbeitsfläche zu einer runden Platte (Ø etwa 32 cm) ausrollen. Die Teigplatte in eine Pie- oder Tarteform (Ø 28–30 cm, gefettet) legen. Den Rand etwas hochdrücken.

3. Den Backofen vorheizen.
Ober-/Unterhitze: etwa 200 °C
Heißluft: etwa 180 °C

4. Für die Füllung Äpfel schälen, vierteln, entkernen und in Stücke schneiden. Apfelstücke mit Zitronensaft beträufeln. Butter zerlassen. Zimt, Muskat und Zucker unterrühren. Die Apfelstücke untermischen und auf dem Teigboden verteilen.

5. Für die Streusel Mehl in eine Rührschüssel geben. Butter, Zucker, Zimt und Muskat hinzufügen. Die Zutaten mit Handrührgerät mit Rührbesen zu Streuseln von gewünschter Größe verarbeiten. Die Teigstreusel auf den Apfelstücken verteilen. Die Form auf dem Rost in den vorgeheizten Backofen schieben und die Apfel-Pie **etwa 40 Minuten backen.**

6. Die Form auf einen Kuchenrost stellen. Die Apfel-Pie in der Form erkalten lassen.

Tipp: Die Apfel-Pie schmeckt auch lauwarm mit geschlagener Sahne.
Den Kuchen mit Zitronenmelisseblättchen garnieren.

Apfel-Preiselbeer-Kuchen mit Cornflakes I

Für Kinder

Insgesamt:
E: 71 g, F: 220 g, Kh: 551 g, kJ: 19349, kcal: 4621

Zum Vorbereiten:

500 g Äpfel, z. B. Elstar
2 EL Zitronensaft
100 g Marzipan-Rohmasse

Für den Rührteig:

125 g weiche Butter oder Margarine
100 g Zucker
1 Pck. Dr. Oetker Vanillin-Zucker
3 Eier (Größe M)
250 g Weizenmehl
2 gestr. TL Dr. Oetker Backin
4 EL Milch

Für den Belag:

60 g Butter
100 g Zucker
2 EL Schlagsahne
50 g Cornflakes
100 g Wild-Preiselbeeren (aus dem Glas)

Zubereitungszeit: 50 Minuten
Backzeit: etwa 60 Minuten

1. Zum Vorbereiten Äpfel schälen, vierteln und entkernen. Apfelviertel in dickere Spalten schneiden und mit Zitronensaft beträufeln. Marzipan in kleine Stücke schneiden.

2. Den Backofen vorheizen.
Ober-/Unterhitze: etwa 180 °C
Heißluft: etwa 160 °C

3. Für den Teig Butter oder Margarine und Marzipanstücke in einer Rührschüssel mit Handrührgerät mit Rührbesen auf höchster Stufe geschmeidig rühren. Nach und nach Zucker und Vanillin-Zucker unterrühren. So lange rühren, bis eine gebundene Masse entstanden ist.

4. Die Eier nach und nach unterrühren (jedes Ei etwa ½ Minute). Mehl mit Backpulver mischen, in 2 Portionen mit der Milch auf mittlerer Stufe unterrühren.

5. Den Teig in eine Springform (Ø 26 cm, Boden gefettet) geben und glatt streichen. Apfelspalten darauf verteilen. Die Form auf dem Rost in den vorgeheizten Backofen schieben. Den Kuchen **etwa 45 Minuten backen.**

6. Die Form auf einen Kuchenrost stellen. Für den Belag Butter, Zucker und Sahne in einem kleinen Topf zum Kochen bringen. Den Topf von der Kochstelle nehmen. Cornflakes unterrühren.

7. Die Wild-Preiselbeeren in die Zwischenräume der Apfelspalten geben. Den Cornflakes-Guss gleichmäßig darauf verteilen. Die Form wieder auf dem Rost in den heißen Backofen schieben. Den Kuchen **bei gleicher Backofentemperatur in etwa 15 Minuten fertig backen.**

8. Den Apfel-Preiselbeer-Kuchen aus der Form lösen und auf einem Kuchenrost erkalten lassen.

Apfel-Tarte mit Sonnenblumenkernen | Fettarm

Insgesamt:
E: 50 g, F: 91 g, Kh: 319 g, kJ: 9689, kcal: 2320

Zum Vorbereiten:
2 EL Sonnenblumenkerne
4 große, säuerliche Äpfel (etwa 650 g), z. B. Boskop
1 EL Zitronensaft

Für den Knetteig:
200 g Weizenmehl
1 TL Dr. Oetker Backin
100 g Speisequark (Magerstufe)
3 EL Sonnenblumenöl
50 g Zucker
1 Prise Salz
1 Ei (Größe M)
3 EL Milch

Außerdem:
50 g Zucker
30 g Joghurt-Butter

Zubereitungszeit: 30 Minuten
Backzeit: etwa 35 Minuten

1. Zum Vorbereiten die Sonnenblumenkerne in einer Pfanne ohne Fett unter Rühren goldbraun rösten. Die Äpfel schälen, vierteln, entkernen, in Spalten schneiden. Apfelspalten mit Zitronensaft beträufeln.

2. Den Backofen vorheizen.
Ober-/Unterhitze: etwa 180 °C
Heißluft: etwa 160 °C

3. Für den Teig Mehl mit Backpulver mischen und in eine Rührschüssel geben. Quark, Sonnenblumenöl, Zucker, Salz, Ei und Milch hinzufügen. Die Zutaten mit Handrührgerät mit Knethaken zunächst kurz auf niedrigster, dann auf höchster Stufe gut durcharbeiten.

4. Anschließend den Teig auf einer leicht bemehlten Arbeitsfläche kurz zu einer Kugel formen. Die Teigkugel zu einer runden Platte (Ø etwa 30 cm) ausrollen und in eine Wähen- oder Tarteform (Ø 28 cm, gefettet) legen. Den Rand andrücken.

5. Vorbereitete Apfelspalten kreisförmig auf den Teigboden legen und mit gerösteten Sonnenblumenkernen und Zucker bestreuen. Die Butter in Flöckchen daraufsetzen. Die Form auf dem Rost in den vorgeheizten Backofen schieben. Die Apfel-Tarte **etwa 35 Minuten backen.**

6. Die Tarte **evtl. nach etwa 30 Minuten Backzeit** mit Backpapier belegen.

7. Die Form auf einen Kuchenrost stellen. Die Apfel-Tarte in der Form erkalten lassen.

Tipps: Sie können statt der Sonnenblumenkerne auch gehackte Nusskerne oder eine ungesüßte Getreide-Nuss-Müsli-Mischung zum Bestreuen verwenden. Die Apfel-Tarte schmeckt frisch am besten. Sie kann aber auch eingefroren werden.

Apfel-Wähe | Beliebt – fruchtig

Insgesamt:
E: 44 g, F: 189 g, Kh: 301 g, kJ: 12979, kcal: 3105

Für den Knetteig:
200 g Weizenmehl
1 gestr. TL Dr. Oetker Backin
25 g Zucker
½ Pck. Dr. Oetker Bourbon-Vanille-Zucker
1 Prise Salz
125 g Butter oder Margarine

Für den Belag:
etwa 900 g mürbe, säuerliche Äpfel, z. B. Boskop

etwas Weizenmehl

Für den Guss:
15 g Speisestärke
2 Eier (Größe M)
½ Pck. Dr. Oetker Bourbon-Vanille-Zucker
1 Msp. gemahlener Zimt
200 g Schlagsahne

Zubereitungszeit: 30 Minuten, ohne Kühlzeit
Backzeit: etwa 45 Minuten

1. Für den Teig Mehl und Backpulver in einer Rührschüssel mischen. Zucker, Vanille-Zucker, Salz und Butter oder Margarine hinzufügen. Die Zutaten mit Handrührgerät mit Knethaken zunächst kurz auf niedrigster, dann auf höchster Stufe gut durcharbeiten. Anschließend den Teig auf einer leicht bemehlten Arbeitsfläche zu einem glatten Teig verkneten. Den Teig in Frischhaltefolie wickeln und etwa 1 Stunde kalt stellen.

2. Für den Belag Äpfel schälen, vierteln und entkernen. Apfelviertel der Länge nach in Spalten schneiden.

3. Den Backofen vorheizen.
Ober-/Unterhitze: etwa 180 °C
Heißluft: etwa 160 °C

4. Den Teig mit Mehl bestäuben und auf der leicht bemehlten Arbeitsfläche zu einer runden Platte (Ø etwa 34 cm) ausrollen. Die Teigplatte in eine Wähen- oder Tarteform (Ø 28 cm, gefettet) legen, am Rand leicht andrücken. Den Teigboden mit einer Gabel mehrmals einstechen. Die Apfelspalten dachziegelartig im Kreis auf den Teigboden legen. Die Form auf dem Rost in den vorgeheizten Backofen schieben. Die Wähe **etwa 20 Minuten vorbacken.**

5. Für den Guss Speisestärke, Eier, Vanille-Zucker, Zimt und Sahne gut verrühren.

6. Die Form auf einen Kuchenrost stellen. Den Guss auf den Apfelspalten verteilen. Die Form wieder auf dem Rost in den heißen Backofen schieben. Die Wähe **bei gleicher Backofentemperatur in etwa 25 Minuten fertig backen.**

7. Die Apfel-Wähe warm servieren.

Tipp: Kurz aufgeschlagene Sahne oder Vanille- oder Nusseis dazu servieren.

Apfel-Walnuss-Kranz | Preiswert

Insgesamt:
E: 62 g, F: 115 g, Kh: 472 g, kJ: 13473, kcal: 3222

Zum Vorbereiten:

750 g	säuerliche Äpfel, z. B. Boskop
	abgeriebene Schale und Saft von
1	Bio-Zitrone (unbehandelt, ungewachst)
50 g	Walnusskerne
knapp ½ Fl.	Bittermandel-Aroma

Für den Quark-Öl-Teig:

300 g	Weizenmehl
3 gestr. TL	Dr. Oetker Backin
150 g	Speisequark (Magerstufe)
100 ml	Milch
75 ml	Speiseöl
80 g	Zucker
1 Pck.	Dr. Oetker Vanillin-Zucker
1 Prise	Salz
½ Fl.	Butter-Vanille-Aroma

Für den Guss:

75 g	gesiebter Puderzucker
1–2 EL	Zitronensaft

Zubereitungszeit: 50 Minuten, ohne Abkühlzeit
Backzeit: 35–40 Minuten

1. Zum Vorbereiten Äpfel schälen, halbieren, entkernen und grob raspeln. Apfelraspel mit Zitronenschale und -saft mischen. Die Walnusskerne grob hacken. Walnüsse und Aroma mit den Apfelraspeln mischen.

2. Den Backofen vorheizen.
Ober-/Unterhitze: etwa 180 °C
Heißluft: etwa 160 °C

3. Für den Teig Mehl mit Backpulver mischen und in eine Rührschüssel geben. Quark, Milch, Speiseöl, Zucker, Vanillin-Zucker, Salz und Aroma hinzufügen. Die Zutaten mit Handrührgerät mit Knethaken zunächst kurz auf niedrigster, dann auf höchster Stufe in etwa 1 Minute zu einem glatten Teig verarbeiten (nicht zu lange, Teig klebt sonst).

4. Den Teig auf einer leicht bemehlten Arbeitsfläche zu einer Rolle formen und zu einem Rechteck (etwa 30 x 40 cm) ausrollen. Die Apfel-Walnuss-Masse darauf verteilen, dabei rundherum einen 3–4 cm breiten Rand frei lassen.

5. Den Teig von der längeren Seite aus vorsichtig aufrollen, auf einem Backblech (mit Backpapier belegt) zu einem Kranz zusammenlegen. Die Teigoberfläche mit einem scharfen Messer mehrmals einschneiden. Das Backblech in den vorgeheizten Backofen schieben. Den Apfel-Walnuss-Kranz **35–40 Minuten backen.**

6. Kranz mit dem Backpapier vom Backblech auf einen Kuchenrost ziehen. Kranz etwas abkühlen lassen.

7. Für den Guss Puderzucker mit Zitronensaft zu einer geschmeidigen Masse verrühren. Den Kranz mit dem Guss bestreichen. Guss fest werden lassen.

Tipps: Anstelle des Zitronengusses können Sie den Gebäckkranz wie folgt aprikotieren: 100 g Aprikosenkonfitüre durch ein Sieb streichen und in einem kleinen Topf unter Rühren aufkochen. Den warmen Apfel-Walnuss-Kranz damit bestreichen und erkalten lassen. Der Apfel-Walnuss-Kranz kann auch gut eingefroren werden, dann sollte er jedoch erst nach dem Backen mit dem Guss überzogen werden.

Aprikosen-Buttermilch-Kuchen

Fettarm – schnell

Insgesamt:
E: 37 g, F: 19 g, Kh: 365 g, kJ: 7613, kcal: 1816

Zum Vorbereiten:
500 g frische Aprikosen oder
240 g Aprikosenhälften (aus der Dose)
½ Bund frische Minze
2 Eier (Größe M)
125 ml (⅛ l) Buttermilch
abgeriebene Schale von
1 Bio-Zitrone (unbehandelt, ungewachst)
100 g Zucker

Für den All-in-Teig:
150 g Weizenmehl
1 Pck. Dr. Oetker Pudding-Pulver Vanille-Geschmack
25 g Speisestärke
1 Prise Salz
3 gestr. TL Dr. Oetker Backin

Für den Guss:
50 g gesiebter Puderzucker
2–3 TL Zitronensaft

Zubereitungszeit: 30 Minuten, ohne Abkühlzeit
Backzeit: 50–60 Minuten

1. Zum Vorbereiten Aprikosen waschen, abtropfen lassen, entstielen, halbieren und entsteinen. Oder die Aprikosenhälften aus der Dose in einem Sieb gut abtropfen lassen. Die Aprikosenhälften klein schneiden.

2. Minze abspülen und trocken tupfen. Die Blättchen von den Stängeln zupfen und in Streifen schneiden.

3. Eier mit Buttermilch, Zitronenschale und Zucker verrühren. Minzestreifen unterrühren.

4. Den Backofen vorheizen.
Ober-/Unterhitze: etwa 180 °C
Heißluft: etwa 160 °C

5. Für den Teig das Mehl mit Pudding-Pulver, Speisestärke, Salz und Backpulver in einer Rührschüssel mischen. Die Buttermilch-Eier-Mischung hinzufügen.

6. Die Zutaten mit Handrührgerät mit Rührbesen zunächst kurz auf niedrigster, dann auf höchster Stufe in etwa 2 Minuten zu einem glatten Teig verarbeiten. Aprikosenstücke vorsichtig unterheben.

7. Den Teig in eine Kastenform (25 x 11 cm, gefettet, mit Semmelbröseln ausgestreut) geben und glatt streichen.

8. Die Form auf dem Rost in den vorgeheizten Backofen schieben. Den Kuchen **50–60 Minuten backen.**

9. **Nach etwa 15 Minuten Backzeit** den Teig mit einem scharfen Messer der Länge nach einschneiden, damit er gleichmäßig aufgeht. Dann den Kuchen fertig backen.

10. Die Form auf einen Kuchenrost stellen. Kuchen etwa 10 Minuten in der Form stehen lassen. Dann aus der Form lösen und auf den Kuchenrost stürzen. Kuchen wieder umdrehen und etwas abkühlen lassen.

11. Für den Guss den Puderzucker mit dem Zitronensaft zu einer geschmeidigen Masse verrühren. Den warmen Kuchen mit dem Guss überziehen. Aprikosen-Buttermilch-Kuchen erkalten lassen.

Aprikosen-Mohnbiskuit

Raffiniert

Insgesamt:
E: 125 g, F: 288 g, Kh: 834 g, kJ: 27096, kcal: 6473

Für den Knetteig:
300 g Weizenmehl
100 g Zucker
1 Pck. Dr. Oetker Vanillin-Zucker
1 Ei (Größe M)
200 g Butter oder Margarine

Zum Bestreichen:
300 g Himbeerkonfitüre

Für den Belag:
500 g Aprikosenhälften (aus der Dose)

Für den Mohnbiskuitteig:
5 Eier (Größe M)
5 EL heißes Wasser
125 g Zucker
1 Pck. Dr. Oetker Vanillin-Zucker
100 g Weizenmehl
150 g Mohnsamen (ungemahlen)
1 gestr. TL Dr. Oetker Backin

Zum Bestreuen:
2 EL gehobelte Mandeln

Zum Bestäuben:
1 EL Puderzucker

Zubereitungszeit: 40 Minuten, ohne Kühlzeit
Backzeit: etwa 43 Minuten

1. Den Backofen vorheizen.
Ober-/Unterhitze: etwa 200 °C
Heißluft: etwa 180 °C

2. Für den Knetteig Mehl in eine Rührschüssel geben. Zucker, Vanillin-Zucker, Ei und Butter oder Margarine hinzufügen. Die Zutaten mit Handrührgerät mit Knethaken zunächst kurz auf niedrigster, dann auf höchster Stufe gut durcharbeiten.

3. Anschließend den Teig auf einer leicht bemehlten Arbeitsfläche zu einem glatten Teig verkneten. Sollte er kleben, ihn in Frischhaltefolie gewickelt eine Zeit lang kalt stellen.

4. Den Teig in einer Fettpfanne (30 x 40 cm, leicht gefettet, mit Backpapier belegt) ausrollen. Den Teig mehrmals mit einer Gabel einstechen.

5. Die Fettpfanne in den vorgeheizten Backofen schieben. Danach den Knetteigboden **etwa 18 Minuten backen.**

6. Zum Bestreichen Konfitüre durch ein Sieb streichen. Die Fettpfanne auf einen Kuchenrost stellen. Den heißen Knetteigboden damit bestreichen.

7. Für den Belag Aprikosenhälften in einem Sieb gut abtropfen lassen.

8. Für den Mohnbiskuitteig Eier und Wasser mit Handrührgerät mit Rührbesen auf höchster Stufe in etwa 1 Minute schaumig schlagen. Den Zucker und Vanillin-Zucker mischen, in etwa 1 Minute einstreuen und dann noch etwa 2 Minuten schlagen.

9. Mehl mit Mohnsamen und Backpulver mischen. Die Hälfte davon auf die Eiercreme geben und kurz auf niedrigster Stufe unterrühren. Restliches Mehlgemisch auf die gleiche Weise unterarbeiten.

10. Den Teig auf den mit Konfitüre bestrichenen Knetteigboden geben und glatt streichen. Aprikosenhälften darauf verteilen und mit Mandeln bestreuen.

11. Die Fettpfanne wieder in den heißen Backofen schieben. Den Biskuitboden **bei gleicher Backofentemperatur etwa 25 Minuten backen**.

12. Die Fettpfanne auf einen Kuchenrost stellen.

13. Den Aprikosen-Mohnbiskuit erkalten lassen und mit Puderzucker bestäuben.

Tipp: Dazu eine Vanillesauce (selbst gekocht oder Fertigprodukt aus dem Kühlregal) oder eine leicht geschlagene Zimt-Sahne servieren.

Aprikosen-Mohn-Kuchen

Raffiniert

Insgesamt:
E: 161 g, F: 133 g, Kh: 724 g, kJ: 20157, kcal: 4813

Für den Quark-Öl-Teig:

350 g Weizenmehl
1 Pck. Dr. Oetker Backin
250 g Speisequark (Magerstufe)
6 EL Milch
6 EL Speiseöl
100 g Zucker
1 Pck. Dr. Oetker Vanillin-Zucker
1 Prise Salz

Für den Belag:

300 g Aprikosen-Fruchtquark
30 g Weizenmehl
1 Ei (Größe M)
250 g backfertige Mohnfüllung
250 g Aprikosenkonfitüre

Zum Bestreichen:

1 Eigelb
2 EL Schlagsahne

Zubereitungszeit: 60 Minuten
Backzeit: etwa 25 Minuten

1. Den Backofen vorheizen.
Ober-/Unterhitze: etwa 180 °C
Heißluft: etwa 160 °C

2. Für den Teig das Mehl mit Backpulver mischen und in eine Rührschüssel geben. Quark, Milch, Speiseöl, Zucker, Vanillin-Zucker und Salz hinzufügen. Die Zutaten mit Handrührgerät mit Knethaken zunächst kurz auf niedrigster, dann auf höchster Stufe in etwa 1 Minute zu einem glatten Teig verarbeiten (nicht zu lange, Teig klebt sonst).

3. Ein Viertel des Teiges beiseitelegen. Den restlichen Teig auf einer leicht bemehlten Arbeitsfläche zu einer Rolle formen. Dann die Teigrolle auf einem Backblech (30 x 40 cm, gefettet) ausrollen, dabei am Rand etwas hochdrücken.

4. Für den Belag Fruchtquark mit Mehl und Ei gut verrühren. Abwechselnd die Fruchtquarkmasse, Mohnfüllung und Konfitüre als Kleckse auf den Teigboden geben.

5. Den restlichen Teig auf der leicht bemehlten Arbeitsfläche zu einem Rechteck (etwa 38 x 15 cm) ausrollen und mit einem Kuchengitterroller darüberrollen. Das Teiggitter auseinanderziehen und auf den Belag legen.

6. Zum Bestreichen Eigelb mit Sahne verschlagen. Das Teiggitter damit bestreichen. Das Backblech in den vorgeheizten Backofen schieben. Den Kuchen **etwa 25 Minuten backen.**

7. Das Backblech auf einen Kuchenrost stellen. Den Aprikosen-Mohn-Kuchen erkalten lassen.

Tipps: Wenn Sie keinen Kuchengitterroller haben, so schneiden Sie das ausgerollte Teigrechteck in feine Streifen. Legen Sie die Teigstreifen diagonal über den Kuchen.

Aprikosen-Quark-Gugelhupf

Fettarm

Insgesamt:
E: 76 g, F: 121 g, Kh: 462 g, kJ: 13777, kcal: 3291

Zum Vorbereiten:
240 g Aprikosenhälften (aus der Dose)

Für den Rührteig:
100 g weiche Butter oder Margarine
150 g Zucker
1 Pck. Dr. Oetker Vanillin-Zucker
1 Prise Salz
4 Tropfen Bittermandel-Aroma
3 Eier (Größe M)
150 g Speisequark (Magerstufe)
1 EL Zitronensaft
300 g Weizenmehl
1 Pck. Dr. Oetker Backin

Außerdem:
15 abgezogene, ganze Mandeln

Zum Bestreichen:
2 EL Aprikosenkonfitüre
1 EL Wasser

Zubereitungszeit: 30 Minuten, ohne Abkühlzeit
Backzeit: etwa 50 Minuten

1. Zum Vorbereiten Aprikosenhälften in einem Sieb gut abtropfen lassen und in kleine Stücke schneiden.

2. Den Backofen vorheizen.
Ober-/Unterhitze: etwa 180 °C
Heißluft: etwa 160 °C

3. Für den Teig Butter oder Margarine in einer Rührschüssel mit Handrührgerät mit Rührbesen auf höchster Stufe geschmeidig rühren. Nach und nach Zucker, Vanillin-Zucker, Salz und Aroma unterrühren. So lange rühren, bis eine gebundene Masse entstanden ist.

4. Die Eier nach und nach unterrühren (jedes Ei etwa 1/2 Minute). Quark und Zitronensaft hinzufügen. Mehl mit Backpulver mischen, in 2 Portionen auf mittlerer Stufe unterrühren. Aprikosenstücke unterheben.

5. Die Mandeln auf dem Boden einer Gugelhupfform (ø 22 cm, gefettet) verteilen. Dann den Teig vorsichtig daraufgeben und glatt streichen. Die Form auf dem Rost in den vorgeheizten Backofen schieben. Den Gugelhupf **etwa 50 Minuten backen.**

6. Den Kuchen etwa 10 Minuten in der Form stehen lassen, dann aus der Form lösen und auf einen Kuchenrost stürzen.

7. Zum Bestreichen Konfitüre mit Wasser in einem kleinen Topf unter Rühren gut aufkochen lassen. Die Kuchenoberfläche damit bestreichen. Den Aprikosen-Quark-Gugelhupf erkalten lassen.

Tipp: Den Gugelhupf nach Belieben mit Puderzucker bestäuben.

Aprikosen-Quark-Kuchen I

Für Kinder – fruchtig

Insgesamt:
E: 91 g, F: 132 g, Kh: 393 g, kJ: 13764, kcal: 3287

Für den Knetteig:

200 g Weizenmehl
40 g Zucker
1 Pck. Dr. Oetker Vanillin-Zucker
1 Prise Salz
1 Ei (Größe M)
100 g Butter oder Margarine

Für den Belag:

480 g Aprikosenhälften (aus der Dose)
250 g Speisequark (Magerstufe)
50 g Zucker
1 Pck. Dr. Oetker Vanillin-Zucker
1 Pck. Dr. Oetker Finesse Geriebene Zitronenschale
2 Eier (Größe M)
50 g abgezogene, gemahlene Mandeln
20 g Speisestärke
etwas Aprikosenkonfitüre

Zum Aprikotieren:

1 geh. EL Aprikosenkonfitüre
1 TL Wasser

Zubereitungszeit: 40 Minuten, ohne Abkühlzeit
Backzeit: etwa 62 Minuten

1. Den Backofen vorheizen.
Ober-/Unterhitze: etwa 200 °C
Heißluft: etwa 180 °C

2. Für den Teig das Mehl in eine Rührschüssel geben. Zucker, Vanillin-Zucker, Salz, Ei und Butter oder Margarine hinzufügen. Die Zutaten mit Handrührgerät mit Knethaken zunächst kurz auf niedrigster, dann auf höchster Stufe gut durcharbeiten.

3. Anschließend den Teig auf einer leicht bemehlten Arbeitsfläche zu einem glatten Teig verkneten. Sollte er kleben, ihn in Frischhaltefolie gewickelt eine Zeit lang kalt stellen.

4. Zwei Drittel des Teiges auf dem Boden einer Springform (Ø 26 cm, Boden gefettet) ausrollen. Springformrand darumlegen. Den Teigboden mehrmals mit einer Gabel einstechen.

5. Die Form auf dem Rost in den vorgeheizten Backofen schieben. Den Knetteigboden **etwa 12 Minuten vorbacken.**

6. Die Form auf einen Kuchenrost stellen. Die **Backofentemperatur um etwa 20 °C herunterschalten.**

7. Den Knetteigboden etwas abkühlen lassen. Restlichen Teig zu einer Rolle formen. Sie als Rand auf den vorgebackenen Boden legen und so an die Form drücken, dass ein etwa 3 cm hoher Rand entsteht.

8. Für den Belag Aprikosenhälften in einem Sieb gut abtropfen lassen.

9. Quark mit Zucker, Vanillin-Zucker, Zitronenschale, Eiern, Mandeln und Speisestärke verrühren. Quarkmasse auf den vorgebackenen Knetteigboden geben und glatt streichen.

10. Die Aprikosenhälften kranzförmig, mit der Wölbung nach unten, auf die Quarkmasse legen. Etwas Konfitüre in die Rundungen geben.

11. Dann die Form wieder auf dem Rost in den heißen Backofen schieben. Den Kuchen in **etwa 50 Minuten fertig backen.**

12. Die Form auf einen Kuchenrost stellen.

13. Zum Aprikotieren Konfitüre durch ein Sieb streichen, mit Wasser in einem kleinen Topf unter Rühren kurz aufkochen lassen. Den heißen Kuchen sofort damit bestreichen.

14. Den Aprikosen-Quark-Kuchen erkalten lassen und aus der Form lösen.

Tipps: Den Kuchen maximal 1 Tag vor dem Verzehr zubereiten. Anstelle der Aprikosenhälften können auch Äpfel (halbiert, entkernt und die Wölbung mehrfach eingeschnitten) auf die Quarkmasse gelegt werden.

Aprikosen-Quark-Pie | Raffiniert

Insgesamt:
E: 127 g, F: 185 g, Kh: 437 g, kJ: 16736, kcal: 3998

Für den Knetteig:
250 g Weizenmehl
1 Prise Salz
3 EL kaltes Wasser
150 g Butter oder Margarine

Für die Füllung:
50 g Löffelbiskuits
50 g gemahlene Haselnusskerne
500 g Speisequark (Magerstufe)
2 Eier (Größe M)
75 g Zucker
1 Pck. Dr. Oetker Finesse Geriebene Zitronenschale
2–3 EL Zitronensaft
3 gestr. EL Speisestärke
480 g Aprikosenhälften (aus der Dose)

Zum Bestreichen:
4 EL Kondensmilch

Zubereitungszeit: 55 Minuten, ohne Kühlzeit
Backzeit: 45–50 Minuten

1. Für den Teig Mehl und Salz in einer Rührschüssel mischen. Danach Wasser und Butter oder Margarine hinzufügen.

2. Die Zutaten mit Handrührgerät mit Knethaken zunächst kurz auf niedrigster, dann auf höchster Stufe gut durcharbeiten.

3. Anschließend auf einer leicht bemehlten Arbeitsfläche zu einem glatten Teig verkneten. Den Teig in Frischhaltefolie wickeln, etwa 1 Stunde kalt stellen.

4. Für die Füllung Löffelbiskuits in einen Gefrierbeutel geben. Beutel fest verschließen. Die Löffelbiskuits mit einer Teigrolle zerbröseln. Die Biskuitbrösel in eine Rührschüssel geben und mit den Haselnusskernen vermengen.

5. Quark mit Eiern, Zucker, Zitronenschale, -saft und Speisestärke geschmeidig rühren. Aprikosenhälften in einem Sieb abtropfen lassen.

6. Den Backofen vorheizen.
Ober-/Unterhitze: etwa 200 °C
Heißluft: etwa 180 °C

7. Gut die Hälfte des Teiges auf der leicht bemehlten Arbeitsfläche zu einer runden Platte (Ø etwa 34 cm) ausrollen. Die Teigplatte in eine Pie- oder Tarteform (Ø 28 cm, Boden gefettet) legen. Das Löffelbiskuit-Haselnuss-Gemisch auf dem Teig verteilen. Dann die Aprikosenhälften mit der Schnittfläche nach unten darauflegen. Die Quarkmasse daraufgeben und glatt streichen. Überstehenden Teigrand auf die Füllung legen und mit etwas Kondensmilch bestreichen.

8. Restlichen Teig auf der leicht bemehlten Arbeitsfläche zu einer runden Platte (Ø etwa 28 cm) ausrollen. Die Teigplatte auf die Füllung legen und den Rand andrücken.

9. Die Teigoberfläche mit Kondensmilch bestreichen und mehrmals mit einer Gabel einstechen. Die Form auf dem Rost in den vorgeheizten Backofen schieben. Die Pie **45–50 Minuten backen.**

10. Die Form auf einen Kuchenrost stellen. Die Pie abkühlen lassen. Die Pie warm oder kalt servieren.

Beilage: Steif geschlagene Schlagsahne.

Tipp: Damit der ausgerollte Teig nicht bricht, einen Bogen Backpapier unter die Teigplatte ziehen. Den Teig mithilfe des Backpapiers aufrollen und über der leeren Form oder der Füllung wieder abrollen.

Aprikosen-Wähe mit Marzipanguss | Raffiniert

Insgesamt:
E: 115 g, F: 221 g, Kh: 478 g, kJ: 18472, kcal: 4412

Für den Belag:
480 g Aprikosenhälften (aus der Dose)

Für den Quark-Öl-Teig:
300 g Weizenmehl
1 Pck. Dr. Oetker Backin
150 g Speisequark (Magerstufe)
75 g Zucker
6 EL Milch
6 EL Speiseöl
1 Prise Salz

2 EL abgezogene, gemahlene Mandeln

Für den Guss:
100 g Marzipan-Rohmasse
250 g Schmand (Sauerrahm, 24 % Fett)
4 Eier (Größe M)
2 EL Speisestärke
1 Pck. Dr. Oetker Finesse Bourbon-Vanille-Aroma

Zum Bestreuen:
2 EL gehobelte Mandeln

Zum Bestäuben und Garnieren:
etwas Puderzucker
einige Zitronenmelisseblättchen

Zubereitungszeit: 35 Minuten
Backzeit: etwa 30 Minuten

1. Für den Belag Aprikosenhälften in einem Sieb abtropfen lassen.

2. Den Backofen vorheizen.
Ober-/Unterhitze: etwa 200 °C
Heißluft: etwa 180 °C

3. Für den Teig Mehl und Backpulver in einer Rührschüssel mischen. Quark, Zucker, Milch, Speiseöl und Salz hinzufügen.

4. Die Zutaten mit Handrührgerät mit Knethaken zunächst kurz auf niedrigster, dann auf höchster Stufe zu einem glatten Teig verarbeiten (nicht zu lange, der Teig klebt sonst). Dann den Teig auf einer leicht bemehlten Arbeitsfläche zu einer Rolle formen und zu einer runden Platte (Ø etwa 32 cm) ausrollen. Die Teigplatte in eine Wähen- oder Tarteform (Ø 28 cm, gefettet) legen und leicht andrücken. Überstehenden Rand abschneiden.

5. Die Mandeln auf den Teigboden streuen. Aprikosenhälften darauf verteilen.

6. Für den Guss Marzipan klein schneiden und in eine Rührschüssel geben. Schmand, Eier, Speisestärke und Vanille-Aroma hinzufügen. Die Zutaten pürieren. Den Marzipanguss auf den Aprikosenhälften verteilen und mit Mandeln bestreuen.

7. Die Form auf dem Rost in den vorgeheizten Backofen schieben. Die Wähe **etwa 30 Minuten backen.**

8. Die Form auf einen Kuchenrost stellen. Die Wähe lauwarm oder kalt als Dessert servieren. Vorher mit Puderzucker bestäuben und mit abgespülten und trocken getupften Zitronenmelisseblättchen garnieren.

Arabischer Safrankuchen I

Gut vorzubereiten

Insgesamt:
E: 98 g, F: 194 g, Kh: 606 g, kJ: 19956, kcal: 4767

Zum Vorbereiten:
60 g Pinienkerne
je 100 g getrocknete, entsteinte Aprikosen und Datteln
50 g Rosinen

Für den Schüttelteig:
300 g Weizenmehl
1 Pck. Dr. Oetker Backin
1 Pck. Saucenpulver Vanille-Geschmack zum Kochen
½ Döschen gemahlener Safran (0,1 g)
180 g Zucker
5 Eier (Größe M)
100 g Kefir
125 ml (⅛ l) Speiseöl

Zum Bestreichen:
2 geh. EL Aprikosenkonfitüre
1 EL Wasser
evtl. einige Tropfen Rosenwasser (ohne Alkohol)

Zubereitungszeit: 35 Minuten, ohne Abkühlzeit
Backzeit: etwa 45 Minuten

1. Zum Vorbereiten Pinienkerne in einer Pfanne ohne Fett unter Rühren goldbraun rösten, herausnehmen und auf einem Teller erkalten lassen. Aprikosen und Datteln in kleine Würfel schneiden. Aprikosen- mit Dattelwürfeln, Rosinen und Pinienkernen mischen.

2. Den Backofen vorheizen.
Ober-/Unterhitze: etwa 180 °C
Heißluft: etwa 160 °C

3. Für den Teig Mehl mit Backpulver mischen, in eine verschließbare Schüssel (etwa 3-Liter-Inhalt !) geben, mit Saucenpulver, Safran und Zucker mischen. Eier, Kefir und Speiseöl hinzufügen. Die Schüssel mit dem Deckel fest verschließen.

4. Die Schüssel mehrmals (insgesamt 15–30 Sekunden) kräftig schütteln, sodass alle Zutaten gut vermischt sind. Alles mit einem Schneebesen oder Rührlöffel nochmals sorgfältig durchrühren, damit trockene Zutaten vom Rand mit untergerührt werden.

5. Vorbereitete Trockenobst-Nuss-Mischung halbieren. Die Hälfte der Mischung unter den Teig heben. Den Teig in eine Springform (Ø 26 cm, Boden gefettet) füllen und glatt streichen. Restliche Trockenobst-Nuss-Mischung daraufstreuen. Die Form auf dem Rost in den vorgeheizten Backofen schieben. Den Kuchen **etwa 45 Minuten backen.**

6. Den Kuchen etwa 10 Minuten in der Form stehen lassen, dann aus der Form lösen und auf einem Kuchenrost erkalten lassen.

7. Zum Bestreichen Konfitüre durch ein Sieb streichen, mit Wasser in einem kleinen Topf unter Rühren gut aufkochen lassen. Rosenwasser unterrühren. Den Kuchen damit bestreichen. Guss fest werden lassen.

Tipp: Sollte der Kuchen beim Backen zu dunkel werden, die Oberfläche mit Backpapier belegen.

Bananen-Frischkäse-Kuchen I

Einfach – für Kinder

Insgesamt:
E: 165 g, F: 495 g, Kh: 539 g, kJ: 30566, kcal: 7306

Für den Knetteig:

250 g Weizenmehl
½ gestr. TL Dr. Oetker Backin
80 g brauner Zucker (Rohrzucker)
1 Prise Salz
1 Ei (Größe M)
170 g Butter oder Margarine

Für die Frischkäsemasse:

1 Bio-Limette (unbehandelt, ungewachst)
3 reife Bananen (etwa 500 g)
300 g saure Sahne
800 g Doppelrahm-Frischkäse
120 g Zucker
3 Eier (Größe M)

Zum Garnieren:

etwa 100 g kleine Schokoladenherzen

Zubereitungszeit: 25 Minuten, ohne Abkühlzeit
Backzeit: etwa 40 Minuten

1. Den Backofen vorheizen.
Ober-/Unterhitze: etwa 180 °C
Heißluft: etwa 160 °C

2. Für den Teig das Mehl mit Backpulver in einer Rührschüssel mischen. Zucker, Salz, Ei und Butter oder Margarine hinzufügen. Die Zutaten mit Handrührgerät mit Knethaken zunächst kurz auf niedrigster, dann auf höchster Stufe gut durcharbeiten. Anschließend den Teig auf einer leicht bemehlten Arbeitsfläche zu einem glatten Teig verkneten.

3. Den Teig auf der leicht bemehlten Arbeitsfläche zu einem Rechteck ausrollen, auf ein tiefes Backblech oder in eine Fettpfanne (30 x 40 cm, gefettet) legen. Den Teig so ausrollen, dass das ganze Backblech oder die Fettpfanne belegt ist. Den Teig mit einer Gabel mehrmals einstechen. Das Backblech in den vorgeheizten Backofen schieben. Den Boden **etwa 10 Minuten vorbacken.**

4. Für die Frischkäsemasse in der Zwischenzeit die Limette heiß abwaschen, abtrocknen und die Schale abreiben. Limette halbieren und den Saft auspressen. Bananen schälen, mit Limettenschale, -saft und saurer Sahne pürieren. Frischkäse, Zucker und Eier hinzugeben, zu einer glatten Creme verrühren.

5. Die Creme auf den vorgebackenen, noch heißen Boden geben und glatt streichen. Backblech wieder in den heißen Backofen schieben. Den Kuchen **bei gleicher Backofentemperatur in etwa 30 Minuten fertig backen.**

6. Das Backblech auf einen Kuchenrost stellen. Den Kuchen erkalten lassen. Den Kuchen mit Schokoladenherzen belegen und in Stücke schneiden.

Tipp: Statt mit Schokoladenherzen können Sie den Kuchen auch mit Raspelschokolade oder dünnen Schokotäfelchen belegen.

Bananenkuchen, versunken

Einfach

Insgesamt:
E: 57 g, F: 183 g, Kh: 471 g, kJ: 15818, kcal: 3779

Für den Rührteig:
175 g weiche Butter oder Margarine
125 g Zucker
1 Pck. Dr. Oetker Bourbon-Vanille-Zucker
3 Eier (Größe M)
200 g Weizenmehl
3 gestr. TL Dr. Oetker Backin
15 g gesiebtes Kakaopulver
50 g Raspelschokolade
4–5 reife Bananen (etwa 800 g)
Saft von
½ Zitrone

Zum Bestreichen:
2–3 EL Aprikosenkonfitüre

Zubereitungszeit: 30 Minuten
Backzeit: etwa 40 Minuten

1. Den Backofen vorheizen.
Ober-/Unterhitze: etwa 180 °C
Heißluft: etwa 160 °C

2. Für den Teig Butter oder Margarine in einer Rührschüssel mit Handrührgerät mit Rührbesen geschmeidig rühren. Nach und nach Zucker und Vanille-Zucker unterrühren. So lange rühren, bis eine gebundene Masse entstanden ist. Eier nach und nach unterrühren (jedes Ei etwa ½ Minute). Mehl mit Backpulver und Kakao mischen, in 2 Portionen auf mittlerer Stufe unterrühren. Raspelschokolade unterheben.

3. Den Teig in eine Springform (Ø 26 cm, Boden gefettet, mit Backpapier belegt) geben und glatt streichen. Bananen schälen, quer halbieren und in Zitronensaft wenden. Die Bananenstücke sternförmig auf den Teig legen.

4. Die Form auf dem Rost in den vorgeheizten Backofen schieben. Kuchen **etwa 40 Minuten backen.**

5. Den Springformrand lösen und entfernen. Den Kuchen auf dem Springformboden auf einen Kuchenrost setzen.

6. Zum Bestreichen Konfitüre durch ein Sieb streichen. Die Kuchenoberfläche des heißen Kuchens mit der Konfitüre (mithilfe eines Backpinsels) bestreichen. Den Kuchen erkalten lassen.

7. Den Kuchen vom Backpapier lösen und auf eine Tortenplatte legen.

Beeren-Pie | Raffiniert

Insgesamt:
E: 42 g, F: 138 g, Kh: 413 g, kJ: 13110, kcal: 3133

Für den Knetteig:
3 EL gesiebter Puderzucker
250 g Weizenmehl
150 g Butter oder Margarine
1 Eiweiß (Größe M)
1–2 EL kaltes Wasser

Für die Füllung:
750 g gemischte Beeren, z. B. Himbeeren, Brombeeren, Heidelbeeren
150 g Zucker

Zum Bestreichen:
1 Eigelb
1 EL Wasser

Zubereitungszeit: 50 Minuten, ohne Kühlzeit
Backzeit: etwa 25 Minuten

1. Für den Teig Puderzucker und Mehl in einer Rührschüssel mischen. Butter oder Margarine, Eiweiß und Wasser hinzufügen. Die Zutaten mit Handrührgerät mit Knethaken zunächst kurz auf niedrigster, dann auf höchster Stufe gut durcharbeiten.

2. Anschließend auf einer leicht bemehlten Arbeitsfläche zu einem glatten Teig verkneten. Den Teig in Frischhaltefolie wickeln, etwa 1 Stunde kalt stellen.

3. Für die Füllung die Beeren verlesen, bis auf die Himbeeren, abspülen und in einem Sieb abtropfen lassen.

4. Den Backofen vorheizen.
Ober-/Unterhitze: etwa 200 °C
Heißluft: etwa 180 °C

5. Ein Drittel des Teiges auf der bemehlten Arbeitsfläche zu einer Rolle (etwa 80 cm Länge) formen. Die Rolle in eine Pie- oder Tarteform (Ø 28 cm) legen. Die Teigrolle an den Rand der Form drücken. Die Beeren in der Form verteilen und mit Zucker bestreuen.

6. Zum Bestreichen Eigelb mit Wasser verschlagen. Den Teigrand damit bestreichen.

7. Restlichen Teig auf der bemehlten Arbeitsfläche zu einer runden Platte (Ø etwa 32 cm) ausrollen. Mit einer Ausstechform in der Teigmitte ein etwa 2 cm großes Loch ausstechen. So kann beim Backen der Dampf entweichen.

8. Die Teigplatte auf die Beeren legen und am Rand andrücken. Überstehenden Teig abschneiden und zusammenkneten. Nach Belieben mehrere kleine Blüten ausstechen und auf die Teigplatte legen.

9. Restliches verschlagenes Eigelb auf die Teigplatte und Teigblüten streichen. Die Form auf dem Rost in den vorgeheizten Backofen schieben. Die Pie **etwa 25 Minuten backen.**

10. Die Pie etwa 10 Minuten im ausgeschalteten Ofen ruhen lassen und heiß servieren.

Belgischer Reisfladen | Klassisch

Insgesamt:
E: 99 g, F: 148 g, Kh: 479 g, kJ: 15815, kcal: 3774

Für die Füllung:
1 l Milch
125 g Zucker
Mark von
½ Vanilleschote oder
1 Pck. Dr. Oetker
Bourbon-Vanille-Zucker
1 Prise Salz
175 g Milchreis (Rundkornreis)

Für den Hefeteig:
125 ml (⅛ l) Milch
100 g Butter oder Margarine
300 g Weizenmehl
1 Pck. Dr. Oetker Trockenbackhefe
50 g Zucker
1 Pck. Dr. Oetker Vanillin-Zucker
1 Ei (Größe M)

Außerdem:
etwas Weizenmehl
2 Eier (Größe M)

Zubereitungszeit: 45 Minuten, ohne Quell-, Teiggeh- und Abkühlzeit
Backzeit: 25–30 Minuten

1. Für die Füllung Milch mit Zucker, Vanillemark oder Vanille-Zucker und Salz in einem Topf zum Kochen bringen. Reis hinzugeben, zum Kochen bringen und 30–40 Minuten bei schwacher Hitze unter gelegentlichem Rühren ausquellen lassen. Den Reis erkalten lassen, dabei ab und zu umrühren.

2. In der Zwischenzeit für den Teig die Milch in einem Topf erwärmen. Butter oder Margarine darin zerlassen. Mehl in eine Rührschüssel geben, mit Trockenbackhefe sorgfältig vermischen. Zucker, Vanillin-Zucker, Ei und die Milch-Fett-Mischung hinzufügen. Die Zutaten mit Handrührgerät mit Knethaken zunächst kurz auf niedrigster, dann auf höchster Stufe in etwa 5 Minuten zu einem glatten Teig verarbeiten. Den Teig zugedeckt so lange an einem warmen Ort gehen lassen, bis er sich sichtbar vergrößert hat (etwa 30 Minuten).

3. In der Zwischenzeit den Backofen vorheizen.
Ober-/Unterhitze: etwa 200 °C
Heißluft: etwa 180 °C

4. Den Teig mit Mehl bestäuben, aus der Schüssel nehmen und auf einer leicht bemehlten Arbeitsfläche nochmals gut durchkneten. Den Teig in einer Springform (Ø 28 cm, Boden gefettet) verteilen, dabei einen etwa 3 cm hohen Rand hochziehen.

5. Eier verschlagen. 1 Esslöffel davon zum Bestreichen abnehmen. Restliches verschlagenes Ei unter den erkalteten Milchreis rühren. Die Reismasse auf den Teig in die Form geben und glatt streichen. Die Oberfläche mit dem abgenommenen verschlagenen Ei bestreichen. Die Form auf dem Rost in den vorgeheizten Backofen schieben. Danach den Reisfladen **25–30 Minuten backen.**

6. Den Reisfladen sofort nach dem Backen aus der Form lösen (nicht stürzen), auf einen Kuchenrost setzen und mindestens 2 Stunden erkalten lassen.

Birnen-Brombeer-Tarte | Für Gäste

Insgesamt:
E: 30 g, F: 160 g, Kh: 401 g, kJ: 13342, kcal: 3186

Für den Knetteig:

220 g Weizenmehl
1 gestr. TL Dr. Oetker Backin
80 g Zucker
1 Pck. Dr. Oetker Vanillin-Zucker
1 Prise Salz
2 EL kalte Milch
150 g Butter oder Margarine

Für den Belag:

700 g Birnen
250 ml (1/4 l) Wasser
2 EL Zitronensaft
1 Pck. Dr. Oetker Vanillin-Zucker
1/2 Pck. Dr. Oetker Pudding-Pulver Mandel-Geschmack (20 g)
20 g Zucker
200 ml Birnensud (von den Birnen)
30 g Butter
150 g Brombeeren

Zum Bestreuen:

1–2 EL brauner Zucker (Rohrzucker)

Zubereitungszeit: 50 Minuten, ohne Kühlzeit
Backzeit: 30–40 Minuten

1. Für den Teig Mehl und Backpulver in einer Rührschüssel mischen. Zucker, Vanillin-Zucker, Salz, Milch und Butter oder Margarine hinzufügen. Die Zutaten mit Handrührgerät mit Knethaken zunächst kurz auf niedrigster, dann auf höchster Stufe gut durcharbeiten.

2. Anschließend auf einer leicht bemehlten Arbeitsfläche zu einem glatten Teig verkneten. Den Teig in Frischhaltefolie wickeln, etwa 1 Stunde kalt stellen.

3. Für den Belag die Birnen schälen, vierteln und entkernen. Die Birnenviertel längs in etwa 1 1/2 cm dicke Spalten schneiden. 200 ml Wasser, Zitronensaft und Vanillin-Zucker in einen flachen Topf geben, aufkochen lassen. Die Birnenspalten in den Topf geben und zugedeckt etwa 5 Minuten bei schwacher Hitze dünsten. Birnenspalten in ein Sieb geben und abtropfen lassen. Den Birnensud auffangen (ergibt etwa 200 ml).

4. Pudding-Pulver mit dem restlichem Wasser (50 ml) und Zucker verrühren. Den Birnensud und Butter aufkochen. Den Topf von der Kochstelle nehmen. Angerührtes Pudding-Pulver einrühren und unter Rühren aufkochen. Abkühlen lassen.

5. Den Backofen vorheizen.
Ober-/Unterhitze: etwa 180 °C
Heißluft: etwa 160 °C

6. Die Brombeeren verlesen, in ein Sieb geben, mit kaltem Wasser abspülen und gut abtropfen lassen.

7. Zwei Drittel des Teiges auf der leicht bemehlten Arbeitsfläche zu einer runden Platte (Ø etwa 28 cm) ausrollen und in eine Tarteform (Ø 28 cm, Boden gefettet) legen. Den Teigboden mit einer Gabel mehrmals einstechen.

8. Die Tarteform auf dem Rost in den vorgeheizten Backofen schieben. Den Boden **10–15 Minuten vorbacken.**

9. Die Form auf einen Kuchenrost stellen. Restlichen Teig auf der leicht bemehlten Arbeitsfläche zu einer Rolle (etwa 80 cm Länge) formen, auf den vorgebackenen Boden legen und an den Formrand drücken.

10. Puddingmasse auf den Teigboden geben und glatt streichen. Birnenspalten dachziegelartig darauflegen.

11. Die Brombeeren an den Rand und in die Mitte legen.

12. Die Form auf dem Rost in den heißen Backofen schieben. Danach die Tarte **bei gleicher Backofentemperatur in 20–25 Minuten fertig backen.**

13. Die Form auf einen Kuchenrost stellen. Birnenspalten mit braunem Zucker bestreuen. Die Tarte etwas abkühlen lassen. Warm oder kalt servieren.

Tipp: Reichen Sie Schokoladensauce zu der Tarte.

Birnen-Käsekuchen | Raffiniert

Insgesamt:
E: 116 g, F: 209 g, Kh: 463 g, kJ: 17683, kcal: 4217

Zum Vorbereiten:
460 g Birnenhälften (aus der Dose)
100 g Amarettini (ital. Mandelmakronen)

Für den All-in-Teig:
150 g Weizenmehl
2 gestr. TL Dr. Oetker Backin
125 g Zucker
1 Pck. Dr. Oetker Vanillin-Zucker
1 Prise Salz
4 Eier (Größe M)
150 g weiche Butter oder Margarine

500 g Speisequark (20 % Fett)
1 Pck. Dr. Oetker Pudding-Pulver Sahne-Geschmack
3 gestr. TL gesiebtes Kakaopulver
30 g Butter

Zubereitungszeit: 50 Minuten, ohne Abkühlzeit
Backzeit: 50–60 Minuten

1. Zum Vorbereiten Birnenhälften in einem Sieb abtropfen lassen. Amarettini in einen Gefrierbeutel füllen. Beutel fest verschließen. Amarettini mit einer Teigrolle zerbröseln.

2. Den Backofen vorheizen.
Ober-/Unterhitze: etwa 180 °C
Heißluft: etwa 160 °C

3. Für den Teig das Mehl mit Backpulver mischen und in eine Rührschüssel geben. Zucker, Vanillin-Zucker, Salz, Eier und Butter oder Margarine hinzufügen. Die Zutaten mit Handrührgerät mit Rührbesen zunächst kurz auf niedrigster, dann auf höchster Stufe in etwa 2 Minuten zu einem glatten Teig verarbeiten.

4. Den Teig halbieren. Den Quark und Pudding-Pulver unter eine Teighälfte, Kakao unter die zweite Teighälfte rühren.

5. Den dunklen Teig (Kakaoteig) in eine Springform (Ø 26 cm, Boden gefettet) geben und glatt streichen. Zwei Drittel der Amarettinibrösel daraufstreuen. Dann den hellen Teig (Quarkteig) daraufgeben und glatt streichen.

6. Birnenhälften in Spalten schneiden. Birnenspalten kreisförmig auf den Teig legen und mit den restlichen Amarettinibröseln bestreuen. Butter in Flöckchen daraufsetzen. Die Form auf dem Rost in den vorgeheizten Backofen schieben. Kuchen **50–60 Minuten backen.**

7. Den Kuchen aus der Form lösen und auf einem mit Backpapier belegten Kuchenrost erkalten lassen.

Tipp: Anstelle von Amarettini schmecken auch Nussplätzchen oder Haferflockenplätzchen.

Birnenkuchen, gestürzt | Fruchtig

Insgesamt:
E: 57 g, F: 139 g, Kh: 511 g, kJ: 15236, kcal: 3643

Zum Vorbereiten:

5 kleine Birnen (etwa 700 g)
1 EL Zitronensaft
50 g Butter
150 g Zucker
2 EL Zitronensaft
100 g Walnusskerne

Für den Schüttelteig:

250 g Weizenmehl (Type 550)
2 gestr. TL Dr. Oetker Backin
100 g Zucker
1 Prise Salz
3 Eier (Größe M)
6 EL Milch
4 EL Nussöl
3 EL neutrales Speiseöl, z. B. Rapsöl

Zubereitungszeit: 60 Minuten
Backzeit: 30–35 Minuten

1. Zum Vorbereiten die Birnen schälen, vierteln und entkernen. Birnenviertel mit Zitronensaft beträufeln. Butter, Zucker und Zitronensaft in einem kleinen Topf ohne Deckel etwa 1 Minute bei starker Hitze kochen lassen. Die Zuckermasse sofort in eine Springform (Ø 26 cm, Boden mit Backpapier belegt) gießen. Birnenviertel und Walnusskerne kreisförmig darauflegen.

2. Den Backofen vorheizen.
Ober-/Unterhitze: etwa 180 °C
Heißluft: etwa 160 °C

3. Für den Teig Mehl mit Backpulver mischen, in eine verschließbare Schüssel (etwa 3-Liter-Inhalt) geben, mit Zucker und Salz vermischen. Eier, Milch, Nuss- und Speiseöl hinzufügen. Die Schüssel mit dem Deckel fest verschließen.

4. Schüssel mehrmals (insgesamt 15–30 Sekunden) kräftig schütteln, sodass alle Zutaten gut vermischt sind. Alles mit einem Schneebesen oder Rührlöffel nochmals sorgfältig durchrühren, damit trockene Zutaten vom Rand mit untergerührt werden.

5. Den Teig auf die Birnenstücke geben und glatt streichen. Die Form auf dem Rost in den vorgeheizten Backofen schieben. Den Kuchen **30–35 Minuten backen.**

6. Die Form auf einen Kuchenrost stellen. Den Kuchen etwas abkühlen lassen. Dann aus der Form lösen und auf einen mit Backpapier belegten Kuchenrost stürzen. Mitgebackenes Backpapier abziehen. Birnenkuchen erkalten lassen.

Birnen-Nuss-Kuchen, gedeckt I

Gut vorzubereiten

Insgesamt:
E: 41 g, F: 222 g, Kh: 384 g, kJ: 15456, kcal: 3691

Für den Knetteig:

250 g Weizenmehl
etwa 3 EL kaltes Wasser
1–2 EL Zucker
75 g Butter oder Margarine
75 g Butterschmalz

Für die Füllung:

1 kg reife Birnen
4 EL Zitronensaft
50 g brauner Zucker (Kandisfarin)
je 1 Msp. gemahlener Zimt und Nelken
50 g gemahlene Haselnusskerne
30 g gehobelte Haselnusskerne

1 EL Semmelbrösel
etwas Kondensmilch
30 g Butter
1–2 EL brauner Zucker (Kandisfarin)

Zubereitungszeit: 50 Minuten, ohne Kühlzeit
Backzeit: etwa 45 Minuten

1. Für den Teig das Mehl in eine Rührschüssel geben. Wasser, Zucker, Butter oder Margarine und Butterschmalz hinzufügen. Die Zutaten mit Handrührgerät mit Knethaken zunächst kurz auf niedrigster, dann auf höchster Stufe gut durcharbeiten. Anschließend den Teig auf einer leicht bemehlten Arbeitsfläche zu einem glatten Teig verkneten. Sollte er kleben, ihn in Frischhaltefolie etwa 1 Stunde kalt stellen.

2. Für die Füllung Birnen schälen, vierteln, entkernen und in Stücke schneiden. Birnenviertel mit Zitronensaft beträufeln. Zucker mit Zimt, Nelken, gemahlenen und gehobelten Haselnusskernen vermischen, zu den Birnenstücken geben und vorsichtig untermengen.

3. Den Backofen vorheizen.
Ober-/Unterhitze: etwa 200 °C
Heißluft: etwa 180 °C

4. Gut die Hälfte des Teiges auf der bemehlten Arbeitsfläche zu einer runden Platte (Ø etwa 32 cm) ausrollen und in eine Springform (Ø 28 cm, gefettet) legen. Den Teig am Rand fest andrücken. Den Teigboden mehrmals mit einer Gabel einstechen. Teigboden mit Semmelbröseln bestreuen. Die Birnenmasse darauf verteilen. Den Teigrand in der Form mit Kondensmilch bestreichen. Restlichen Teig in Größe der Springform ausrollen und als Decke auf die Birnenmasse legen. Den Teig am Rand festdrücken. Überstehenden Teig abschneiden.

5. Aus den Teigresten Figuren ausstechen oder schneiden. Teigfiguren auf der Unterseite mit Kondensmilch bestreichen und auf die Teigdecke kleben.

6. Butter zerlassen. Die Teigdecke damit bestreichen. Teigdecke mehrmals mit einer Gabel einstechen und mit Zucker bestreuen. Die Form auf dem Rost in den vorgeheizten Backofen schieben. Den Kuchen **etwa 45 Minuten backen.**

7. Die Form auf einen Kuchenrost stellen. Den Birnen-Nuss-Kuchen in der Form erkalten lassen.

Biskuitkuchen, gefüllt | Raffiniert

Insgesamt:
E: 97 g, F: 246 g, Kh: 360 g, kJ: 16867, kcal: 4027

Zum Vorbereiten:
75 g Sonnenblumenkerne

Für den Biskuitteig:
3 Eier (Größe M)
2 EL heißes Wasser
120 g Zucker
100 g Weizenmehl
2 gestr. TL Dr. Oetker Backin

Für die Füllung:
400 g Doppelrahm-Frischkäse
2 EL gesiebter Puderzucker
200 g Schlagsahne
200 g Waldfruchtgelee

Zubereitungszeit: 45 Minuten, ohne Abkühlzeit
Backzeit: etwa 35 Minuten

1. Zum Vorbereiten Sonnenblumenkerne mahlen oder im Mixer zerkleinern, in einer Pfanne ohne Fett unter Rühren goldbraun rösten, herausnehmen und auf einem Teller erkalten lassen.

2. Den Backofen vorheizen.
Ober-/Unterhitze: etwa 180 °C
Heißluft: etwa 160 °C

3. Für den Teig Eier und Wasser mit Handrührgerät mit Rührbesen auf höchster Stufe in etwa 1 Minute schaumig schlagen. Zucker in etwa 1 Minute unter Rühren einstreuen, dann noch etwa 2 Minuten schlagen. Mehl mit Backpulver und Sonnenblumenkernen mischen, auf die Eiercreme geben und kurz auf niedrigster Stufe unterrühren. Den Teig in eine Kastenform (30 x 11 cm, gefettet, mit Backpapier ausgelegt) geben und glatt streichen. Die Form auf dem Rost in den vorgeheizten Backofen schieben. Den Kuchen **etwa 35 Minuten backen.**

4. Den Kuchen etwa 10 Minuten in der Form stehen lassen, dann aus der Form lösen und auf einen Kuchenrost stürzen. Mitgebackenes Backpapier abziehen. Kuchen wieder umdrehen und erkalten lassen. Kuchen zweimal waagerecht durchschneiden.

5. Für die Füllung den Frischkäse mit Puderzucker glatt rühren. Sahne steif schlagen und unterheben. Die Käse-Sahne-Creme in einen Spritzbeutel mit großer Lochtülle (Ø etwa 12 mm) füllen. Gelee fein pürieren, in einen Gefrierbeutel geben und eine Ecke abschneiden.

6. Auf die untere und mittlere Biskuitplatte zuerst rundherum einen Rand mit der Käse-Sahne-Creme aufspritzen. Dann der Länge nach, mit etwas Abstand zueinander, je 2 Streifen aufspritzen. Die Zwischenräume mit Gelee ausfüllen. Die Biskuitplatten wieder zu einem Kuchen zusammensetzen und mit der restlichen Käse-Sahne-Creme bestreichen. Den Biskuitkuchen mit dem restlichen Gelee verzieren, 1–2 Stunden kalt stellen.

Bitter-Lemon-Kuchen | Fruchtig

Insgesamt:
E: 50 g, F: 301 g, Kh: 452 g, kJ: 19923, kcal: 4759

Für den Rührteig:
150 g weiche Butter oder Margarine
150 g Zucker
1 Pck. Dr. Oetker Vanillin-Zucker
1 Prise Salz
2 Pck. Dr. Oetker Finesse Geriebene Zitronenschale
3 Eier (Größe M)
150 g Weizenmehl
1 gestr. TL Dr. Oetker Backin

Für die Füllung:
1 Pck. Dr. Oetker Pudding-Pulver Sahne-Geschmack
100 g Zucker
350 ml Bitter-Lemon
50 ml Zitronensaft
1 EL gesiebter Puderzucker
2 Pck. Dr. Oetker Sahnesteif
50 g Butter
250 g Mascarpone (ital. Frischkäse)

Zum Bestreuen:
etwas Raspelschokolade

Zubereitungszeit: 70 Minuten, ohne Abkühlzeit
Backzeit: etwa 45 Minuten

1. Den Backofen vorheizen.
Ober-/Unterhitze: etwa 180 °C
Heißluft: etwa 160 °C

2. Für den Teig Butter oder Margarine mit Handrührgerät mit Rührbesen auf höchster Stufe geschmeidig rühren. Nach und nach Zucker, Vanillin-Zucker, Salz und Zitronenschale hinzufügen. So lange rühren, bis eine gebundene Masse entstanden ist. Eier nach und nach unterrühren (jedes Ei etwa ½ Minute).

3. Mehl mit Backpulver mischen und in 2 Portionen auf mittlerer Stufe unterrühren. Teig in eine Kastenform (25 x 11 cm, gefettet) füllen und glatt streichen.

Die Form auf dem Rost in den vorgeheizten Backofen schieben. Den Kuchen **etwa 45 Minuten backen.**

4. Für die Füllung Pudding-Pulver und Zucker mit 50 ml Bitter-Lemon anrühren. 300 ml Bitter-Lemon mit Zitronensaft aufkochen. Das angerührte Pudding-Pulver unterrühren und 2 Minuten kochen lassen. Den Pudding abkühlen lassen. Dabei gelegentlich umrühren oder Frischhaltefolie auf die Oberfläche legen, damit sich keine Haut bildet.

5. Die Form auf einen Kuchenrost stellen. Kuchen etwa 10 Minuten in der Form abkühlen lassen, anschließend aus der Form lösen, stürzen und auskühlen lassen.

6. Puderzucker mit Sahnesteif mischen. Die Butter mit Handrührgerät mit Rührbesen schaumig rühren. Mascarpone unterrühren. Puderzuckermischung dazugeben und steif schlagen. Den kalten Bitter-Lemon-Pudding nach und nach unterrühren, bis eine cremige Konsistenz erreicht ist. Creme kalt stellen.

7. Den Kuchen dreimal waagerecht durchschneiden. 3 Esslöffel von der Bitter-Lemon-Creme in einen Spritzbeutel mit Sterntülle füllen. Die restliche Creme auf die unteren Böden streichen und wieder zu einem Kuchen zusammensetzen.

8. Den Kuchen mit der Bitter-Lemon-Creme aus dem Spritzbeutel verzieren und mit Raspelschokolade bestreuen. Kuchen etwa 2 Stunden kalt stellen.

Blätterteig-Mango-Kuchen

Fruchtig

Insgesamt:
E: 144 g, F: 419 g, Kh: 515 g, kJ: 26849, kcal: 6419

450 g TK-Blätterteig (6 rechteckige Platten)

Für den Belag:
750 g Mangoscheiben (aus Dosen)
800 g Doppelrahm-Frischkäse
100 g Crème fraîche
3 Eier (Größe M)
100 g Zucker
2 EL Zitronensaft

Für den Guss:
1 Pck. ungezuckerter Tortenguss, klar
2 EL Zucker
2 EL Zitronensaft
250 ml (1/4 l) Mangosaft (aus den Dosen)

Zubereitungszeit: 25 Minuten, ohne Auftau- und Abkühlzeit
Backzeit: etwa 30 Minuten

1. Blätterteigplatten nebeneinander zugedeckt nach Packungsanleitung auftauen lassen.

2. Den Backofen vorheizen.
Ober-/Unterhitze: etwa 200 °C
Heißluft: etwa 180 °C

3. Für den Belag Mangoscheiben in einem Sieb abtropfen lassen, dabei den Saft auffangen und 250 ml (¼ l) abmessen. Frischkäse mit Crème fraîche, Eiern, Zucker und Zitronensaft verrühren.

4. Die Blätterteigplatten auf einer leicht bemehlten Arbeitsfläche aufeinanderlegen und zu einer Platte (etwa 35 x 45 cm) ausrollen. Die Teigplatte auf ein tiefes Backblech oder in eine Fettpfanne (30 x 40 cm, gefettet) legen und kurz ruhen lassen (der Teig zieht sich etwas zusammen).

5. In der Zwischenzeit die Mangoscheiben der Länge nach in schmale Streifen schneiden.

6. Den Teig mehrmals mit einer Gabel einstechen. Die Frischkäsemasse auf den Teig streichen und mit Mangostreifen belegen. Das Backblech in den vorgeheizten Backofen schieben. Dann den Kuchen **etwa 30 Minuten backen.**

7. Das Backblech auf einen Kuchenrost stellen. Den Kuchen erkalten lassen.

8. Für den Guss aus Tortengusspulver, Zucker, Zitronen- und Mangosaft einen Guss nach Packungsanleitung zubereiten. Den Guss sofort und schnell mit einem Esslöffel von innen nach außen auf dem Kuchen verteilen. Den Guss fest werden lassen.

Blätterteig-Tarte mit Birnen I

Mit Alkohol

Insgesamt:
E: 67 g, F: 209 g, Kh: 280 g, kJ: 13791, kcal: 3293

Für den Teigboden:

450 g TK-Blätterteig (6 rechteckige Platten)

Für den Belag:

5 reife Birnen, z. B. Butterbirnen (etwa 700 g)
2 EL Birnenbrand oder -geist

Für den Guss:

200 g Doppelrahm-Frischkäse
70 g Schlagsahne
2 Eier (Größe M)
2 EL Zucker
1 TL Speisestärke

Zum Bestäuben:

etwas Puderzucker

Zubereitungszeit: 40 Minuten, ohne Auftau-, Ruhe- und Abkühlzeit
Backzeit: etwa 30 Minuten

1. Für den Teigboden Blätterteigplatten nebeneinander zugedeckt nach Packungsanleitung auftauen lassen.

2. Für den Belag die Birnen schälen und halbieren. Die Kerngehäuse mit einem Kugelausstecher oder einem Teelöffel entfernen. Die Birnenhälften fächerartig einschneiden, auf eine Platte legen und mit Birnenbrand oder -geist beträufeln.

3. Die Blätterteigplatten aufeinanderlegen und auf einer leicht bemehlten Arbeitsfläche zu einem Quadrat (etwa 32 x 32 cm) ausrollen. Die Teigränder gerade schneiden. Die Teigplatte in eine Tarteform (Ø 28 cm, gefettet) legen. Teigränder leicht überlappen lassen. Den Teigboden mehrmals mit einer Gabel einstechen. Den Teig etwa 15 Minuten ruhen lassen (Teig zieht sich etwas zusammen).

4. Den Backofen vorheizen.
Ober-/Unterhitze: etwa 200 °C
Heißluft: etwa 180 °C

5. Für den Guss Frischkäse mit Sahne, Eiern, Zucker und Speisestärke verrühren.

6. Die Birnenhälften wie Fächer auf dem Teigboden verteilen. Den Guss daraufgeben. Die Form auf dem Rost in den vorgeheizten Backofen schieben. Die Tarte **etwa 30 Minuten backen.**

7. Die Form auf einen Kuchenrost stellen. Die Tarte etwas abkühlen lassen, mit Puderzucker bestäuben und servieren.

Tipp: Die Birnen-Tarte lauwarm servieren.

Blondies mit Johannisbeeren

Für Kinder – schnell

Insgesamt:
E: 71 g, F: 287 g, Kh: 543 g, kJ: 21273, kcal: 5084

Für den Belag:
250 g rote Johannisbeeren
50 g weiße Schokolade

Für den All-in-Teig:
200 g Butter
200 g weiße Schokolade
300 g Weizenmehl
3 gestr. TL Dr. Oetker Backin
150 g Zucker
3 Eier (Größe M)
150 g saure Sahne

Zubereitungszeit: 25 Minuten, ohne Abkühlzeit
Backzeit: etwa 20 Minuten

1. Für den Belag Johannisbeeren putzen, waschen, abtropfen lassen und entstielen. Schokolade in kleine Stücke schneiden und beiseitestellen.

2. Den Backofen vorheizen.
Ober-/Unterhitze: etwa 200 °C
Heißluft: etwa 180 °C

3. Für den Teig die Butter in einem kleinen Topf bei schwacher Hitze zerlassen. Den Topf von der Kochstelle nehmen. Weiße Schokolade in Stücke brechen, unter Rühren in der Butter schmelzen, abkühlen lassen.

4. Mehl mit Backpulver in einer Rührschüssel mischen. Zucker, Eier und saure Sahne hinzufügen. Die Butter-Schoko-Masse glatt rühren und ebenfalls hinzugeben. Die Zutaten mit Handrührgerät mit Rührbesen zunächst kurz auf niedrigster, dann auf höchster Stufe in etwa 2 Minuten zu einem glatten Teig verarbeiten.

5. Den Teig auf ein Backblech (30 x 40 cm, gefettet) geben und glatt streichen. Johannisbeeren darauf verteilen. Das Backblech in den vorgeheizten Backofen schieben. Den Kuchen **etwa 20 Minuten backen.**

6. Das Backblech auf einen Kuchenrost stellen. Die beiseitegestellte Schokolade auf den heißen Kuchen streuen. Den Kuchen erkalten lassen.

Bratapfelkuchen I

Mit Alkohol

Insgesamt:
E: 57 g, F: 297 g, Kh: 495 g, kJ: 21447, kcal: 5123

Zum Vorbereiten:

75 g Rosinen
2–3 EL Rum oder Calvados

Für den Knetteig:

200 g Weizenmehl
½ gestr. TL Dr. Oetker Backin
75 g Zucker
1 Pck. Dr. Oetker Vanillin-Zucker
1 Prise Salz
2 EL Wasser
100 g Butter oder Margarine

Für die Füllung:

9–10 kleine Äpfel
1½ Pck. Dr. Oetker Pudding-Pulver Vanille-Geschmack
600 g Schlagsahne oder 300 ml Milch und 300 g Schlagsahne
2 Eigelb (Größe M)
50 g Zucker

Für den Belag:

2 Eiweiß (Größe M)
20 g Zucker
2 EL gehobelte Mandeln

Zubereitungszeit: 50 Minuten, ohne Durchziehzeit
Backzeit: 50–60 Minuten

1. Zum Vorbereiten Rosinen mit Rum oder Calvados übergießen und gut durchziehen lassen.

2. Für den Teig das Mehl mit Backpulver mischen und in eine Rührschüssel geben. Zucker, Vanillin-Zucker, Salz, Wasser und Butter oder Margarine hinzufügen.

3. Die Zutaten mit Handrührgerät mit Knethaken zunächst kurz auf niedrigster, dann auf höchster Stufe gut durcharbeiten.

4. Anschließend den Teig auf einer leicht bemehlten Arbeitsfläche zu einem glatten Teig verkneten. Sollte er kleben, ihn in Frischhaltefolie gewickelt eine Zeit lang kalt stellen.

5. Den Backofen vorheizen.
Ober-/Unterhitze: etwa 180 °C
Heißluft: etwa 160 °C

6. Gut die Hälfte des Knetteiges auf dem Boden einer Springform (Ø 26 cm, gefettet) ausrollen. Teigboden mehrmals mit einer Gabel einstechen. Den Springformrand darumlegen. Restlichen Teig zu einer Rolle formen, sie als Rand auf den Teigboden legen und so an die Form drücken, dass ein etwa 4 cm hoher Rand entsteht.

7. Für die Füllung Äpfel schälen und das Kerngehäuse mit einem Apfelausstecher ausstechen. Die Äpfel auf den Teigboden in die Form legen (evtl. 1–2 Äpfel halbieren, damit auch die Lücken ausgefüllt werden). Die Äpfel mit den getränkten Rosinen füllen. Das Pudding-Pulver mit 100 g Sahne, Eigelb und Zucker anrühren. Restliche Sahne oder Milchsahne in einem Topf zum Kochen bringen. Angerührtes Pudding-Pulver in die von der Kochstelle genommene Sahne oder Sahnemilch rühren und unter Rühren aufkochen lassen.

8. Den Pudding sofort auf den Äpfeln verteilen. Die Form auf dem Rost in den vorgeheizten Backofen schieben. Den Kuchen **etwa 30 Minuten vorbacken.**

9. Für den Belag Eiweiß mit Handrührgerät mit Rührbesen sehr steif schlagen. Zucker kurz unterschlagen.

10. Die Form auf einen Kuchenrost stellen. Die Kuchenoberfläche mit der Baisermasse bestreichen und mithilfe eines Teelöffels Vertiefungen eindrücken. Mit den Mandeln bestreuen. Die Form wieder auf dem Rost in den heißen Backofen schieben. Den Kuchen **bei gleicher Backofentemperatur in 20–30 Minuten fertig backen.**

11. Dann die Form auf einen Kuchenrost stellen. Den Kuchen in der Form erkalten lassen. Den Bratapfelkuchen aus der Form lösen und auf eine Tortenplatte setzen.

Brombeer-Streusel-Kuchen

Für Gäste

Insgesamt:
E: 94 g, F: 228 g, Kh: 750 g, kJ: 23647, kcal: 5651

Für den Hefeteig:
375 g Weizenmehl
1 Pck. Dr. Oetker Trockenbackhefe
250 ml (1/4 l) lauwarme Milch
60 g Zucker
1 Pck. Dr. Oetker Vanillin-Zucker
1 Prise Salz
1 TL gemahlener Zimt
1 Ei (Größe M)
60 g zerlassene, abgekühlte Butter oder Margarine

750 g Brombeeren

etwas Weizenmehl

Zum Betreuen:
3 EL Semmelbrösel

Für die Streusel:
200 g Weizenmehl
150 g Zucker
1 Pck. Dr. Oetker Vanillin-Zucker
1 gestr. TL gemahlener Zimt
90 g Butter oder Margarine

Zubereitungszeit: 35 Minuten, ohne Teiggehzeit
Backzeit: etwa 30 Minuten

1. Für den Hefeteig Mehl in einer Rührschüssel mit der Trockenbackhefe sorgfältig vermischen. Milch, Zucker, Vanillin-Zucker, Salz, Zimt, Ei und Butter oder Margarine hinzufügen.

2. Die Zutaten mit Handrührgerät mit Knethaken zunächst kurz auf niedrigster, dann auf höchster Stufe in etwa 5 Minuten zu einem glatten Teig verarbeiten.

3. Den Teig zugedeckt so lange an einem warmen Ort gehen lassen, bis er sich sichtbar vergrößert hat (etwa 30 Minuten).

4. In der Zwischenzeit Brombeeren verlesen, abspülen, gut abtropfen lassen und entstielen.

5. Den gegangenen Teig leicht mit Mehl bestäuben, aus der Schüssel nehmen und auf einer leicht bemehlten Arbeitsfläche nochmals kurz durchkneten. Den Hefeteig auf einem Backblech (30 x 40 cm, gefettet) ausrollen.

6. Den Teigboden mit Semmelbröseln bestreuen. Die Brombeeren darauf verteilen.

7. Für die Streusel Mehl in eine Rührschüssel geben. Zucker, Vanillin-Zucker, Zimt und Butter oder Margarine hinzufügen. Die Zutaten mit Handrührgerät mit Rührbesen zu Streuseln von gewünschter Größe verarbeiten. Die Teigstreusel auf den Brombeeren verteilen.

8. Den Teig nochmals zugedeckt so lange an einem warmen Ort gehen lassen, bis er sich sichtbar vergrößert hat (etwa 30 Minuten).

9. In der Zwischenzeit den Backofen vorheizen.
Ober-/Unterhitze: etwa 180 °C
Heißluft: etwa 160 °C

10. Das Backblech in den vorgeheizten Backofen schieben. Den Kuchen **etwa 30 Minuten backen.**

11. Das Backblech auf einen Kuchenrost stellen. Den Brombeer-Streusel-Kuchen erkalten lassen.

Bröselkuchen | Einfach

Insgesamt:
E: 80 g, F: 238 g, Kh: 561 g, kJ: 20359, kcal: 4864

Zum Vorbereiten:
100 g Butter
150 g Semmelbrösel
½ TL gemahlener Zimt
abgeriebene Schale von
1 Bio-Limette
(unbehandelt, ungewachst)

Für den All-in-Teig:
250 g Weizenmehl
3 gestr. TL Dr. Oetker Backin
150 g Zucker
1 Pck. Dr. Oetker Vanillin-Zucker
4 Eier (Größe M)
150 g weiche Butter oder Margarine
6 EL Buttermilch

Für den Guss:
100 g gesiebter Puderzucker
1–2 EL Limettensaft

Zubereitungszeit: 40 Minuten, ohne Abkühlzeit
Backzeit: 40–45 Minuten

1. Zum Vorbereiten Butter in einer Pfanne zerlassen. Die Semmelbrösel hinzugeben und unter Rühren etwa 5 Minuten anrösten, bis die Butter aufgesogen ist. Zimt und Limettenschale untermischen, erkalten lassen.

2. Den Backofen vorheizen.
Ober-/Unterhitze: etwa 180 °C
Heißluft: etwa 160 °C

3. Für den Teig das Mehl mit Backpulver mischen und in eine Rührschüssel geben. Zucker, Vanillin-Zucker, Eier, Butter oder Margarine und Buttermilch hinzufügen. Anschließend die Zutaten mit Handrührgerät mit Rührbesen zunächst kurz auf niedrigster, dann auf höchster Stufe in etwa 2 Minuten zu einem glatten Teig verarbeiten.

4. Vorbereitete Semmelbröselmasse (etwa 1 Esslöffel zum Garnieren beiseitelegen) kurz unterrühren. Den Teig in eine Kastenform (25 x 11 cm, gefettet, gemehlt) geben und glatt streichen. Die Form auf dem Rost in den vorgeheizten Backofen schieben. Den Kuchen **40–45 Minuten backen.**

5. Die Form auf einen Kuchenrost stellen. Den Kuchen etwa 10 Minuten in der Form stehen lassen, dann aus der Form lösen und auf dem Kuchenrost erkalten lassen.

6. Für den Guss Puderzucker und Limettensaft zu einer dickflüssigen Masse verrühren. Den Kuchen mit dem Guss bestreichen, sodass „Nasen" herunterlaufen. Die Kuchenoberfläche mit den beiseitegelegten Semmelbröseln bestreuen. Guss fest werden lassen.

Brownies mit Cashewkernen

Für Kinder – schnell

Insgesamt:
E: 117 g, F: 480 g, Kh: 574 g, kJ: 29680, kcal: 7090

Für den Rührteig:

250 g Zartbitter-Schokolade
50 ml Milch
250 g Cashewkerne, geröstet und gesalzen
250 g weiche Butter oder Margarine
200 g brauner Zucker (Rohrzucker)
1 Pck. Dr. Oetker Vanillin-Zucker
4 Eier (Größe M)
200 g Weizenmehl
20 g gesiebtes Kakaopulver
1 gestr. TL Dr. Oetker Backin

Zum Bestreuen:

50 g weiße Schokolade
50 g Zartbitter-Schokolade

Zubereitungszeit: 30 Minuten
Backzeit: etwa 30 Minuten

1. Für den Teig 100 g von der Schokolade in Stücke brechen. Milch kurz aufkochen lassen. Den Topf von der Kochplatte nehmen. Schokolade unter Rühren in der Milch schmelzen lassen. Restliche Schokolade (150 g) in Stücke brechen und mit den Cashewkernen portionsweise im Zerkleinerer hacken.

2. Den Backofen vorheizen.
Ober-/Unterhitze: etwa 180 °C
Heißluft: etwa 160 °C

3. Butter oder Margarine mit Handrührgerät mit Rührbesen auf höchster Stufe geschmeidig rühren. Nach und nach braunen Zucker und Vanillin-Zucker unterrühren. So lange rühren, bis eine gebundene Masse entstanden ist. Eier nach und nach unterrühren (jedes Ei etwa ½ Minute). Geschmolzene Schokolade glatt rühren und unterrühren.

4. Mehl mit Kakao und Backpulver mischen, in 2 Portionen auf mittlerer Stufe unterrühren. Gehackte Schokolade und Cashewkerne unterheben.

5. Den Teig auf einem tiefen Backblech oder in einer Fettpfanne (30 x 40 cm, gefettet) verteilen. Das Backblech in den vorgeheizten Backofen schieben. Den Kuchen **etwa 30 Minuten backen.**

6. Das Backblech auf einen Kuchenrost stellen. Zum Bestreuen weiße und Zartbitter-Schokolade in dünne Streifen schneiden oder schaben und auf den lauwarmen Kuchen streuen.

7. Den Kuchen auf dem Backblech erkalten lassen.

Cassata-Schnitten | Einfach

Insgesamt:
E: 173 g, F: 426 g, Kh: 672 g, kJ: 31136, kcal: 7432

Für den All-In-Teig:
200 g Weizenmehl
50 g Speisestärke
½ Pck. Dr. Oetker Backin
175 g Zucker
1 Pck. Dr. Oetker Vanillin-Zucker
1 Pck. Dr. Oetker Finesse Geriebene Zitronenschale
3 Eier (Größe M)
125 g weiche Butter oder Margarine
150 ml Buttermilch Zitronen-Geschmack

Für den Belag:
10 Blatt weiße Gelatine
200 g gemischte, kandierte Früchte
60 g Pistazienkerne
50 g Zartbitter-Schokolade
750 g Ricotta (ital. Frischkäse)
Saft von
½ Zitrone
60 g Zucker
500 g Schlagsahne

Zubereitungszeit: 40 Minuten, ohne Abkühlzeit
Backzeit: 15–20 Minuten

1. Den Backofen vorheizen.
Ober-/Unterhitze: etwa 200 °C
Heißluft: etwa 180 °C

2. Für den Teig das Mehl mit Speisestärke und Backpulver mischen und in eine Rührschüssel geben. Zucker, Vanillin-Zucker, Zitronenschale, Eier, Butter oder Margarine und Buttermilch hinzufügen. Die Zutaten mit Handrührgerät mit Rührbesen zunächst kurz auf niedrigster, dann auf höchster Stufe in etwa 2 Minuten zu einem glatten Teig verarbeiten.

3. Den Teig auf ein Backblech (30 x 40 cm, gefettet, gemehlt) geben und glatt streichen. Das Backblech in den vorgeheizten Backofen schieben. Den Gebäckboden **15–20 Minuten backen.**

4. Das Backblech auf einen Kuchenrost stellen. Den Gebäckboden erkalten lassen. Einen Backrahmen darumlegen.

5. Für den Belag die Gelatine in kaltem Wasser nach Packungsanleitung einweichen. Kandierte Früchte, Pistazienkerne und Schokolade in Stücke hacken und vermischen.

6. Den Ricotta mit Zitronensaft und Zucker verrühren. Eingeweichte Gelatine leicht ausdrücken, in einem kleinen Topf bei schwacher Hitze unter Rühren erwärmen (nicht kochen), bis sie völlig gelöst ist. Gelatine mit etwa 3 Esslöffeln der Ricottamasse verrühren. Dann unter die restliche Ricottamasse rühren. Die Frucht-Pistazien-Mischung (3 Esslöffel zum Garnieren beiseitelegen) unter die Ricottamasse rühren. Sahne steif schlagen und unterheben.

7. Die Ricottacreme auf dem Gebäckboden verteilen und glatt streichen. Beiseitegelegte Fruchtmischung daraufstreuen und den Kuchen etwa 3 Stunden kalt stellen.

8. Den Backrahmen lösen und entfernen. Den Kuchen in Stücke schneiden.

Coca-Cola Kranz* I

Für Kinder – schnell

Insgesamt:
E: 62 g, F: 188 g, Kh: 642 g, kJ: 18923, kcal: 4522

Für den All-in-Teig:

200 g Weizenmehl
2 gestr. TL Dr. Oetker Backin
200 g feinster Zucker oder gesiebter Puderzucker
50 g gesiebtes Kakaopulver
100 ml Orangensaft
1 Pck. Dr. Oetker Finesse Orangenschalen-Aroma
100 ml Coca-Cola
125 ml (1/8 l) Speiseöl
1 Pck. Dr. Oetker Vanillin-Zucker
3 Eier (Größe M)

Für den Guss:

25 g Butter
250 g gesiebter Puderzucker
25 g gesiebtes Kakaopulver
3–4 EL Coca-Cola

Zubereitungszeit: 20 Minuten, ohne Abkühlzeit
Backzeit: etwa 35 Minuten

1. Den Backofen vorheizen.
Ober-/Unterhitze: etwa 180 °C
Heißluft: etwa 160 °C

2. Für den Teig das Mehl mit Backpulver mischen, in eine Rührschüssel geben. Zucker oder Puderzucker, Kakao, Orangensaft, Aroma, Coca-Cola, Speiseöl, Vanillin-Zucker und Eier hinzufügen.

3. Die Zutaten mit Handrührgerät mit Rührbesen zunächst kurz auf niedrigster, dann auf höchster Stufe in etwa 1 Minute zu einem glatten Teig verarbeiten.

4. Dann den Teig in eine Springform mit Rohrboden (Ø 20 cm, gefettet, gemehlt) geben und glatt streichen. Die Form auf dem Rost in den vorgeheizten Backofen schieben. Den Kuchen **etwa 35 Minuten backen.**

5. Die Form auf einen Kuchenrost stellen. Den Kuchen etwa 10 Minuten in der Form stehen lassen. Dann aus der Form lösen und auf einen mit Backpapier belegten Kuchenrost stürzen. Den Kuchen erkalten lassen.

6. Für den Guss Butter zerlassen. Puderzucker, Kakao und Coca-Cola gut unterrühren. Den Kuchen mit dem Guss überziehen. Wenn der Guss etwas herunterläuft, ihn wieder auf dem Kuchen verteilen. Guss fest werden lassen.

Tipp: Für eine Springform mit Rohrboden (Ø 26 cm) die doppelte Menge Teig zubereiten. Den Kuchen dann etwa 55 Minuten bei der oben angegebenen Backofentemperatur backen.

* Rezept nicht durch Coca-Cola autorisiert.

Cocktail-Rum-Kuchen

Raffiniert – mit Alkohol

Insgesamt:
E: 79 g, F: 269 g, Kh: 447 g, kJ: 19556, kcal: 4670

Zum Vorbereiten:

etwa 250 g Tropischer Fruchtcocktail (Ananas, Papaya, Guave, aus der Dose)
3 EL weißer Rum
abgeriebene Schale von 1 Bio-Limette (unbehandelt, ungewachst)
100 g Löffelbiskuits

Für den Rührteig:

250 g weiche Butter oder Margarine
150 g Zucker
1 Pck. Dr. Oetker Vanillin-Zucker
1 Prise Salz
3 Eier (Größe M)
1 Eigelb (Größe M)
200 g Weizenmehl
2 gestr. TL Dr. Oetker Backin
2 EL weißer Rum

1 gestr. TL gemahlener Zimt
1–2 EL gehackte Pistazienkerne
1 EL Kakaopulver
1 EL Kokosraspel
1 EL Mineralwasser
70 g Speisequark (Magerstufe)
2–3 EL brauner Zucker (Kandisfarin)
abgeriebene Schale von ½ Bio-Limette (unbehandelt, ungewachst)
1 Eiweiß (Größe M)

Zubereitungszeit: 40 Minuten, ohne Durchziehzeit
Backzeit: 60–70 Minuten

1. Zum Vorbereiten Fruchtcocktail in einem Sieb abtropfen lassen und evtl. in kleinere Würfel schneiden. Fruchtwürfel in eine Schüssel geben, mit Rum und Limettenschale mischen, zugedeckt etwa 1 Stunde durchziehen lassen. Löffelbiskuits in einen Gefrierbeutel geben. Den Beutel fest verschließen. Die Löffelbiskuits mit einer Teigrolle fein zerbröseln.

2. Für den Teig Butter oder Margarine in einer Rührschüssel mit Handrührgerät mit Rührbesen auf höchster Stufe geschmeidig rühren. Nach und nach Zucker, Vanillin-Zucker und Salz unterrühren. So lange rühren, bis eine gebundene Masse entstanden ist. Die Eier und das Eigelb nach und nach unterrühren (jedes Ei/Eigelb etwa ½ Minute). Mehl mit Backpulver mischen, in 2 Portionen abwechselnd mit dem Rum auf mittlerer Stufe unterrühren. Den Teig in 4 Portionen teilen.

3. Den Backofen vorheizen.
Ober-/Unterhitze: etwa 180 °C
Heißluft: etwa 160 °C

4. Eine Teigportion mit Zimt verrühren, in eine Kastenform (25 x 11 cm, gefettet) füllen und glatt streichen. Biskuitbrösel mit den Rum-Fruchtwürfeln mischen. Ein Drittel davon auf dem Teig verteilen.

5. Die Pistazienkerne unter die zweite Teigportion rühren, auf die Rum-Fruchtwürfel-Mischung geben und vorsichtig glatt streichen. Wieder ein Drittel der Rum-Fruchtwürfel-Mischung darauf verteilen.

6. Den Kakao mit Kokosraspeln mischen, mit Mineralwasser unter die dritte Teigportion rühren, ebenfalls auf die Rum-Fruchtwürfel-Mischung geben und glatt streichen. Restliche Rum-Fruchtwürfel-Mischung darauf verteilen.

7. Den Quark mit 1 Esslöffel braunem Zucker und Limettenschale unter die letzte Teigportion rühren. Eiweiß steif schlagen und unterheben. Den Teig auf die Rum-Fruchtwürfel-Mischung geben, glatt streichen und mit dem restlichen braunen Zucker bestreuen. Die Form auf dem Rost in den vorgeheizten Backofen schieben. Den Kuchen **60–70 Minuten backen.** Den Kuchen **evtl. nach 50 Minuten Backzeit** mit Backpapier belegen.

8. Den Kuchen etwa 10 Minuten in der Form stehen lassen, dann aus der Form lösen und auf einen Kuchenrost stürzen. Kuchen wieder umdrehen und erkalten lassen.

Cranberry-Cake | Einfach

Insgesamt:
E: 61 g, F: 252 g, Kh: 504 g, kJ: 18958, kcal: 4522

Für den Rührteig:
3 Eiweiß (Größe M)
175 g weiche Butter oder Margarine
150 g Zucker
1 Pck. Dr. Oetker Vanillin-Zucker
1 Prise Salz
1 Pck. Dr. Oetker Finesse Geriebene Zitronenschale
3 Eigelb (Größe M)
175 g Weizenmehl
2 gestr. TL Dr. Oetker Backin
3 EL Milch
100 g Zartbitter-Raspelschokolade
100 g getrocknete Cranberries

Für den Guss:
150 g Zartbitter-Schokolade
1 EL Speiseöl, z. B. Sonnenblumenöl
25 g getrocknete Cranberries

Zubereitungszeit: 30 Minuten, ohne Abkühlzeit
Backzeit: etwa 40 Minuten

1. Den Backofen vorheizen.
Ober-/Unterhitze: etwa 180 °C
Heißluft: etwa 160 °C

2. Für den Teig das Eiweiß so steif schlagen, dass ein Messerschnitt sichtbar bleibt. Butter oder Margarine in einer Rührschüssel mit Handrührgerät mit Rührbesen auf höchster Stufe geschmeidig rühren. Nach und nach Zucker, Vanillin-Zucker, Salz und Zitronenschale unterrühren. So lange rühren, bis eine gebundene Masse entstanden ist.

3. Das Eigelb nach und nach unterrühren (jedes Eigelb knapp 1/2 Minute). Mehl mit Backpulver mischen, in 2 Portionen abwechselnd mit der Milch auf mittlerer Stufe unterrühren. Eischnee unterheben. Zuletzt Raspelschokolade und Cranberries unterheben. Den Teig in eine Springform (Ø 26 cm, Boden gefettet) geben und glatt streichen. Die Form auf dem Rost in den vorgeheizten Backofen schieben. Den Kuchen **etwa 40 Minuten backen.**

4. Den Kuchen aus der Form lösen und auf einem Kuchenrost erkalten lassen.

5. Für den Guss Schokolade in Stücke brechen, mit Speiseöl in einem kleinen Topf im heißen Wasserbad bei schwacher Hitze unter Rühren schmelzen. Den Guss gleichmäßig auf dem Kuchen verstreichen und in „Nasen" am Rand herunterlaufen lassen. Die Cranberries auf den noch feuchten Guss streuen. Den Guss fest werden lassen.

Tipp: Statt mit dem Schokoladenguss können Sie den Kuchen auch mit Schokoladensahne bestreichen. Dazu 400 g Schlagsahne mit 1 Päckchen Saucenpulver Schokoladen-Geschmack (ohne Kochen) steif schlagen. Nach Wunsch 3 Esslöffel Raspelschokolade unterrühren. Die Sahne gleichmäßig auf dem Kuchen verstreichen. Mit einem Löffel wellenförmig verzieren. Restliche Cranberries daraufstreuen.

Cranberry-Macadamia-Kuchen |
Raffiniert

Insgesamt:
E: 53 g, F: 227 g, Kh: 452 g, kJ: 16998, kcal: 4051

Zum Vorbereiten:
125 g getrocknete Cranberries
4 EL Orangensaft
100 g geröstete, gesalzene Macadamia-Nusskerne
2 Pck. Dr. Oetker Vanillin-Zucker
2 gestr. TL Dr. Oetker Finesse Orangenschalen-Aroma
30 g Haferflocken, blütenzart

Für den Rührteig:
150 g weiche Butter oder Margarine
170 g Zucker
1 Pck. Dr. Oetker Vanillin-Zucker
3 Eier (Größe M)
170 g Weizenmehl
2 gestr. TL Dr. Oetker Backin
1–2 gestr. TL gemahlener Zimt

Zum Bestäuben:
etwas Puderzucker

Zubereitungszeit: 45 Minuten, ohne Abkühlzeit
Backzeit: 45–55 Minuten

1. Zum Vorbereiten die Cranberries in Orangensaft einweichen. Die Nusskerne fein hacken. Eingeweichte Cranberries mit dem Orangensaft, Vanillin-Zucker, Aroma, Haferflocken und Nusskernen (1–2 Esslöffel zum Ausstreuen der Form beiseitelegen) mischen.

2. Den Backofen vorheizen.
Ober-/Unterhitze: etwa 180 °C
Heißluft: etwa 160 °C

3. Für den Teig Butter oder Margarine in einer Rührschüssel mit Handrührgerät mit Rührbesen auf höchster Stufe geschmeidig rühren. Nach und nach Zucker und Vanillin-Zucker unterrühren. So lange rühren, bis eine gebundene Masse entstanden ist. Eier nach und nach unterrühren (jedes Ei etwa ½ Minute).

4. Mehl mit Backpulver und Zimt mischen, in 2 Portionen auf mittlerer Stufe unterrühren. Die vorbereitete Cranberry-Mischung unterrühren. Den Teig in eine Gugelhupfform (Ø 22 cm, gefettet, mit den beiseitegelegten Nusskernen ausgestreut) geben und glatt streichen. Form auf dem Rost in den vorgeheizten Backofen schieben. Kuchen **45–55 Minuten backen.**

5. Die Form auf einen Kuchenrost stellen. Den Kuchen etwa 10 Minuten in der Form stehen lassen, dann aus der Form lösen und auf den Kuchenrost stürzen. Den Kuchen erkalten lassen und danach mit Puderzucker bestäuben.

Tipp: Die Cranberries können durch getrocknete Kirschen ersetzt werden.

Dattelkuchen mit Frischkäse I

Für Gäste

Insgesamt:
E: 147 g, F: 461 g, Kh: 517 g, kJ: 28419, kcal: 6788

Für den All-in-Teig:

100 g getrocknete, entsteinte Datteln
150 g Zartbitter-Schokolade
300 g Weizenmehl
3 gestr. TL Dr. Oetker Backin
2–3 TL Instant-Espresso-Pulver
100 g brauner Zucker (Rohrzucker)
1 Pck. Dr. Oetker Bourbon-Vanille-Zucker
1 Prise Salz
4 Eier (Größe M)
175 ml Speiseöl
150 g Joghurt

Für den Belag:

600 g Doppelrahm-Frischkäse
150 g Joghurt
30 g gesiebter Puderzucker
1 Pck. Dr. Oetker Sahnesteif

Zum Bestäuben:

etwas Kakaopulver

Zubereitungszeit: 30 Minuten, ohne Kühlzeit
Backzeit: etwa 20 Minuten

1. Den Backofen vorheizen.
Ober-/Unterhitze: etwa 200 °C
Heißluft: etwa 180 °C

2. Für den Teig die Datteln in kleine Stücke hacken. Schokolade in Stücke brechen und im Zerkleinerer grob hacken.

3. Das Mehl mit Backpulver in einer Rührschüssel mischen. Datteln, Schokolade, Espresso-Pulver, Zucker, Vanille-Zucker, Salz, Eier, Speiseöl und Joghurt hinzufügen. Die Zutaten mit Handrührgerät mit Rührbesen zunächst kurz auf niedrigster, dann auf höchster Stufe in etwa 2 Minuten zu einem glatten Teig verarbeiten.

4. Den Teig auf einem Backblech (30 x 40 cm, gefettet) verteilen und glatt streichen. Das Backblech in den vorgeheizten Backofen schieben. Den Kuchen **etwa 20 Minuten backen.**

5. Das Backblech auf einen Kuchenrost stellen. Den Kuchen erkalten lassen.

6. Für den Belag Frischkäse mit Joghurt aufschlagen. Puderzucker mit Sahnesteif mischen und unterrühren. Die Frischkäsemasse wellenartig auf den Kuchen streichen. Den Kuchen etwa 30 Minuten kalt stellen.

7. Dattelkuchen mit Frischkäse vor dem Servieren mit Kakao bestäuben.

Tipps: Statt des Frischkäsebelags können Sie auch einen Sahnebelag auf den Teig streichen. Dafür 500 g Schlagsahne etwa ½ Minute schlagen. 50 g Zucker mit 2 Päckchen Dr. Oetker Sahnesteif und 1 Päckchen Dr. Oetker Vanillin-Zucker mischen, einstreuen und die Sahne steif schlagen. 4 Esslöffel Zitronensaft vorsichtig unterziehen. Die Masse gleichmäßig auf dem Kuchen verstreichen und mit 40 g Haselnuss-Krokant bestreuen.

Dracula-Gugelhupf I

Raffiniert – für Kinder

Insgesamt:
E: 134 g, F: 409 g, Kh: 1156 g, kJ: 36995, kcal: 8834

Zum Vorbereiten:
265 g Ananasraspel (aus der Dose)
50 g Johannisbeergelee

Für den Rührteig:
200 g Marzipan-Rohmasse
350 g weiche Butter oder Margarine
300 g Zucker
1 Pck. Dr. Oetker Vanillin-Zucker
1 Prise Salz
6 Eier (Größe M)
600 g Weizenmehl
4 gestr. TL Dr. Oetker Backin

Zum Tränken:
100 g Johannisbeergelee

Für den Guss:
150 g Puderzucker
etwa 75 g Johannisbeergelee
1 TL Wasser

Zubereitungszeit: 45 Minuten, ohne Abkühlzeit
Backzeit: etwa 70 Minuten

1. Zum Vorbereiten Ananasraspel in einem Sieb gut abtropfen lassen. Ananasraspel mit Johannisbeergelee in einem Topf verrühren, unter Rühren zum Kochen bringen und etwa 5 Minuten bei mittlerer Hitze leicht kochen lassen, dabei zwischendurch umrühren. Den Topf von der Kochstelle nehmen. Ananasmasse abkühlen lassen.

2. Den Backofen vorheizen.
Ober-/Unterhitze: etwa 180 °C
Heißluft: etwa 160 °C

3. Für den Teig Marzipan sehr klein schneiden, in eine Rührschüssel geben und mit Handrührgerät mit Rührbesen gut verrühren.

4. Butter oder Margarine hinzufügen und auf höchster Stufe zu einer geschmeidigen Masse verrühren. Nach und nach Zucker, Vanillin-Zucker und Salz unterrühren. So lange rühren, bis eine gebundene Masse entstanden ist. Eier nach und nach unterrühren (jedes Ei etwa 1/2 Minute).

5. Mehl mit Backpulver mischen, in 2 Portionen auf mittlerer Stufe unterrühren. Abgekühlte Ananasraspel vorsichtig auf niedrigster Stufe unter den Teig rühren.

6. Den Teig in eine Napfkuchenform (Ø 24 cm, gefettet, gemehlt) füllen und glatt streichen. Die Form auf dem Rost in den vorgeheizten Backofen schieben. Den Kuchen **etwa 70 Minuten backen.**

7. Die Form auf einen Kuchenrost stellen. Den Kuchen etwa 10 Minuten in der Form stehen lassen, dann aus der Form lösen und auf einen Kuchenrost stürzen. Kuchen erkalten lassen.

8. Anschließend mit dem Stielende des Rührbesens (vom Handrührgerät) oder einer dicken Stricknadel mehrmals den Kuchen von oben so einstechen, dass die Löcher nach oben „weiter" werden, aber nicht bis unten durchstechen!

9. Zum Tränken Johannisbeergelee in einem kleinen Topf aufkochen lassen.

10. Gelee vorsichtig mit einem Teelöffel, einem kleinen Trichter oder einer Einwegspritze in die Löcher geben.

11. Für den Guss Puderzucker in eine Rührschüssel sieben. Das Johannisbeergelee und Wasser in einem kleinen Topf kurz aufkochen lassen und unter den Puderzucker rühren.

12. Den Guss sofort mit einem Löffel auf den Kuchen geben, sodass er in dicken „Nasen" herunterläuft. Den Guss fest werden lassen.

Tipp: Verwenden Sie für den Kuchen ein Johannisbeergelee mit einer kräftig roten Farbe – helfen Sie ansonsten mit ein paar Tropfen roter Speisefarbe nach.

Drei auf einen Streich I

Beliebt – mit Alkohol

Insgesamt:
E: 100 g, F: 289 g, Kh: 700 g, kJ: 24639, kcal: 5886

Für den Schüttelteig:
125 g Butter oder Margarine
350 g Weizenmehl
4 gestr. TL Dr. Oetker Backin
125 g Zucker
2 Pck. Dr. Oetker Vanillin-Zucker
4 Eier (Größe M)
150 g Joghurt (cremig gerührt)

Für den Streuselbelag:
75 g Weizenmehl
75 g Knusper-Schoko-Müsli
50 g brauner Zucker (Kandisfarin)
50 g weiche Butter

Für den Mangobelag:
225 g Mangoscheiben (aus der Dose)
100 g Wild-Preiselbeeren (aus dem Glas)

Für den Rosinenbelag:
50 g Rum-Rosinen
25 g abgezogene, gemahlene Mandeln
40 g gehobelte Mandeln
40 g Marzipan-Rohmasse
25 g Butterflöckchen

Zum Bestreichen und Bestäuben:
25 g Butter
etwas Puderzucker

Zubereitungszeit: 50 Minuten, ohne Abkühlzeit
Backzeit: etwa 25 Minuten

1. Für den Teig Butter oder Margarine zerlassen und abkühlen lassen. Mehl mit Backpulver mischen, in eine verschließbare Schüssel (etwa 3-Liter-Inhalt) geben, mit Zucker und Vanillin-Zucker vermischen. Eier, Butter oder Margarine und Joghurt hinzufügen. Die Schüssel mit dem Deckel fest verschließen.

2. Schüssel mehrmals (insgesamt 15–30 Sekunden) kräftig schütteln, sodass alle Zutaten gut vermischt sind. Alles mit einem Schneebesen oder Rührlöffel nochmals sorgfältig durchrühren, damit trockene Zutaten vom Rand mit untergerührt werden.

3. Den Teig auf ein Backblech (30 x 40 cm, gefettet) geben und glatt streichen.

4. Den Backofen vorheizen.
Ober-/Unterhitze: etwa 180 °C
Heißluft: etwa 160 °C

5. Für den Streuselbelag Mehl in eine Rührschüssel geben. Müsli, Zucker und Butter hinzufügen. Dann die Zutaten mit Handrührgerät mit Rührbesen zunächst kurz auf niedrigster und dann auf höchster Stufe zu Streuseln von gewünschter Größe verarbeiten. Anschließend die Teigstreusel auf einem Drittel des Teiges verteilen.

6. Für den Mangobelag die Mangoscheiben in einem Sieb gut abtropfen lassen und in Spalten schneiden. Mangospalten auf das zweite Drittel des Teiges legen. Wild-Preiselbeeren mit einem Teelöffel in die Zwischenräume der Mangospalten geben.

7. Für den Rosinenbelag die Rum-Rosinen mit den gemahlenen und gehobelten Mandeln mischen. Das Marzipan in sehr kleine Würfel schneiden und hinzufügen.

8. Die Rosinen-Mandel-Marzipan-Mischung auf das letzte Drittel des Teiges streuen. Butterflöckchen auf den Rosinenbelag setzen.

9. Das Backblech in den vorgeheizten Backofen schieben. Den Kuchen **etwa 25 Minuten backen.**

10. Das Backblech auf einen Kuchenrost stellen. Den Kuchen erkalten lassen.

11. Den Rosinenkuchen mit zerlassener Butter bestreichen und mit Puderzucker bestäuben.

Eierlikördreiecke

Für Gäste – mit Alkohol

Insgesamt:
E: 90 g, F: 318 g, Kh: 518 g, kJ: 23622, kcal: 5638

Zum Vorbereiten:
250 g Himbeeren

Für den Rührteig:
150 g weiche Butter oder Margarine
150 g Zucker
1 Pck. Dr. Oetker Vanillin-Zucker
1 Prise Salz
3 Eier (Größe M)
125 g Weizenmehl
25 g Speisestärke
1 gestr. TL Dr. Oetker Backin

Für die Eierlikörcreme:
6 Blatt weiße Gelatine
1 Pck. Gala Bourbon-Vanille-Pudding-Pulver
350 ml Milch
50 g Zucker
250 ml (¼ l) Eierlikör
200 g Schlagsahne
1 Pck. Dr. Oetker Vanillin-Zucker

Zum Verzieren und Garnieren:
200 g Schlagsahne
1 Pck. Dr. Oetker Sahnesteif
1 Pck. Dr. Oetker Vanillin-Zucker
3 Blatt weiße Gelatine
100 ml Eierlikör
einige Himbeeren

Zubereitungszeit: 50 Minuten, ohne Kühlzeit
Backzeit: etwa 30 Minuten

1. Zum Vorbereiten Himbeeren verlesen, evtl. kurz abspülen und gut trocken tupfen.

2. Den Backofen vorheizen.
Ober-/Unterhitze: etwa 180 °C
Heißluft: etwa 160 °C

3. Für den Teig Butter oder Margarine in einer Rührschüssel mit Handrührgerät mit Rührbesen auf höchster Stufe geschmeidig rühren. Nach und nach Zucker, Vanillin-Zucker und Salz unterrühren. So lange rühren, bis eine gebundene Masse entstanden ist.

4. Die Eier nach und nach unterrühren (jedes Ei etwa ½ Minute). Mehl mit Speisestärke und Backpulver mischen, in 2 Portionen auf mittlerer Stufe unterrühren. Einen Backrahmen (etwa 25 x 25 cm) auf ein Backblech (gefettet) stellen. Den Teig in den Backrahmen geben und glatt streichen. Die Himbeeren gleichmäßig darauf verteilen. Das Backblech in den vorgeheizten Backofen schieben. Den Kuchen **etwa 30 Minuten backen.**

5. Das Backblech auf einen Kuchenrost stellen. Den Kuchen erkalten lassen.

6. Für die Eierlikörcreme Gelatine in kaltem Wasser nach Packungsanleitung einweichen. Aus dem Pudding-Pulver, Milch und Zucker einen Pudding nach Packungsanleitung, aber mit nur 350 ml Milch und 50 g Zucker zubereiten. Eingeweichte Gelatine leicht ausdrücken und unter Rühren in dem heißen Pudding auflösen. Eierlikör unterrühren. Die Pudding-Eierlikör-Masse erkalten lassen, dabei gelegentlich umrühren.

7. Die Sahne mit Vanillin-Zucker steif schlagen. Die Pudding-Eierlikör-Masse mit Handrührgerät mit Rührbesen cremig rühren. Steif geschlagene Sahne kurz unterrühren. Die Eierlikörcreme auf den Kuchen geben und glatt streichen. Den Kuchen mindestens 2 Stunden kalt stellen.

8. Vor dem Servieren Backrahmen lösen und entfernen. Den Kuchen in 4 Längsstreifen schneiden. Die Streifen in je etwa 7 Dreiecke schneiden.

9. Zum Verzieren Sahne mit Sahnesteif und Vanillin-Zucker steif schlagen und in einen Spritzbeutel mit Lochtülle (Ø etwa 8 mm) füllen. Einen Sahnerand (z. B. als Tupfen) auf jedes Dreieck spritzen. Dabei darauf achten, dass die Tupfen sehr dicht aneinander sind.

10. Die Gelatine in kaltem Wasser nach Packungsanleitung einweichen. Eierlikör erwärmen. Gelatine

leicht ausdrücken und unter Rühren in dem Eierlikör auflösen, abkühlen lassen.

11. Die Eierlikör-Gelatine-Flüssigkeit in ein Litermaß oder eine Sauciere geben. Die Kuchendreiecke vorsichtig damit füllen. Die Kuchendreiecke mindestens 2 Stunden kalt stellen.

12. Vor dem Servieren jedes Eierlikördreieck mit einer Himbeere garnieren.

Tipps: Sie können auch TK-Himbeeren verwenden, lassen Sie diese auf Küchenpapier auftauen. Zum Verzieren Eierlikör statt Gelatine mit 1/2 Päckchen Saucenpulver Vanille-Geschmack ohne Kochen anrühren.

Eierlikör-Pflaumen-Kuchen

Mit Alkohol

Insgesamt:
E: 66 g, F: 270 g, Kh: 496 g, kJ: 20989, kcal: 5014

Für den Rührteig:

250 g weiche Butter oder Margarine
150 g Zucker
1 Pck. Dr. Oetker Vanillin-Zucker
3 Eier (Größe M)
200 g Weizenmehl
100 g Speisestärke
½ Pck. Dr. Oetker Backin
100 ml Eierlikör
120 g Pflaumenmus (aus dem Glas)
4 EL gehackte Mandeln

Zum Bestäuben:

2 EL Puderzucker

Zubereitungszeit: 35 Minuten, ohne Abkühlzeit
Backzeit: etwa 65 Minuten

1. Den Backofen vorheizen.
Ober-/Unterhitze: etwa 180 °C
Heißluft: etwa 160 °C

2. Für den Teig Butter oder Margarine in einer Rührschüssel mit Handrührgerät mit Rührbesen auf höchster Stufe geschmeidig rühren. Nach und nach Zucker und Vanillin-Zucker unterrühren. So lange rühren, bis eine gebundene Masse entstanden ist.

3. Die Eier nach und nach unterrühren (jedes Ei etwa ½ Minute). Mehl mit Speisestärke und Backpulver mischen, in 2 Portionen abwechselnd mit dem Eierlikör auf mittlerer Stufe unterrühren.

4. Pflaumenmus mit Mandeln verrühren. Ein Drittel des Teiges in eine Kastenform (25 x 11 cm, gefettet, mit gehobelten Mandeln ausgestreut) geben. Dann die Hälfte der Pflaumenmusmasse auf dem Teig verteilen, jedoch nicht bis an den Rand der Form, damit der Kuchen nicht in der Form haften bleibt.

5. Wieder ein Drittel des Teiges daraufgeben. Restliche Pflaumenmusmasse darauf verteilen und mit dem restlichen Teig bestreichen. Die Form auf dem Rost in den vorgeheizten Backofen schieben. Den Kuchen **etwa 65 Minuten backen.**

6. Die Form auf einen Kuchenrost stellen. Den Kuchen etwa 10 Minuten in der Form stehen lassen. Dann aus der Form lösen und auf einem Kuchenrost erkalten lassen. Kuchen mit Puderzucker bestäuben.

Eierlikör-Schüttelkuchen I

Einfach – mit Alkohol

Insgesamt:
E: 57 g, F: 255 g, Kh: 404 g, kJ: 17751, kcal: 4241

Für den Schüttelteig:
25 g Zitronat (Sukkade)
150 g Weizenmehl
3 gestr. TL Dr. Oetker Backin
100 g gesiebter Puderzucker
100 g gemahlene Haselnusskerne
2 Eier (Größe M)
100 ml Speiseöl
125 ml (1/8 l) Eierlikör

Zum Aprikotieren:
2–3 EL Aprikosenkonfitüre
1 EL Wasser

Für den Guss:
150 g Zartbitter-Schokolade
2 EL Speiseöl

Zum Bestreuen:
25 g Zitronat (Sukkade)

Zubereitungszeit: 25 Minuten, ohne Abkühlzeit
Backzeit: etwa 35 Minuten

1. Den Backofen vorheizen.
Ober-/Unterhitze: etwa 180 °C
Heißluft: etwa 160 °C

2. Für den Teig Zitronat fein hacken. Mehl mit Backpulver und Puderzucker mischen, in eine verschließbare Schüssel (etwa 3-Liter-Inhalt) geben. Haselnusskerne, Eier, Speiseöl, Eierlikör und Zitronat hinzufügen. Die Schüssel mit dem Deckel fest verschließen.

3. Schüssel mehrmals (insgesamt 15–30 Sekunden) kräftig schütteln, sodass alle Zutaten gut vermischt sind. Alles mit einem Schneebesen oder Rührlöffel nochmals sorgfältig durchrühren, damit die trockenen Zutaten vom Rand mit untergerührt werden. Den Teig in eine Springform (Ø 20 cm, Boden gefettet) geben und glatt streichen. Die Form auf dem Rost in den vorgeheizten Backofen schieben. Den Kuchen **etwa 35 Minuten backen.**

4. Den Kuchen aus der Form lösen und auf einem Kuchenrost erkalten lassen.

5. Zum Aprikotieren Konfitüre durch ein Sieb streichen, mit Wasser in einem kleinen Topf gut aufkochen lassen. Den Kuchen damit bestreichen.

6. Für den Guss Schokolade in Stücke brechen, mit Speiseöl in einem kleinen Topf im heißen Wasserbad bei schwacher Hitze unter Rühren schmelzen. Den Kuchen mit dem Guss überziehen. Zitronat auf den feuchten Guss streuen. Guss fest werden lassen.

Tipps: Noch Schneller geht es, wenn Sie den Kuchen nur mit Puderzucker bestäuben. Für eine Springform (Ø 26 cm oder Ø 28 cm) Rezeptzutaten verdoppeln.

Eierlikörwellen | Für Gäste – mit Alkohol

Insgesamt:
E: 112 g, F: 511 g, Kh: 408 g, kJ: 28284, kcal: 6753

125 g Zartbitter-Schokolade
500 g Schlagsahne

Für den Biskuitteig:
6 Eier (Größe M)
3 EL heißes Wasser
150 g Zucker
1 Pck. Dr. Oetker Vanillin-Zucker
1 Prise Salz
½ TL gemahlener Zimt
2 geh. EL Weizenmehl
1 gestr. TL Dr. Oetker Backin
250 g gemahlene Haselnusskerne

Für die Füllung:
1 Pck. Dr. Oetker Sahnesteif

Für den Belag:
250 g Schlagsahne
1 Pck. Dr. Oetker Sahnesteif
1 Pck. Dr. Oetker Vanillin-Zucker
etwa 100 ml Eierlikör
1 Pck. Choco Crossies® Chips (147 g)

Zubereitungszeit: 50 Minuten, ohne Kühlzeit
Backzeit: 20–25 Minuten

1. Schokolade in Stücke brechen. Sahne in einem Topf erwärmen. Schokolade darin unter Rühren schmelzen. Schokosahne in eine Rührschüssel füllen, mit Frischhaltefolie abdecken und über Nacht kalt stellen.

2. Den Backofen vorheizen.
Ober-/Unterhitze: etwa 200 °C
Heißluft: etwa 180 °C

3. Für den Teig Eier und Wasser mit Handrührgerät mit Rührbesen auf höchster Stufe in etwa 1 Minute schaumig schlagen. Den Zucker mit Vanillin-Zucker und Salz mischen, in etwa 1 Minute unter Rühren einstreuen, dann noch etwa 2 Minuten schlagen. Zimt mit Mehl und Backpulver mischen, auf die Eiercreme geben und kurz auf niedrigster Stufe unterrühren. Haselnusskerne unterheben.

4. Den Teig auf ein Backblech (30 x 40 cm, gefettet, mit Backpapier belegt) geben und glatt streichen. Das Backblech in den vorgeheizten Backofen schieben. Die Biskuitplatte **20–25 Minuten backen.**

5. Die Biskuitplatte auf mit Zucker bestreutes Backpapier stürzen. Mitgebackenes Backpapier vorsichtig abziehen. Biskuitplatte erkalten lassen und senkrecht halbieren. Eine Biskuithälfte auf eine Kuchenplatte legen. Einen Backrahmen darumlegen.

6. Für die Füllung die vorbereitete Schokosahne mit Sahnesteif steif schlagen, auf die untere Biskuithälfte geben und glatt streichen. Die zweite Biskuithälfte darauflegen und etwas andrücken. Kuchen etwa 1 Stunde kalt stellen, den Backrahmen lösen, entfernen.

7. Für den Belag Sahne mit Sahnesteif und Vanillin-Zucker steif schlagen. Die Kuchenoberfläche mit der Sahne bestreichen und mit einem Tortengarnierkamm wellenartig verzieren. Den Eierlikör in einen Gefrierbeutel füllen und eine kleine Ecke abschneiden. Den Eierlikör in die Wellen spritzen. Den Kuchen bis zum Servieren kalt stellen. Vor dem Servieren die Choco Crossies® Chips auf der Kuchenoberfläche verteilen.

® Société des Produits Nestlé S.A.

Engelskuchen | Einfach

Insgesamt:
E: 32 g, F: 6 g, Kh: 477 g, kJ: 8774, kcal: 2096

Für den Teig:
6 Eiweiß (Größe M)
2 TL Zitronensaft
225 g Zucker
1 Pck. Dr. Oetker Bourbon-Vanille-Zucker
4 Tropfen Bittermandel-Aroma
70 g Weizenmehl
50 g Speisestärke
1 gestr. TL Dr. Oetker Backin

Für den Guss:
3 EL Zitronensaft
120 g gesiebter Puderzucker

Zum Garnieren:
einige kandierte Früchte oder Zuckerblüten

Zubereitungszeit: 35 Minuten, ohne Abkühlzeit
Backzeit: etwa 40 Minuten

1. Den Backofen vorheizen.
Ober-/Unterhitze: etwa 160 °C
Heißluft: etwa 140 °C

2. Für den Teig Eiweiß und Zitronensaft mit Handrührgerät mit Rührbesen auf höchster Stufe sehr steif schlagen. Nach und nach Zucker und Vanille-Zucker kurz unterschlagen. Aroma hinzufügen. Das Mehl mit Speisestärke und Backpulver mischen, kurz auf niedrigster Stufe unterrühren.

3. Dann den Teig in eine Savarin- oder Reisrandform (Ø etwa 26 cm, gefettet, gemehlt) geben. Die Form auf dem Rost in den vorgeheizten Backofen schieben. Den Kuchen **etwa 40 Minuten backen.**

4. Die Form auf einen Kuchenrost stellen. Den Kuchen etwa 10 Minuten in der Form stehen lassen, dann vorsichtig aus der Form lösen und auf dem Kuchenrost erkalten lassen.

5. Für den Guss Zitronensaft mit Puderzucker zu einer dickflüssigen Masse verrühren. Den Guss auf die Kuchenoberfläche geben und in „Nasen" herunterlaufen lassen.

6. Zum Garnieren kandierte Früchte oder Zuckerblüten auf den feuchten Guss legen und leicht andrücken. Den Guss fest werden lassen.

Erdbeer-Aprikosen-Strang I

Fruchtig

Insgesamt:
E: 95 g, F: 191 g, Kh: 489 g, kJ: 17713, kcal: 4232

Für den Belag:

300 g frische Aprikosen
350 g frische Erdbeeren
200 g Marzipan-Rohmasse
1 Ei (Größe M)
½ Pck. Dr. Oetker Finesse Geriebene Zitronenschale

Für den Quark-Öl-Teig:

300 g Weizenmehl
1 Pck. Dr. Oetker Backin
150 g Speisequark (Magerstufe)
100 ml Milch
100 ml Speiseöl
75 g Zucker
½ Pck. Dr. Oetker Finesse Geriebene Zitronenschale

Zum Bestreichen und Bestreuen:

1 Eigelb
2 EL Hagelzucker

Zum Aprikotieren:

2 EL Aprikosenkonfitüre

Außerdem:

Alufolie

Zubereitungszeit: 50 Minuten
Backzeit: 25–30 Minuten

1. Für den Belag Aprikosen kurze Zeit in kochendes Wasser legen (nicht kochen lassen), in kaltem Wasser abschrecken, enthäuten, halbieren und entsteinen.

2. Erdbeeren waschen, abtropfen lassen, entstielen und halbieren.

3. Das Marzipan klein schneiden. Marzipan, Ei und Zitronenschale mit Handrührgerät mit Rührbesen geschmeidig rühren.

4. Den Backofen vorheizen.
Ober-/Unterhitze: etwa 180 °C
Heißluft: etwa 160 °C

5. Für den Teig Mehl mit Backpulver in einer Rührschüssel mischen. Quark, Milch, Speiseöl, Zucker und Zitronenschale hinzufügen.

6. Die Zutaten mit Handrührgerät mit Knethaken zunächst kurz auf niedrigster, dann auf höchster Stufe in etwa 1 Minute zu einem glatten Teig verarbeiten (nicht zu lange, der Teig klebt sonst). Den Teig zu einer Rolle formen.

7. Die Teigrolle auf einer leicht bemehlten Arbeitsfläche zu einem Rechteck (etwa 25 x 40 cm) ausrollen und auf ein Backblech (gefettet, mit Backpapier belegt) legen.

8. Die Teigmitte mit der Marzipanmasse bestreichen. Die Aprikosen- und Erdbeerhälften gleichmäßig darauf verteilen. Die Seitenränder über die Früchte legen und andrücken.

9. Zum Bestreichen und Bestreuen Eigelb verschlagen. Die Teigränder mit dem verschlagenen Eigelb bestreichen. Die Teigoberfläche mit dem Hagelzucker bestreuen.

10. Ein Stück Alufolie zu einer Falte knicken und als Stütze an die Teigränder legen. Das Backblech in den vorgeheizten Backofen schieben. Dann den Kuchen **25–30 Minuten backen.**

11. Den Kuchen mit dem Backpapier vom Backblech auf einen Kuchenrost ziehen.

12. Zum Aprikotieren Konfitüre durch ein Sieb streichen und in einem kleinen Topf gut aufkochen lassen. Den Erdbeer-Aprikosen-Strang damit bestreichen und erkalten lassen.

Tipps: Anstelle von Alufolie kann auch ein Backrahmen in der entsprechenden Größe um den Teig gestellt werden. Statt der frischen Aprikosen können auch 240 g abgetropfte Aprikosenhälften aus der Dose verwendet werden.

Erdbeer-Grieß-Kuchen I

Für Kinder – fruchtig

Insgesamt:
E: 114 g, F: 398 g, Kh: 591 g, kJ: 27747, kcal: 6632

Für den Rührteig:

150 g weiche Butter oder Margarine
120 g Zucker
1 Pck. Dr. Oetker Vanillin-Zucker
1 Prise Salz
3 Eier (Größe M)
50 g Weizenmehl
2 gestr. TL Dr. Oetker Backin
6 EL Milch
200 g Hartweizengrieß

Für die Streusel:

70 g Hartweizengrieß
50 g Zucker
50 g Butter
100 g gehobelte Mandeln

Für die Erdbeercreme:

10 Blatt weiße Gelatine
600 g aufgetaute TK-Erdbeeren
100 g gesiebter Puderzucker
500 g Schlagsahne

Zubereitungszeit: 60 Minuten, ohne Kühlzeit
Backzeit: Gebäckboden 25–30 Minuten
Backzeit: Streusel etwa 10 Minuten

1. Den Backofen vorheizen.
Ober-/Unterhitze: etwa 200 °C
Heißluft: etwa 180 °C

2. Für den Rührteig Butter oder Margarine in einer Rührschüssel mit Handrührgerät mit Rührbesen auf höchster Stufe geschmeidig rühren. Nach und nach Zucker, Vanillin-Zucker und Salz unterrühren. So lange rühren, bis eine gebundene Masse entstanden ist.

3. Die Eier nach und nach unterrühren (jedes Ei etwa ½ Minute). Mehl mit Backpulver mischen, in 2 Portionen abwechselnd mit der Milch und dem Grieß auf mittlerer Stufe unterrühren.

4. Den Teig auf ein Backblech (30 x 40 cm, gefettet) geben und glatt streichen. Das Backblech in den vorgeheizten Backofen schieben. Den Gebäckboden **25–30 Minuten backen.**

5. Das Backblech auf einen Kuchenrost stellen. Den Gebäckboden erkalten lassen. Einen Backrahmen darumlegen.

6. Für die Streusel Grieß mit Zucker in einer Rührschüssel mischen. Butter hinzufügen. Die Zutaten mit Handrührgerät mit Rührbesen zunächst kurz auf niedrigster, dann auf höchster Stufe zu Streuseln von gewünschter Größe verarbeiten. Mandeln vorsichtig unterrühren.

7. Die Streuselmasse auf einem Backblech (mit Backpapier belegt) verteilen. Das Backblech in den heißen Backofen schieben. Die Streusel **bei gleicher Backofentemperatur etwa 10 Minuten backen.**

8. Das Backblech auf einen Kuchenrost stellen. Die Streusel erkalten lassen, evtl. etwas zerkleinern.

9. Für die Creme die Gelatine in kaltem Wasser nach Packungsanleitung einweichen. Erdbeeren mit Puderzucker pürieren.

10. Eingeweichte Gelatine leicht ausdrücken und in einem kleinen Topf bei schwacher Hitze unter Rühren erwärmen (nicht kochen), bis sie völlig gelöst ist. Die Gelatine zuerst mit 2–3 Esslöffeln der Püreemasse verrühren. Dann unter die restliche Püreemasse rühren, kalt stellen.

11. Sahne steif schlagen. Sobald die Püreemasse anfängt zu gelieren, Sahne unterheben. Die Creme gleichmäßig auf dem Gebäckboden verteilen. Den Kuchen 2–3 Stunden kalt stellen.

12. Den Backrahmen lösen und entfernen. Den Kuchen in Stücke schneiden. Die Streusel auf den Kuchenstücken verteilen.

Tipp: Kräftiger in der Farbe wird die Erdbeercreme, wenn Sie die Creme mit 2 Päckchen gemahlener, roter Gelatine nach Packungsanleitung zubereiten.

Erdbeer-Kastenkuchen

Fruchtig – für Kinder

Insgesamt:
E: 83 g, F: 242 g, Kh: 493 g, kJ: 19438, kcal: 4645

Für den Rührteig:

125 g weiche Butter oder Margarine
75 g Zucker
1 TL Dr. Oetker Finesse Geriebene Zitronenschale
150 g Erdbeerkonfitüre
3 Eier (Größe M)
330 g Weizenmehl
3 gestr. TL Dr. Oetker Backin
einige Tropfen rote Speisefarbe

Für die Füllung:

250 g Mascarpone (ital. Frischkäse)
1 Pck. Dr. Oetker Sahnesteif
1 EL Puderzucker
300 g Erdbeerjoghurt

Zum Beträufeln:

1 EL Erdbeerkonfitüre

Zubereitungszeit: 50 Minuten, ohne Abkühlzeit
Backzeit: etwa 55 Minuten

1. Den Backofen vorheizen.
Ober-/Unterhitze: etwa 180 °C
Heißluft: etwa 160 °C

2. Für den Teig Butter oder Margarine in einer Rührschüssel mit Handrührgerät mit Rührbesen auf höchster Stufe geschmeidig rühren. Nach und nach Zucker, Zitronenschale und die Erdbeerkonfitüre unterrühren. So lange rühren, bis eine gebundene Masse entstanden ist.

3. Die Eier nach und nach unterrühren (jedes Ei etwa ½ Minute). Mehl mit Backpulver mischen, in 2 Portionen auf mittlerer Stufe unterrühren. Zuletzt etwas Speisefarbe unterrühren.

4. Den Teig in eine Kastenform (25 x 11 cm, gefettet, mit Backpapier ausgelegt) füllen und glatt streichen. Die Form auf dem Rost in den vorgeheizten Backofen schieben. Den Kuchen **etwa 55 Minuten backen.**

5. Die Form auf einen Kuchenrost stellen. Den Kuchen etwa 10 Minuten in der Form stehen lassen, danach aus der Form lösen und auf den Kuchenrost stürzen. Kuchen erkalten lassen. Mitgebackenes Backpapier entfernen. Den Kuchen wieder umdrehen.

6. Die Kuchenkruste an der Oberfläche gerade schneiden, dann der Länge nach einen Keil (etwa 3 cm tief) aus der Kuchenoberfläche schneiden.

7. Für die Füllung Mascarpone mit Sahnesteif, Puderzucker und Joghurt in einer Rührschüssel mit Handrührgerät mit Rührbesen geschmeidig rühren.

8. Drei Viertel der Creme in den Kuchen füllen und glatt streichen. Den ausgeschnittenen Keil mit der Kruste nach unten auf die Füllung legen. Den Keil mit der restlichen Füllung bestreichen.

9. Zum Beträufeln Konfitüre in einem kleinen Topf aufkochen lassen und durch ein Sieb streichen. Die Konfitüre in einen kleinen Gefrierbeutel füllen und eine kleine Ecke abschneiden. Den Kuchen mit der Konfitüre beträufeln.

10. Kuchen etwa 1 Stunde kalt stellen.

Erdbeerschnitten, gestreift

Fettarm – für Gäste

Insgesamt:
E: 79 g, F: 70 g, Kh: 411 g, kJ: 10990, kcal: 2620

Für den dunklen Biskuitteig:
2 Eier (Größe M)
1 EL heißes Wasser
80 g Zucker
50 g Weizenmehl
1 Pck. Dr. Oetker Pudding-Pulver Schokoladen-Geschmack

Für den hellen Teig:
3 Eiweiß (Größe M)
100 g Zucker
1 Prise Salz
1 TL heißes Wasser
40 g Weizenmehl
½ gestr. TL Dr. Oetker Backin
½ gestr. TL Dr. Oetker Finesse Geriebene Zitronenschale

Für die Füllung:
12 Blatt weiße Gelatine
600 g angetaute TK-Erdbeeren
1–2 EL Zitronensaft
400 g Dickmilch (1,5 % Fett)
150 g Schlagsahne
70 g gesiebter Puderzucker

1 EL Semmelbrösel

Zubereitungszeit: 45 Minuten, ohne Kühlzeit
Backzeit: 15–20 Minuten

1. Den Backofen vorheizen.
Ober-/Unterhitze: etwa 180 °C
Heißluft: etwa 160 °C

2. Für den dunklen Teig Eier und Wasser mit Handrührgerät mit Rührbesen auf höchster Stufe in 1 Minute schaumig schlagen. Zucker in 1 Minute unter Rühren einstreuen, dann noch 2 Minuten schlagen. Mehl mit Pudding-Pulver mischen, auf die Eiercreme geben und kurz auf niedrigster Stufe unterrühren.

3. Für den hellen Teig Eiweiß steif schlagen. Zucker und Salz kurz unterschlagen. Wasser unterrühren. Mehl mit Backpulver mischen, mit der Zitronenschale unter die Eiweißmasse heben.

4. Den dunklen und hellen Teig getrennt in je einen Gefrierbeutel geben und jeweils eine Ecke abschneiden. Die beiden Teige abwechselnd in Streifen dicht nebeneinander auf ein Backblech (30 x 40 cm, mit Backpapier belegt) spritzen. Das Backblech in den vorgeheizten Backofen schieben. Die Biskuitplatte **15–20 Minuten backen.**

5. Das Backblech auf einen Kuchenrost stellen. Die Biskuitplatte erkalten lassen. Anschließend senkrecht halbieren, dabei das Backpapier durchschneiden.

6. Für die Füllung Gelatine in kaltem Wasser nach Packungsanleitung einweichen. Erdbeeren pürieren. Eingeweichte Gelatine leicht ausdrücken. Mit 2 Esslöffeln des Erdbeerpürees in einem kleinen Topf unter Rühren erwärmen (nicht kochen), bis die Gelatine vollständig gelöst ist. Zuerst 3 Esslöffel des restlichen Erdbeerpürees mit der Gelatinemasse verrühren, dann mit dem restlichen Erdbeerpüree verrühren.

7. Zitronensaft mit Dickmilch verrühren, ebenfalls unter das Erdbeerpüree rühren und kalt stellen.

8. Sahne mit Puderzucker steif schlagen. Sobald die Püreemasse anfängt zu gelieren, Sahne unterheben.

9. Eine Biskuithälfte auf eine mit Semmelbröseln bestreute Platte stürzen, mitgebackenes Backpapier abziehen. Einen Backrahmen darumlegen. Die Erdbeercreme auf den Biskuitboden geben und glatt streichen.

10. Die zweite Gebäckhälfte darauflegen. Das mitgebackene Backpapier abziehen. Kuchen etwa 3 Stunden kalt stellen.

11. Den Backrahmen lösen und entfernen. Den Kuchen in 10 Schnitten einteilen.

Tipp: Die Erdbeerschnitten nach Belieben mit abgespülten und trocken getupften Minzeblättchen garnieren.

Erdbeer-Streifen-Kuchen

Für Kinder

Insgesamt:
E: 66 g, F: 138 g, Kh: 517 g, kJ: 15573, kcal: 3718

Für die Erdbeermasse:
300 g TK-Erdbeeren
200 g Löffelbiskuits
2 EL Zitronensaft

Für den Schüttelteig:
125 g Butter oder Margarine
200 g Weizenmehl
70 g Speisestärke
2 gestr. TL Dr. Oetker Backin
150 g Zucker
3 Eier (Größe M)
5 EL Milch
einige Tropfen Butter-Vanille-Aroma

Zum Bestäuben:
etwas Puderzucker

Zubereitungszeit: 45 Minuten, ohne Auftau- und Abkühlzeit
Backzeit: 50–60 Minuten

1. Für die Erdbeermasse Erdbeeren nach Packungsanleitung auftauen lassen. Löffelbiskuits mit einem Sägemesser in etwa 1 cm große Stücke schneiden und in eine große Schüssel geben. Die Erdbeeren mit Zitronensaft in einen hohen Rührbecher geben und pürieren. Erdbeerpüree mit den Biskuitstücken vermengen.

2. Den Backofen vorheizen.
Ober-/Unterhitze: etwa 180 °C
Heißluft: etwa 160 °C

3. Für den Teig Butter oder Margarine zerlassen und abkühlen lassen. Mehl mit Speisestärke und Backpulver mischen, in eine verschließbare Schüssel (etwa 3-Liter-Inhalt) geben, mit Zucker mischen. Eier, Butter oder Margarine, Milch und Aroma hinzufügen. Die Schüssel mit dem Deckel fest verschließen.

4. Schüssel mehrmals (insgesamt 15–30 Sekunden) kräftig schütteln, sodass alle Zutaten gut vermischt sind. Alles mit einem Schneebesen oder Rührlöffel nochmals sorgfältig durchrühren, damit trockene Zutaten vom Rand mit untergerührt werden.

5. Ein Drittel des Schüttelteiges in eine Kastenform (30 x 11 cm, gefettet, mit Semmelbröseln ausgestreut) geben und glatt streichen. Die Hälfte der Erdbeer-Biskuit-Masse auf den Teig geben und glatt streichen. Wieder ein Drittel des Teiges, dann die restliche Erdbeer-Biskuit-Masse und zuletzt den restlichen Teig daraufgeben und glatt streichen. Die Form auf dem Rost in den vorgeheizten Backofen schieben. Dann den Kuchen **50–60 Minuten backen.**

6. Die Form auf einen Kuchenrost stellen. Den Kuchen etwa 15 Minuten in der Form stehen lassen, dann aus der Form lösen und auf den Kuchenrost stürzen. Kuchen erkalten lassen. Den Kuchen wieder umdrehen und mit Puderzucker bestäuben.

Erdnuss-Grieß-Kuchen

Für Kinder

Insgesamt:
E: 94 g, F: 224 g, Kh: 304 g, kJ: 15544, kcal: 3714

Zum Vorbereiten:
120 g Butter oder Margarine
100 g stückige Erdnusscreme
60 g flüssiger Honig
2 Erdnussriegel (je 40 g, Mr. Tom)

Für den Schüttelteig:
200 g Hartweizengrieß
3 gestr. TL Dr. Oetker Backin
40 g brauner Zucker (Kandisfarin)
3 Eier (Größe M)
125 ml (1/8 l) Milch

Zum Bestreichen und Bestreuen:
1 EL flüssiger Honig
1/2 Erdnussriegel (Mr. Tom)

Zum Bestäuben:
etwas Puderzucker

Zubereitungszeit: 45 Minuten, ohne Abkühlzeit
Backzeit: 45–50 Minuten

1. Zum Vorbereiten Butter oder Margarine mit Erdnusscreme und Honig in einem Topf bei schwacher Hitze unter Rühren zerlassen. Die Masse abkühlen lassen. Erdnussriegel fein hacken.

2. Den Backofen vorheizen.
Ober-/Unterhitze: etwa 180 °C
Heißluft: etwa 160 °C

3. Für den Teig Grieß mit Backpulver mischen, in eine verschließbare Schüssel (etwa 3-Liter-Inhalt) geben, mit Zucker vermischen. Eier, Fett-Honig-Erdnuss-Masse, gehackte Erdnussriegel und Milch hinzufügen. Die Schüssel mit dem Deckel fest verschließen.

4. Schüssel mehrmals (insgesamt 15–30 Sekunden) kräftig schütteln, sodass alle Zutaten gut vermischt sind. Alles mit einem Schneebesen oder Rührlöffel nochmals sorgfältig durchrühren, damit trockene Zutaten vom Rand mit untergerührt werden.

5. Den Teig in eine Springform (Ø 20 cm, gefettet) geben und glatt streichen. Die Form auf dem Rost in den vorgeheizten Backofen schieben. Dann den Kuchen **45–50 Minuten backen.**

6. Die Form auf einen Kuchenrost stellen. Den Kuchen etwa 10 Minuten in der Form stehen lassen. Den Kuchen aus der Form lösen und auf einem Kuchenrost erkalten lassen.

7. Zum Bestreichen und Bestreuen die Kuchenoberfläche mit Honig bestreichen, dabei einen etwa 2 cm breiten Rand frei lassen. Den Erdnussriegel hacken und auf die mit Honig bestrichene Kuchenoberfläche streuen. Den nicht bestrichenen Kuchenrand mit Puderzucker bestäuben.

Erdnusskuchen | Raffiniert

Insgesamt:
E: 106 g, F: 425 g, Kh: 386 g, kJ: 23789, kcal: 5698

Zum Vorbereiten:
100 g ungesalzene Erdnusskerne
150 g Schlagsahne
1 Pck. Dr. Oetker Bourbon-Vanille-Zucker
100 g Edelbitter-Schokolade (60 % Kakaoanteil)

Für den All-in-Teig:
80 g Weizenmehl
2 gestr. TL Dr. Oetker Backin
80 g Speisestärke
150 g Zucker
1 Pck. Dr. Oetker Vanillin-Zucker
3 Eier (Größe M)
70 g weiche Erdnussbutter mit Stücken (crunchy)
150 ml Erdnussöl
6 EL Milch

Für die Füllung:
150 g weiche Erdnussbutter mit Stücken (crunchy)

Zubereitungszeit: 40 Minuten, ohne Abkühlzeit
Backzeit: 45–50 Minuten

1. Zum Vorbereiten Erdnusskerne fein hacken. Sahne mit Vanille-Zucker in einem Topf zum Kochen bringen. Topf von der Kochstelle nehmen. Die Schokolade in kleine Stücke brechen, unter Rühren in der Schokoladensahne schmelzen. Erkalten lassen.

2. Den Backofen vorheizen.
Ober-/Unterhitze: etwa 180 °C
Heißluft: etwa 160 °C

3. Für den Teig das Mehl mit Backpulver und Speisestärke mischen, in eine Rührschüssel geben. Zucker, Vanillin-Zucker, Eier, Erdnussbutter, Erdnussöl und Milch hinzufügen. Die Zutaten mit Handrührgerät mit Rührbesen zunächst kurz auf niedrigster, dann auf höchster Stufe in etwa 2 Minuten zu einem glatten Teig verarbeiten. 70 g Erdnusskerne kurz unterrühren.

4. Den Teig in eine Kastenform (30 x 11 cm, gefettet) geben und glatt streichen. Die Form auf dem Rost in den vorgeheizten Backofen schieben. Den Kuchen **45–50 Minuten backen.**

5. Die Form auf einen Kuchenrost stellen. Den Kuchen etwa 10 Minuten in der Form stehen lassen, dann aus der Form lösen und auf den Kuchenrost stürzen. Den Kuchen wieder umdrehen und erkalten lassen.

6. Für die Füllung Erdnussbutter in eine Rührschüssel geben und mit Handrührgerät mit Rührbesen geschmeidig rühren. Vorbereitete Schokoladensahne nach und nach unterrühren.

7. Den Kuchen einmal waagerecht durchschneiden. Die untere Kuchenhälfte mit zwei Dritteln der Schokoladencreme füllen. Die obere Kuchenhälfte darauflegen und leicht andrücken. Die restliche Schokoladencreme mit einem Teelöffel wellenförmig als breiten Mittelstreifen auf den Kuchen geben und mit den restlichen Erdnusskernen bestreuen.

8. Den Kuchen etwa 1 Stunde kalt stellen, bis die Schokoladencreme fest geworden ist.

Erfrischungskuchen | Schnell

Insgesamt:
E: 37 g, F: 149 g, Kh: 368 g, kJ: 12542, kcal: 2997

Für den Rührteig:
150 g weiche Butter oder Margarine
150 g Zucker
1 Pck. Dr. Oetker Vanillin-Zucker
1 Prise Salz
abgeriebene Schale von
½ Bio-Orange (unbehandelt, ungewachst)
3 Eier (Größe M)
150 g Weizenmehl
1 gestr. TL Dr. Oetker Backin

Zum Tränken:
125 ml (⅛ l) frisch gepresster Orangensaft
etwas abgeriebene Bio-Orangen- und Zitronenschale (unbehandelt, ungewachst)
75 g Zucker

Zum Bestäuben:
etwas Puderzucker

Zubereitungszeit: 25 Minuten
Backzeit: etwa 45 Minuten

1. Den Backofen vorheizen.
Ober-/Unterhitze: etwa 180 °C
Heißluft: etwa 160 °C

2. Für den Teig die Butter oder Margarine in einer Rührschüssel mit Handrührgerät mit Rührbesen auf höchster Stufe geschmeidig rühren. Nach und nach Zucker, Vanillin-Zucker, Salz und Orangenschale unterrühren. So lange rühren, bis eine gebundene Masse entstanden ist. Die Eier nach und nach unterrühren (jedes Ei etwa ½ Minute).

3. Mehl mit Backpulver mischen, auf mittlerer Stufe unterrühren. Dann den Teig in eine Rehrückenform (30 x 11 cm, gefettet) füllen und glatt streichen. Die Form auf dem Rost in den vorgeheizten Backofen schieben. Den Kuchen **etwa 45 Minuten backen.**

4. Zum Tränken Orangensaft mit Orangen-, Zitronenschale und Zucker verrühren.

5. Den Kuchen nach dem Backen aus der Form lösen und auf einen Kuchenrost stürzen. Den Kuchen wieder in die Form geben und die flache Kuchenseite mit einem Holzstäbchen mehrmals einstechen. Den Kuchen mit etwas Orangensaft beträufeln (am besten mit einem Pinsel bestreichen) und den Orangensaft kurz einziehen lassen.

6. Den Kuchen wieder zurück auf einen Kuchenrost stürzen. Die gewölbte Kuchenseite ebenfalls mit einem Holzstäbchen einstechen und mit dem restlichen Orangensaft bestreichen. Kuchen erkalten lassen und mit Puderzucker bestäuben.

Tipps: Vor dem Backen fein gewürfelte Filets von 1 Orange unter den Teig heben. Den Kuchen nach Belieben mit 150 g geschmolzener Zartbitter-Kuvertüre überziehen. Sie können den Kuchen auch in einer Kastenform (30 x 11 cm) backen.

Erfrischungstarte mit Mango-Maracuja-Guss | Schnell – fruchtig

Insgesamt:
E: 37 g, F: 99 g, Kh: 404 g, kJ: 11219, kcal: 2679

Für den All-in-Teig:

350 g Mandarinen (aus Dosen)
170 g Weizenmehl
2 gestr. TL Dr. Oetker Backin
120 g Zucker
1 Pck. Dr. Oetker Vanillin-Zucker
2 Eier (Größe M)
80 ml Speiseöl
125 ml (1/8 l) Buttermilch mit Zitronen-Geschmack

Für den Guss:

1 Pck. ungezuckerter Tortenguss, klar
2 EL Zucker
250 ml (1/4 l) Mango-Maracuja-Nektar

Zubereitungszeit: 12 Minuten, ohne Abkühlzeit
Backzeit: 30–35 Minuten

1. Den Backofen vorheizen.
Ober-/Unterhitze: etwa 200 °C
Heißluft: etwa 180 °C

2. Für den Teig Mandarinen in einem Sieb abtropfen lassen. Mehl und Backpulver in einer Rührschüssel mischen. Zucker, Vanillin-Zucker, Eier, Speiseöl und Buttermilch hinzufügen. Die Zutaten mit Handrührgerät mit Rührbesen in etwa 1 Minute zu einem glatten Teig verarbeiten.

3. Den Teig in eine Tarteform (Ø 28 cm, gefettet) geben und glatt streichen. Mandarinen darauf verteilen.

4. Die Form auf dem Rost in den vorgeheizten Backofen schieben. Die Tarte **30–35 Minuten backen.**

5. Die Form auf einen Kuchenrost stellen. Die Tarte in der Form erkalten lassen.

6. Für den Guss aus Tortengusspulver, Zucker und Nektar einen Guss nach Packungsanleitung zubereiten. Den Guss mit einem Löffel von innen nach außen auf die Tarte geben. Guss fest werden lassen.

Espresso-Karamell-Kuchen I

Raffiniert – mit Alkohol

Insgesamt:
E: 82 g, F: 254 g, Kh: 570 g, kJ: 21468, kcal: 5129

Für den Rührteig:

250 g weiche Butter oder Margarine
220 g Zucker
1 Prise Salz
5 Eier (Größe M)
340 g Weizenmehl
2 gestr. TL Dr. Oetker Backin
3 gestr. TL Instant-Espresso-Pulver
1–2 EL brauner Rum
100 g Karamell-Kugeln

Für den Guss:

2–3 TL Instant-Espresso-Pulver
2 EL heißes Wasser
4–5 EL Puderzucker

Zubereitungszeit: 40 Minuten, ohne Abkühlzeit
Backzeit: etwa 60 Minuten

1. Den Backofen vorheizen.
Ober-/Unterhitze: etwa 180 °C
Heißluft: etwa 160 °C

2. Für den Teig Butter oder Margarine in einer Rührschüssel mit Handrührgerät mit Rührbesen auf höchster Stufe geschmeidig rühren. Nach und nach Zucker und Salz unterrühren. So lange rühren, bis eine gebundene Masse entstanden ist.

3. Die Eier nach und nach unterrühren (jedes Ei etwa 1/2 Minute). Mehl mit Backpulver mischen, in 2 Portionen auf mittlerer Stufe unterrühren. Den Teig halbieren. Espresso-Pulver mit Rum verrühren und unter eine Teighälfte rühren.

4. Mit einem Esslöffel abwechselnd etwas hellen und dunklen Teig in eine Kastenform (30 x 11 cm, gefettet, gemehlt) geben. Auf jede Teigschicht einige Karamell-Kugeln streuen.

5. Die Form auf dem Rost in den vorgeheizten Backofen schieben. Kuchen **etwa 60 Minuten backen.**

6. Den Kuchen aus der Form lösen und auf einem Kuchenrost erkalten lassen.

7. Für den Guss Espresso-Pulver mit Wasser verrühren. Puderzucker nach und nach unterrühren.

8. Den Kuchen mit dem Guss bestreichen. Guss fest werden lassen.

Espresso-Mohn-Kranz | Fettarm

Insgesamt:
E: 92 g, F: 142 g, Kh: 553 g, kJ: 16323, kcal: 3901

Für den Rührteig:
2 TL lösliches Espresso- oder Kaffee-Pulver
1 EL heißes Wasser
100 g weiche Butter oder Margarine
150 g Zucker
1 Prise Salz
3 Eier (Größe M)
200 g Speisequark (Magerstufe)
250 g backfertige Mohnfüllung
275 g Weizenmehl
1 Pck. Dr. Oetker Backin

Für den Guss:
100 g gesiebter Puderzucker
1–2 TL lösliches Espresso- oder Kaffee-Pulver (in 1 EL heißem Wasser aufgelöst)

Zum Bestreuen:
etwa 15 Espresso- oder Kaffeebohnen

Zubereitungszeit: 30 Minuten, ohne Abkühlzeit
Backzeit: etwa 45 Minuten

1. Den Backofen vorheizen.
Ober-/Unterhitze: etwa 180 °C
Heißluft: etwa 160 °C

2. Für den Teig Espresso- oder Kaffee-Pulver in dem Wasser unter Rühren auflösen. Butter oder Margarine in einer Rührschüssel mit Handrührgerät mit Rührbesen auf höchster Stufe geschmeidig rühren. Nach und nach Zucker und Salz unterrühren. So lange rühren, bis eine gebundene Masse entstanden ist.

3. Die Eier nach und nach unterrühren (jedes Ei etwa ½ Minute). Quark, Mohnfüllung und das aufgelöste Espresso- oder Kaffee-Pulver hinzugeben. Mehl mit Backpulver mischen, in 2 Portionen auf mittlerer Stufe unterrühren.

4. Den Teig in eine Napfkuchenform (Ø 22 cm, gefettet, gemehlt) geben und glatt streichen. Die Form auf dem Rost in den vorgeheizten Backofen schieben. Den Kuchen **etwa 45 Minuten backen.**

5. Die Form auf einen Kuchenrost stellen. Den Kuchen etwa 10 Minuten in der Form stehen lassen, dann aus der Form lösen und auf einen mit Backpapier belegten Kuchenrost stürzen. Den Kuchen erkalten lassen.

6. Für den Guss den Puderzucker und das aufgelöste Espresso- oder Kaffee-Pulver zu einer dickflüssigen Masse verrühren. Kuchen mit dem Guss überziehen. Espresso- oder Kaffeebohnen grob hacken und auf den feuchten Guss streuen. Guss fest werden lassen.

Frankfurter Kranz, schnell

Einfach – mit Alkohol

Insgesamt:
E: 89 g, F: 458 g, Kh: 895 g, kJ: 34771, kcal: 8294

Für den All-in-Teig:

125 g Weizenmehl
100 g Speisestärke
1 Pck. Dr. Oetker Pudding-Pulver Vanille-Geschmack
4 gestr. TL Dr. Oetker Backin
250 g gesiebter Puderzucker
2 Pck. Dr. Oetker Vanillin-Zucker
5 Eier (Größe M)
250 ml (1/4 l) neutrales Speiseöl
250 ml (1/4 l) Eierlikör

Für die Füllung:

370 g Sauerkirschen (aus dem Glas)
1 Pck. ungezuckerter Tortenguss, rot
1 EL Zucker
250 ml (1/4) Kirschsaft (aus dem Glas)

Für die Creme:

1 Pck. Galetta Vanille-Geschmack (Pudding-Pulver ohne Kochen)
375 ml (3/8 l) Milch
400 g Schlagsahne
2 Pck. Dr. Oetker Sahnesteif

100 g Haselnusskrokant
einige Cocktailkirschen

Zubereitungszeit: 50 Minuten, ohne Kühlzeit
Backzeit: etwa 60 Minuten

1. Den Backofen vorheizen.
Ober-/Unterhitze: etwa 180 °C
Heißluft: etwa 160 °C

2. Für den Teig das Mehl mit Speisestärke, Pudding-Pulver, Backpulver und Puderzucker mischen, in eine Rührschüssel geben. Vanillin-Zucker, Eier, Speiseöl und Eierlikör hinzufügen. Die Zutaten mit Handrührgerät mit Rührbesen zunächst kurz auf niedrigster, dann auf höchster Stufe in etwa 1 Minute zu einem glatten Teig verarbeiten. Den Teig in eine Kranzform (Ø 24 cm, gefettet, gemehlt) geben und glatt streichen. Die Form auf dem Rost in den vorgeheizten Backofen schieben. Den Gebäckkranz **etwa 60 Minuten backen.**

3. Die Form auf einen Kuchenrost stellen. Den Gebäckkranz etwa 10 Minuten in der Form stehen lassen, aus der Form lösen und auf einen mit Backpapier belegten Kuchenrost stürzen. Erkalten lassen. Anschließend zweimal waagerecht durchschneiden.

4. Für die Füllung die Sauerkirschen in einem Sieb gut abtropfen lassen, den Saft auffangen und 250 ml (1/4 l) abmessen. Aus Tortengusspulver, Zucker und Kirschsaft einen Guss nach Packungsanleitung zubereiten. Sauerkirschen unterheben. Die Masse auf den unteren Boden geben, glatt streichen und kalt stellen.

5. Für die Creme aus Pudding-Pulver und Milch einen Pudding nach Packungsanleitung, aber mit nur 375 ml (3/8 l) Milch zubereiten. Sahne mit Sahnesteif steif schlagen und unterheben. Dann ein Viertel der Puddingcreme auf der fest gewordenen Kirschmasse verteilen. Den mittleren Gebäckboden darauflegen. Ein Drittel der restlichen Puddingcreme daraufstreichen und mit dem oberen Gebäckboden belegen.

6. Den Kranz mit gut der Hälfte der restlichen Puddingcreme bestreichen. Die restliche Puddingcreme in einen Spritzbeutel mit Sterntülle füllen. Den Kranz damit verzieren, mit Krokant bestreuen und mit Cocktailkirschen garnieren.

Frischkäsekuchen mit Kirschen I

Raffiniert

Insgesamt:
E: 97 g, F: 400 g, Kh: 437 g, kJ: 24165, kcal: 5760

Für den Bröselboden:

150 g Butter
150 g Butterkekse oder Vollkorn-Butterkekse
40 g abgezogene, gemahlene Mandeln
1 Pck. Dr. Oetker Vanillin-Zucker

Für den Belag:

360 g Sauerkirschen (aus dem Glas)
30 g Speisestärke
250 ml (1/4 l) Kirschsaft (aus dem Glas)
400 g Doppelrahm-Frischkäse
150 g Zucker
1 Pck. Dr. Oetker Vanillin-Zucker
3 Eier (Größe M)
250 g Schmand (Sauerrahm) oder 300 g Crème fraîche
1 Pck. Dr. Oetker Finesse Geriebene Zitronenschale
20 g Speisestärke

Zum Bestäuben:

1 EL Puderzucker

Zubereitungszeit: 45 Minuten, ohne Abkühlzeit
Backzeit: etwa 60 Minuten

1. Für den Boden Butter zerlassen und abkühlen lassen. Kekse in einen Gefrierbeutel geben. Beutel fest verschließen. Die Kekse mit einer Teigrolle zerbröseln. Mandeln in einer Pfanne ohne Fett unter Rühren anrösten, herausnehmen und auf einem Teller erkalten lassen. Keksbrösel, Mandeln und Vanillin-Zucker in eine Rührschüssel geben. Butter gut unterrühren.

2. Die Bröselmasse in einer Springform (Ø 26 cm, Boden gefettet, mit Backpapier belegt) verteilen und mit einem Löffel zu einem Boden andrücken. Boden kalt stellen.

3. Den Backofen vorheizen.
Ober-/Unterhitze: etwa 180 °C
Heißluft: etwa 160 °C

4. Für den Belag Sauerkirschen in einem Sieb abtropfen lassen, den Saft auffangen und 250 ml (1/4 l) abmessen. Speisestärke mit etwas von dem Kirschsaft anrühren. Restlichen Kirschsaft in einem Topf zum Kochen bringen. Angerührte Speisestärke in den von der Kochstelle genommenen Kirschsaft rühren und unter Rühren gut aufkochen lassen. Sauerkirschen unterheben.

5. Den Frischkäse mit Zucker, Vanillin-Zucker, Eiern, Schmand oder Crème fraîche, Zitronenschale und Speisestärke gut verrühren.

6. Die Kirschmasse auf dem Bröselboden verteilen, dabei einen gut 1 cm breiten Rand frei lassen. Die Frischkäsecreme daraufgeben und glatt streichen.

7. Die Form auf dem Rost in den vorgeheizten Backofen schieben und den Kuchen **etwa 60 Minuten backen.** Die Kuchenoberfläche **evtl. nach 40 Minuten Backzeit** mit Backpapier belegen.

8. Den Kuchen etwa 20 Minuten im ausgeschalteten, leicht geöffneten Backofen etwas abkühlen lassen. Dann die Form auf einen Kuchenrost stellen. Den Kuchen erkalten lassen.

9. Den Kuchen aus der Form lösen und mit Puderzucker bestäuben.

Führerscheinkuchen

Zum Verschenken

Insgesamt:
E: 116 g, F: 323 g, Kh: 1043 g, kJ: 31617, kcal: 7552

Für den Biskuitteig:
100 g Butter
6 Eiweiß (Größe M)
130 g gesiebter Puderzucker
60 g Marzipan-Rohmasse
6 Eigelb (Größe M)
80 g Weizenmehl
50 g Speisestärke
2 gestr. TL Dr. Oetker Backin

Für die Füllung:
100 g dunkler Nuss-Nougat
200 g Aprikosenkonfitüre

Für den Belag:
140 g Marzipan-Rohmasse
75 g gesiebter Puderzucker

Für den Guss:
250 g gesiebter Puderzucker
3–4 EL Zitronensaft
evtl. Speisefarbe

Zum Garnieren und Verzieren:
200 g Marzipan-Rohmasse
100 g gesiebter Puderzucker
evtl. Speisefarbe
100 g Zartbitter-Schokolade

Zubereitungszeit: 60 Minuten, ohne Abkühlzeit
Backzeit: etwa 24 Minuten

1. Den Backofen vorheizen.
Ober-/Unterhitze: etwa 200 °C
Heißluft: etwa 180 °C

2. Für den Teig Butter zerlassen und abkühlen lassen. Eiweiß sehr steif schlagen. Die Hälfte des Puderzuckers kurz unterschlagen. Marzipan grob raspeln und in eine Rührschüssel geben. Mit Eigelb und dem restlichen Puderzucker schaumig rühren. Eischnee unterheben.

3. Mehl mit Speisestärke und Backpulver mischen, auf die Eiermasse geben, zusammen mit der Butter kurz unterrühren.

4. Danach die Hälfte des Teiges auf ein Backblech (30 x 40 cm, gefettet, mit Backpapier belegt) streichen. Das Backblech in den vorgeheizten Backofen schieben. Biskuitplatte **etwa 12 Minuten backen.**

5. Die Biskuitplatte sofort vom Backblechrand lösen und auf ein Stück Backpapier stürzen. Mitgebackenes Backpapier abziehen. Biskuitplatte erkalten lassen.

6. Den restlichen Teig wie oben beschrieben auf das Backblech streichen und **bei gleicher Backofentemperatur etwa 12 Minuten backen.**

7. Zweite Biskuitplatte ebenfalls auf Backpapier erkalten lassen. Die Biskuitplatten je einmal senkrecht halbieren.

8. Für die Füllung Nougat in einem kleinen Topf im heißen Wasserbad bei schwacher Hitze unter Rühren schmelzen. Konfitüre durch ein Sieb streichen.

9. Die obere Seite einer Gebäckplatte mit der Nougatmasse bestreichen. Die restlichen Biskuitplatten jeweils auf der Unterseite mit Konfitüre bestreichen und auf die Nougatplatte schichten. Die Oberfläche mit der restlichen Konfitüre bestreichen.

10. Für den Belag Marzipan in Stücke schneiden, mit Puderzucker verkneten. Marzipanmasse zwischen 2 Lagen Frischhaltefolie ausrollen und in der Größe des Kuchens ausschneiden. Die Marzipanplatte auf den Kuchen legen und gut andrücken.

11. Für den Guss Puderzucker mit Zitronensaft zu einer dickflüssigen Masse verrühren. Nach Belieben mit Speisefarben bunt einfärben. Den Kuchen mit dem Guss vollständig überziehen.

12. Zum Garnieren Marzipan in Stücke schneiden und mit Puderzucker verkneten. Nach Belieben mit Speisefarbe einfärben und daraus Gegenstände, z. B. ein Auto, Haus, Enten oder eine Ampel formen und auf dem Kuchen anrichten.

13. Die Schokolade in einem kleinen Topf im heißen Wasserbad bei schwacher Hitze unter Rühren schmelzen. Die Schokolade in ein Pergamentpapiertütchen oder einen kleinen Gefrierbeutel füllen, eine kleine Ecke abschneiden. Den Kuchen damit beschriften und verzieren. Schokolade fest werden lassen.

Tipps: Für andere Anlässe können aus der Marzipanmasse andere Gegenstände geformt werden, z. B. ein Haus zum Richtfest. Für den Rasen können Sie das Marzipan mit grüner Speisefarbe einfärben und dann durch eine Knoblauchpresse oder Kartoffelpresse drücken.

Fußballfeld | Für Kinder – etwas aufwendiger

Insgesamt:
E: 109 g, F: 459 g, Kh: 938 g, kJ: 34973, kcal: 8358

Für das Fußballfeld (Rührteig):
250 g weiche Butter oder Margarine
200 g Zucker
1 Pck. Dr. Oetker Vanillin-Zucker
4 Eier (Größe M)
350 g Weizenmehl
3 gestr. TL Dr. Oetker Backin

Zum Garnieren und Verzieren:
250 g Schlagsahne
1 Pck. Dr. Oetker Sahnesteif
200 g Marzipan-Rohmasse
100 g gesiebter Puderzucker
4–5 Tropfen grüne Speisefarbe
etwa 1 EL Kokosraspel

Für die Mannschaft (Knetteig):
125 g Weizenmehl
½ gestr. TL Dr. Oetker Backin
40 g Zucker
1 Eigelb (Größe M)
60 g Butter oder Margarine

Für den Guss:
150 g gesiebter Puderzucker
1–2 TL Wasser
etwas Speisefarbe oder Zuckerschrift

Zubereitungszeit: 60 Minuten, ohne Kühl- und Trockenzeit
Backzeit: Fußballfeld etwa 20 Minuten
Backzeit: Figuren etwa 10 Minuten

1. Den Backofen vorheizen.
Ober-/Unterhitze: etwa 180 °C
Heißluft: etwa 160 °C

2. Für das Fußballfeld Butter oder Margarine in einer Rührschüssel mit Handrührgerät mit Rührbesen auf höchster Stufe geschmeidig rühren. Nach und nach Zucker und Vanillin-Zucker unterrühren. So lange rühren, bis eine gebundene Masse entstanden ist. Eier nach und nach unterrühren (jedes Ei etwa ½ Minute).

3. Mehl mit Backpulver.mischen, in 2 Portionen auf mittlerer Stufe unterrühren. Den Teig auf ein Backblech (30 x 40 cm, gefettet) geben und glatt streichen. Das Backblech in den vorgeheizten Backofen schieben. Die Gebäckplatte **etwa 20 Minuten backen.**

4. Das Backblech auf einen Kuchenrost stellen. Die Gebäckplatte erkalten lassen.

5. Zum Garnieren und Verzieren die Sahne mit Sahnesteif steif schlagen, in einen Spritzbeutel mit Lochtülle füllen. Fußballfeldlinien und -tor auf die Gebäckplatte spritzen. Die restliche Sahne als Tupfen auf das Feld spritzen.

6. Marzipan mit Puderzucker und Speisefarbe verkneten, durch eine Allzweckmühle oder Kartoffelpresse drücken und als Rasen auf der Gebäckplatte verteilen. Tore und Mittellinie mit Kokosraspeln bestreuen. Die Gebäckplatte kalt stellen.

7. Den Backofen wieder vorheizen.
Ober-/Unterhitze: etwa 200 °C
Heißluft: etwa 180 °C

8. Für die Mannschaft Mehl mit Backpulver mischen und in eine Rührschüssel geben. Zucker, Eigelb und Butter oder Margarine hinzufügen. Die Zutaten mit Handrührgerät mit Knethaken zunächst kurz auf niedrigster, dann auf höchster Stufe durcharbeiten. Anschließend auf einer bemehlten Arbeitsfläche zu einem glatten Teig verkneten. Sollte er kleben, ihn in Frischhaltefolie gewickelt eine Zeit lang kalt stellen.

9. Den Teig auf der leicht bemehlten Arbeitsfläche ausrollen. Mit einem Plätzchenausstecher Bärchen oder andere Figuren, die Fußballer darstellen können, ausstechen und auf ein Backblech (mit Backpapier belegt) legen. Das Backblech in den vorgeheizten Backofen schieben. Das Gebäck **etwa 10 Minuten backen.**

10. Das Gebäck mit dem Backpapier vom Backblech auf einen Kuchenrost ziehen. Gebäck erkalten lassen.

11. Für den Guss den Puderzucker mit so viel Wasser verrühren, dass eine dickflüssige Masse entsteht. Den Guss in mehrere Schälchen verteilen und jeweils mit einer anderen Farbe einfärben. Den Guss getrennt in Pergamentpapiertütchen oder kleine Gefrierbeutel füllen, vorsichtig nur ein wenig von den Tütenspitzen oder Beutelecken abschneiden. Die Figuren (Bärchen) mit den Güssen oder mit der Zuckerschrift verzieren. Nach Belieben einen roten Guss um das Fußballfeld spritzen und die Bärchen auf dem Marzipanrasen verteilen.

Tipp: Statt bunten Guss selbst zu machen, einfach Zuckerschrift verwenden.

Geburtstagsschnitten | Für Kinder

Insgesamt:
E: 109 g, F: 290 g, Kh: 596 g, kJ: 22907, kcal: 5466

Für den Biskuitteig:
4 Eier (Größe M)
2 EL heißes Wasser
125 g Zucker
1 Pck. Dr. Oetker Vanillin-Zucker
125 g Weizenmehl
25 g Speisestärke
1 gestr. TL Dr. Oetker Backin

Zum Tränken:
150 ml Sauerkirschnektar

Für die Frischkäsecreme:
1 Beutel aus
1 Pck. Götterspeise Himbeer-Geschmack
300 ml Sauerkirschnektar
100 g Zucker
400 g Doppelrahm-Frischkäse
400 g Schlagsahne
1 Pck. Dr. Oetker Vanillin-Zucker

Für den Guss:
250 ml (1/4 l) Sauerkirschnektar
1 Pck. ungezuckerter Tortenguss, klar

480 g Aprikosenhälften (aus der Dose)
5–6 EL Smarties® minis (Schokolinsen)

Zubereitungszeit: 45 Minuten, ohne Kühlzeit
Backzeit: 10–12 Minuten

1. Den Backofen vorheizen.
Ober-/Unterhitze: etwa 200 °C
Heißluft: etwa 180 °C

2. Für den Teig Eier und Wasser mit Handrührgerät mit Rührbesen auf höchster Stufe in etwa 1 Minute schaumig schlagen. Den Zucker mit Vanillin-Zucker mischen, in etwa 1 Minute unter Rühren einstreuen, dann noch etwa 2 Minuten schlagen. Mehl mit Speisestärke und Backpulver mischen, auf die Eiercreme geben und kurz auf niedrigster Stufe unterrühren.

3. Einen Backrahmen auf ein Backblech (30 x 40 cm, gefettet, mit Backpapier belegt) stellen. Den Teig darin verteilen und glatt streichen. Das Backblech in den vorgeheizten Backofen schieben. Die Biskuitplatte **10–12 Minuten backen.**

4. Den Backrahmen lösen und entfernen. Die Biskuitplatte sofort auf mit Zucker bestreutes Backpapier stürzen. Mitgebackenes Backpapier vorsichtig abziehen. Die Biskuitplatte erkalten lassen. Anschließend senkrecht halbieren. Eine Biskuithälfte auf eine Platte legen. Den gesäuberten Backrahmen darumlegen. Biskuithälfte mit der Hälfte des Sauerkirschnektars tränken.

5. Für die Frischkäsecreme Götterspeise mit 300 ml Sauerkirschnektar und 100 g Zucker nach Packungsanleitung zubereiten. Götterspeiseflüssigkeit abkühlen lassen und kalt stellen. Frischkäse in einer Rührschüssel glatt rühren. Wenn die Götterspeise anfängt zu gelieren, Frischkäse nach und nach unterrühren. Sahne mit Vanillin-Zucker steif schlagen und unterheben. Die Hälfte der Creme auf die getränkte Biskuitplatte geben und glatt streichen.

6. Die zweite Biskuitplatte darauflegen, leicht andrücken und mit dem restlichen Sauerkirschnektar tränken. Restliche Creme daraufgeben und glatt streichen. Den Kuchen etwa 2 Stunden kalt stellen.

7. Für den Guss aus Sauerkirschnektar und Tortengusspulver einen Guss nach Packungsanleitung, aber ohne Zucker zubereiten. Den Guss gleichmäßig auf der Creme verteilen und fest werden lassen.

8. Aprikosenhälften in einem Sieb gut abtropfen lassen. Jede Aprikosenhälfte zwischen Küchenpapier etwas flach drücken und mit einem kleinen Ausstecher (z. B. Bärchenmotiv) Figuren ausstechen. Den Backrahmen lösen und entfernen. Die Kuchenoberfläche kurz vor dem Servieren mit Schokolinsen und Aprikosenfiguren garnieren. Den Kuchen in Schnitten teilen.

® Société des Produits Nestlé S.A.

Getränkter Erdbeerkuchen I

Fruchtig

Insgesamt:
E: 120 g, F: 162 g, Kh: 414 g, kJ: 15186, kcal: 3629

Zum Vorbereiten:
300 g TK-Erdbeeren

Für den Biskuitteig:
5 Eier (Größe M)
1 Eigelb (Größe M)
2 EL heißes Wasser
150 g Zucker
1 Prise Salz
120 g Weizenmehl
1 gestr. TL Dr. Oetker Backin
70 g abgezogene, gemahlene Mandeln

Für den Guss:
40 g Zucker

Für die Creme:
200 g Doppelrahm-Frischkäse
150 g Erdbeerkonfitüre
250 g Speisequark (20 % Fett)

Zum Garnieren:
evtl. einige Erdbeeren

Zubereitungszeit: 25 Minuten, ohne Auftau- und Abkühlzeit
Backzeit: etwa 15 Minuten

1. Zum Vorbereiten die Erdbeeren nach Packungsanleitung auftauen lassen.

2. Den Backofen vorheizen.
Ober-/Unterhitze: etwa 200 °C
Heißluft: etwa 180 °C

3. Für den Teig Eier, Eigelb und Wasser mit Handrührgerät mit Rührbesen auf höchster Stufe in etwa 1 Minute schaumig schlagen. Den Zucker und Salz in etwa 1 Minute einstreuen, dann noch etwa 2 Minuten schlagen. Mehl mit Backpulver mischen, in 2 Portionen auf die Eiercreme geben und kurz auf niedrigster Stufe unterrühren. Mandeln kurz unterheben.

4. Den Teig auf ein tiefes Backblech oder in eine Fettpfanne (30 x 40 cm, gefettet, gemehlt) geben und glatt streichen. Das Backblech in den vorgeheizten Backofen schieben. Kuchen **etwa 15 Minuten backen.**

5. In der Zwischenzeit für den Guss die aufgetauten Erdbeeren mit Zucker pürieren.

6. Das Backblech auf einen Kuchenrost stellen. Den heißen Biskuitboden sofort mit einer Gabel dicht an dicht einstechen. Erdbeerpüree auf dem Biskuitboden verteilen und glatt streichen. Boden erkalten lassen.

7. Für die Creme Frischkäse mit Konfitüre und Quark cremig aufschlagen. Den Kuchen in kleine Stücke schneiden. Die Creme mit einem Löffel auf die Kuchenstücke klecksen.

8. Nach Belieben zum Garnieren Erdbeeren putzen, abspülen, trocken tupfen, entstielen und vierteln. Die Erdbeerstücke auf die „Kleckse" legen.

Gewürz-Karamell-Kuchen | Raffiniert

Insgesamt:
E: 49 g, F: 161 g, Kh: 502 g, kJ: 15694, kcal: 3749

Für den Schüttelteig:
170 g Butter oder Margarine
250 g Weizenmehl
2 gestr. TL Dr. Oetker Backin
120 g brauner Zucker (Kandisfarin)
1 TL gemahlener Zimt
½ TL gemahlene Muskatblüte (Macis)
½ TL gemahlener Ingwer
2 Eier (Größe M)
2 EL heller Sirup (40 g)
125 ml (⅛ l) Milch

Für den Karamellsirup:
1 Vanilleschote
150 g Zucker
80 ml Zitronensaft
60 ml Wasser
Schale von
1 Bio-Zitrone (unbehandelt, ungewachst)
4 grüne Kardamomkapseln
1 Stange Zimt

Zubereitungszeit: 50 Minuten, ohne Abkühlzeit
Backzeit: etwa 45 Minuten

1. Den Backofen vorheizen.
Ober-/Unterhitze: etwa 180 °C
Heißluft: etwa 160 °C

2. Für den Teig Butter oder Margarine zerlassen und abkühlen lassen. Das Mehl mit Backpulver mischen, in eine verschließbare Schüssel (etwa 3-Liter-Inhalt) geben, mit Zucker, Zimt, Muskat und Ingwer mischen. Eier, Butter oder Margarine, Sirup und Milch hinzufügen. Die Schüssel mit dem Deckel fest verschließen. Schüssel mehrmals (insgesamt 15–30 Sekunden) kräftig schütteln, sodass alle Zutaten gut vermischt sind.

3. Alles mit einem Schneebesen oder Rührlöffel nochmals sorgfältig durchrühren, damit trockene Zutaten vom Rand mit untergerührt werden. Den Teig in eine Gugelhupfform (Ø 22 cm, gefettet, gemehlt) füllen und glatt streichen. Die Form auf dem Rost in den vorgeheizten Backofen schieben. Den Kuchen **etwa 45 Minuten backen.**

4. Für den Karamellsirup in der Zwischenzeit Vanilleschote längs aufschneiden. Das Mark mit einem Messerrücken herausschaben. Zucker in einem Topf bei mittlerer Hitze goldgelb karamellisieren lassen. Mit Zitronensaft und Wasser ablöschen. So lange rühren, bis sich der Karamell wieder aufgelöst hat. Dann die Zitronenschale, Kardamomkapseln, Zimtstange und Vanillemark und -schote hinzufügen. Die Zutaten zum Kochen bringen und etwa 3 Minuten kochen lassen.

5. Die Form auf einen Kuchenrost stellen. Den Kuchen etwa 10 Minuten in der Form stehen lassen, dann aus der Form lösen und auf einen mit Backpapier belegten Kuchenrost stürzen.

6. Den Kuchen mehrmals mit einem Holzstäbchen einstechen. Kuchenrost auf eine Platte stellen. Vanilleschote, Kardamomkapseln und Zimtstange aus dem Sirup entfernen. Den Kuchen mit dem Sirup beträufeln. Den abgetropften Sirup wieder über den Kuchen träufeln, bis alles vom Kuchen aufgesogen ist. Den Kuchen erkalten lassen.

Tipp: Zur Dekoration die Vanilleschote in die Gugelhupfform legen. Den Teig in die Form füllen und backen (Foto).

Gewürz-Kirsch-Tarte | Beliebt

Insgesamt:
E: 66 g, F: 249 g, Kh: 557 g, kJ: 20904, kcal: 4897

Zum Vorbereiten:
370 g Sauerkirschen (aus dem Glas)

Für den Rührteig:
125 g weiche Butter oder Margarine
110 g Zucker
1 gestr. TL gemahlener Anis
1 gestr. TL gemahlener Ingwer
1 gestr. TL Dr. Oetker Finesse Geriebene Zitronenschale
2 Eier (Größe M)
170 g Weizenmehl
2 gestr. TL Dr. Oetker Backin

Für die Streusel:
170 g Weizenmehl
1 gestr. TL Dr. Oetker Backin
110 g Zucker
3 EL gehackte Cashewkerne
25 g gehackte Pistazienkerne
125 g Butter oder Margarine

Zubereitungszeit: 50 Minuten
Backzeit: etwa 35 Minuten

1. Zum Vorbereiten Sauerkirschen in einem Sieb gut abtropfen lassen.

2. Den Backofen vorheizen.
Ober-/Unterhitze: etwa 200 °C
Heißluft: etwa 180 °C

3. Für den Teig Butter oder Margarine in einer Rührschüssel mit Handrührgerät mit Rührbesen auf höchster Stufe geschmeidig rühren. Nach und nach Zucker, Anis, Ingwer und Zitronenschale unterrühren. So lange rühren, bis eine gebundene Masse entstanden ist.

4. Die Eier nach und nach unterrühren (jedes Ei etwa 1/2 Minute). Mehl mit Backpulver mischen, auf mittlerer Stufe unterrühren. Den Teig in eine Tarteform (Ø 28 cm, gefettet) füllen und glatt streichen. Sauerkirschen darauf verteilen.

5. Für die Streusel Mehl mit Backpulver mischen, in eine Rührschüssel geben. Mit Zucker mischen. Die Cashew-, Pistazienkerne und Butter oder Margarine hinzufügen. Die Zutaten mit Handrührgerät mit Rührbesen zunächst kurz auf niedrigster, dann auf höchster Stufe zu Streuseln von gewünschter Größe verarbeiten. Teigstreusel auf den Sauerkirschen verteilen. Die Form auf dem Rost in den vorgeheizten Backofen schieben. Die Tarte **etwa 35 Minuten backen.**

6. Die Form auf einen Kuchenrost stellen. Die Tarte etwa 10 Minuten in der Form stehen lassen, aus der Form lösen und auf dem Kuchenrost erkalten lassen.

Tipp: Die Tarte kann ebenfalls in einer Springform (Ø 26–28 cm, Boden gefettet) zubereitet werden.

Gewürzkuchen I

Schnell – beliebt

Insgesamt:
E: 88 g, F: 203 g, Kh: 422 g, kJ: 16783, kcal: 4007

Für den Rührteig:

200 g *weiche Butter oder Margarine*
150 g *flüssiger Honig*
1 Prise *Salz*
1 EL *gemahlener Zimt*
1 TL *gemahlener Piment (Nelkenpfeffer)*
1 TL *Lebkuchengewürz*
1 Msp. *gemahlene Nelken*
frisch geriebene Muskatnuss
abgeriebene Schale von
½ *Bio-Zitrone (unbehandelt, ungewachst)*
3 *Eier (Größe M)*
450 g *Vollkorn-Weizenmehl*
1 Pck. *Dr. Oetker Backin*
2 gestr. EL *gesiebtes Kakaopulver*
125 ml (⅛ l) *Milch*

Zubereitungszeit: 30 Minuten
Backzeit: etwa 50 Minuten

1. Den Backofen vorheizen.
Ober-/Unterhitze: etwa 180 °C
Heißluft: etwa 160 °C

2. Für den Teig Butter oder Margarine mit Honig in einer Rührschüssel mit Handrührgerät mit Rührbesen auf höchster Stufe geschmeidig rühren. Salz, Gewürze und Zitronenschale unterrühren. So lange rühren, bis eine gebundene Masse entstanden ist.

3. Die Eier nach und nach unterrühren (jedes Ei etwa ½ Minute). Mehl mit Backpulver und Kakao mischen, in 2 Portionen abwechselnd mit der Milch auf mittlerer Stufe unterrühren.

4. Den Teig in eine große Kastenform (35 x 11 cm, gefettet, mit Backpapier ausgelegt) geben, glatt streichen. Die Form auf dem Rost in den vorgeheizten Backofen schieben. Kuchen **etwa 50 Minuten backen.**

5. Die Form auf einen Kuchenrost stellen. Den Kuchen etwa 10 Minuten in der Form stehen lassen, dann aus der Form lösen und auf dem Kuchenrost erkalten lassen.

Tipp: Den Rührteig statt mit Milch mit der gleichen Menge Glühwein zubereiten. Dann zusätzlich 50 g Korinthen unter den Teig heben.

Grillkuchen (Schichtkuchen, Baumkuchen) I

Klassisch – mit Alkohol

Insgesamt:
E: 80 g, F: 340 g, Kh: 540 g, kJ: 23540, kcal: 5620

Für den Rührteig:

4 Eiweiß (Größe M)
250 g weiche Butter oder Margarine
250 g Zucker
1 Pck. Dr. Oetker Vanillin-Zucker
1 Prise Salz
2 Eier (Größe M)
4 Eigelb (Größe M)
6 EL Rum
150 g Weizenmehl
100 g Speisestärke
3 gestr. TL Dr. Oetker Backin

Für den Guss:

200 g Zartbitter-Schokolade
2 EL Speiseöl

Zubereitungs- und Backzeit: 80 Minuten, ohne Abkühlzeit

1. Den Backofengrill vorheizen.

2. Für den Teig das Eiweiß steif schlagen. Butter oder Margarine in einer Rührschüssel mit Handrührgerät mit Rührbesen geschmeidig rühren. Nach und nach Zucker, Vanillin-Zucker und Salz unterrühren. So lange rühren, bis eine gebundene Masse entstanden ist.

3. Die Eier nach und nach unterrühren (jedes Ei etwa ½ Minute). Eigelb und Rum ebenfalls nach und nach unterrühren.

4. Mehl mit Speisestärke und Backpulver mischen, in 2 Portionen auf mittlerer Stufe unterrühren. Eischnee mithilfe eines Teigschabers oder Rührlöffels vorsichtig unter den Teig heben.

5. Einen gut gehäuften Esslöffel Teig gleichmäßig mit einem Pinsel auf dem Boden einer Kastenform (30 x 11 cm, gefettet, Boden mit Backpapier belegt) verstreichen. Die Form auf dem Rost in den heißen Backofen schieben (Abstand zwischen Grill und Teigschicht etwa 20 cm). Die Teigschicht unter dem vorgeheizten Grill **in etwa 2 Minuten hellbraun backen.**

6. Die Form aus dem Backofen nehmen und als zweite Schicht wieder einen gut gehäuften Esslöffel Teig auf die gebackene Schicht streichen. Die Form **wieder unter den heißen Grill schieben.**

7. Auf diese Weise den ganzen Teig verarbeiten, dabei die Einschubhöhe nach Möglichkeit so verändern, dass der Abstand von etwa 20 cm zwischen Grill und Teigschicht bestehen bleibt.

8. Den fertigen Kuchen mit einem Messer vorsichtig vom Rand der Form lösen und auf einen Kuchenrost stürzen. Mitgebackenes Backpapier abziehen. Den Kuchen erkalten lassen.

9. Für den Guss Schokolade in Stücke brechen, mit Speiseöl in einem kleinen Topf im heißen Wasserbad bei schwacher Hitze unter Rühren schmelzen. Den Kuchen mit dem Guss überziehen. Guss fest werden lassen.

Tipp: Zum Steifschlagen von Eiweiß müssen Schüssel und Rührbesen absolut fettfrei sein. Es darf keine Spur von Eigelb im Eiweiß sein.

Abwandlung (Foto): Für **Grillstangen** stellen Sie einen Backrahmen (etwa 25 x 25 cm) auf ein mit Backpapier belegtes Backblech. Bereiten Sie die 1 ½-fache Menge des Rezeptes zu. Den Kuchen wie im Rezept beschrieben in Schichten, aber mit 3 Esslöffeln Teig je Schicht grillen. Der Teig kann mit einem breiten Backpinsel oder einem Tortenheber verstrichen werden. Nach dem Backen Backrahmen mithilfe eines Messers lösen und entfernen. Den Grillkuchen mit dem Backpapier vom Backblech auf einen Kuchenrost ziehen und erkalten lassen. Anschließend den Kuchen in 6 Stangen von etwa 4 cm Breite schneiden. 300 g Zartbitter-Schokolade mit 3 Esslöffeln Speiseöl wie im Rezept beschrieben schmelzen. Die Stangen damit überziehen. Guss fest werden lassen. Die Grillstangen in Alufolie gewickelt aufbewahren, damit sie saftig bleiben, oder einfrieren.

Gugelhupf, fein | Klassisch – für Gäste

Insgesamt:
E: 112 g, F: 320 g, Kh: 752 g, kJ: 26608, kcal: 6352

Für den Vorteig:
50 g Schlagsahne
500 g Weizenmehl
1 Pck. Dr. Oetker Trockenbackhefe
1 TL Zucker

Für den Hefeteig:
150 g Schlagsahne
200 g Butter oder Margarine
150 g Zucker
1 Pck. Dr. Oetker Vanillin-Zucker
6 Tropfen Zitronen-Aroma
1 Prise Salz
4 Eier (Größe M)
150 g Rosinen
150 g Korinthen
100 g gehackte Mandeln

Außerdem:
etwas Puderzucker

Zubereitungszeit: 35 Minuten, ohne Teiggeh- und Abkühlzeit
Backzeit: 55–60 Minuten

1. Für den Vorteig Sahne erwärmen. Das Mehl in eine Rührschüssel geben und in die Mitte eine Vertiefung drücken. Hefe und Zucker hineingeben. Die warme Sahne hinzufügen. Die 3 Zutaten mit etwas Mehl mit einer Gabel vorsichtig verrühren. Den Vorteig zugedeckt etwa 15 Minuten bei Zimmertemperatur gehen lassen.

2. Für den Hefeteig die Sahne, Butter oder Margarine, Zucker, Vanillin-Zucker, Aroma, Salz und Eier zu dem Vorteig in die Rührschüssel geben. Die Zutaten mit Handrührgerät mit Knethaken zunächst kurz auf niedrigster, dann auf höchster Stufe in etwa 5 Minuten zu einem glatten Teig verarbeiten. Rosinen, Korinthen und Mandeln kurz unterarbeiten. Den Teig zugedeckt so lange an einem warmen Ort gehen lassen, bis er sich sichtbar vergrößert hat (etwa 30 Minuten).

3. Den gegangenen Teig mit Handrührgerät mit Knethaken auf höchster Stufe kurz durchkneten und in eine Napfkuchenform (Ø 24 cm, gefettet, gemehlt) füllen. Den Teig nochmals zugedeckt so lange an einem warmen Ort gehen lassen, bis er sich sichtbar vergrößert hat (etwa 30 Minuten).

4. In der Zwischenzeit den Backofen vorheizen.
Ober-/Unterhitze: etwa 180 °C
Heißluft: etwa 160 °C

5. Die Form auf dem Rost in den vorgeheizten Backofen schieben. Gugelhupf **55–60 Minuten backen.**

6. Die Form auf einen Kuchenrost stellen. Den Gugelhupf etwa 10 Minuten in der Form stehen lassen, dann aus der Form lösen und auf einen Kuchenrost stürzen. Gugelhupf erkalten lassen und mit Puderzucker bestäuben.

Tipp: Zum dem Gugelhupf Butter servieren.

Abwandlung: Statt mit Mandeln, Rosinen und Korinthen können Sie den Gugelhupf auch mit 100 g bunten Belegkirschen, 200 g getrockneten Aprikosen (beides grob gewürfelt) und 50 g gehackten Pistazienkernen zubereiten.

Hefe-Karamell-Kuchen | Beliebt

Insgesamt:
E: 64 g, F: 266 g, Kh: 531 g, kJ: 19947, kcal: 4764

Für den Hefeteig:
350 g Weizenmehl
1 Pck. Dr. Oetker Trockenbackhefe
50 g brauner Zucker (Rohrzucker)
½ gestr. TL Salz
1 Ei (Größe M)
100 ml warme Milch
70 g weiche Butter oder Margarine
150 g gekochte Kartoffeln, durchgepresst
etwas Weizenmehl

Für den Belag:
50 g weiche Butter oder Margarine
50 g brauner Zucker (Rohrzucker)
2 gestr. TL gemahlener Zimt

Für den Guss:
100 g Butter
100 g Schlagsahne
150 g brauner Zucker (Rohrzucker)
50 g gehackte Pekannusskerne

Zubereitungszeit: 50 Minuten, ohne Abkühl- und Teiggehzeit
Backzeit: 25–30 Minuten

1. Für den Teig das Mehl in eine Rührschüssel geben, mit Trockenbackhefe sorgfältig vermischen. Zucker, Salz, Ei, Milch, Butter oder Margarine und die durchgepressten Kartoffeln hinzufügen. Die Zutaten mit Handrührgerät mit Knethaken zunächst kurz auf niedrigster, dann auf höchster Stufe in etwa 5 Minuten zu einem glatten Teig verarbeiten. Den Teig zugedeckt so lange an einem warmen Ort gehen lassen, bis er sich sichtbar vergrößert hat (etwa 30 Minuten).

2. Den gegangenen Teig leicht mit Mehl bestäuben, aus der Schüssel nehmen, auf einer leicht bemehlten Arbeitsfläche nochmals kurz durchkneten. Den Teig zu einem Rechteck (etwa 35 x 60 cm) ausrollen.

3. Für den Belag Butter oder Margarine auf den Teig streichen, dabei rundherum einen etwa 1 cm breiten Rand frei lassen. Zucker und Zimt mischen, auf den bestrichenen Teig streuen. Den Teig von der längeren Seite aus aufrollen und in 12 Scheiben schneiden.

4. Den Backofen vorheizen.
Ober-/Unterhitze: etwa 180 °C
Heißluft: etwa 160 °C

5. Für den Guss die Butter mit Sahne und Zucker in einem Topf unter Rühren aufkochen lassen, bis der Zucker gelöst ist. Die Hälfte des Gusses in eine quadratische Form, z. B. Auflaufform (23 x 23 cm, etwa 2 Liter) geben, glatt streichen und mit der Hälfte der Nusskerne bestreuen.

6. Die Teigscheiben aufrecht in die Form setzen. Den restlichen Guss darauftr äufeln und mit den restlichen Nusskernen bestreuen. Den Teig nochmals zugedeckt etwa 10 Minuten an einem warmen Ort gehen lassen. Die Form auf dem Rost in den vorgeheizten Backofen schieben. Den Kuchen **25–30 Minuten backen.**

7. Die Form auf einen Kuchenrost stellen. Den Kuchen etwa 5 Minuten in der Form stehen lassen, dann aus der Form lösen und auf einem Kuchenrost erkalten lassen.

Hefekuchen mit Amarettini

Einfach – raffiniert

Insgesamt:
E: 72 g, F: 190 g, Kh: 636 g, kJ: 19485, kcal: 4645

Für den Hefeteig:

300 g Weizenmehl
1 Pck. Hefeteig Garant
50 g Zucker
1 Prise Salz
1 Ei (Größe M)
200 ml Milch
50 ml Speiseöl

Für den Belag:

120 g Amarettini (ital. Mandelmakronen)
340 g Sauerkirschkonfitüre
250 g Mascarpone (ital. Frischkäse)
1 Ei (Größe M)
50 ml kaltes Wasser
20 g Zucker
2 EL Zitronensaft

Zubereitungszeit: 30 Minuten, ohne Ruhezeit
Backzeit: etwa 30 Minuten

1. Für den Teig Mehl mit Hefeteig Garant in einer Rührschüssel mischen. Zucker, Salz, Ei, Milch und Speiseöl hinzufügen. Die Zutaten mit Handrührgerät mit Rührbesen zunächst kurz auf niedrigster, dann auf höchster Stufe in etwa 2 Minuten zu einem glatten Teig verarbeiten.

2. Dann den dickflüssigen Teig auf einem Backblech (30 x 40 cm, gefettet) verteilen und glatt streichen. Den Teig mit einem zweiten Backblech zudecken und ruhen lassen.

3. Den Backofen vorheizen.
Ober-/Unterhitze: etwa 200 °C
Heißluft: etwa 180 °C

4. In der Zwischenzeit für den Belag Amarettini in einen Gefrierbeutel geben. Den Beutel fest verschließen. Amarettini mit einer Teigrolle grob zerbröseln.

5. Die Konfitüre glatt rühren. Mascarpone, Ei, Wasser, Zucker und Zitronensaft in eine Rührschüssel geben und mit Handrührgerät mit Rührbesen verrühren. Die Konfitüre in Klecksen auf den Teig geben. Mascarpone esslöffelweise darauf verteilen und vorsichtig glatt streichen.

6. Den Belag mit den Amarettini-Bröseln bestreuen. Das Backblech in den vorgeheizten Backofen schieben. Den Kuchen **etwa 30 Minuten backen.**

7. Das Backblech auf einen Kuchenrost stellen. Den Kuchen erkalten lassen.

Hefekuchen mit Trockenpflaumen | Preiswert – einfach

Insgesamt:
E: 59 g, F: 102 g, Kh: 411 g, kJ: 12282, kcal: 2935

Zum Vorbereiten:
100 g Trockenpflaumen ohne Stein

Für den Schüttelteig:
100 g Butter oder Margarine
350 g Weizenmehl (Type 550)
1 Pck. Dr. Oetker Trockenbackhefe
70 g Zucker
1 Prise Salz
1 Ei (Größe M)
1 TL flüssiger Honig
2–3 Tropfen Butter-Vanille-Aroma
250 ml (1/4 l) warme Milch

etwas Puderzucker

Zubereitungszeit: 35 Minuten, ohne Teiggeh- und Abkühlzeit
Backzeit: etwa 50 Minuten

1. Zum Vorbereiten Pflaumen in Würfel oder Streifen schneiden.

2. Für den Teig Butter oder Margarine zerlassen und abkühlen lassen. Mehl in eine verschließbare Schüssel (etwa 3-Liter-Inhalt) geben. Mit der Trockenbackhefe, Zucker und Salz mischen. Ei, Butter oder Margarine, Honig, Aroma und Milch hinzufügen. Die Schüssel mit dem Deckel fest verschließen.

3. Schüssel mehrmals (insgesamt 15–30 Sekunden) kräftig schütteln, sodass alle Zutaten gut vermischt sind. Pflaumenstücke oder -streifen hinzugeben. Alles mit einem Schneebesen oder Rührlöffel noch einmal sorgfältig durchrühren, damit trockene Zutaten vom Rand mit untergerührt werden. Dann den Teig zugedeckt etwa 15 Minuten an einem warmen Ort gehen lassen.

4. Danach den gegangenen Teig in eine Kastenform (30 x 11 cm, gefettet) füllen. Den Teig nochmals zugedeckt so lange an einem warmen Ort gehen lassen, bis er sich sichtbar vergrößert hat (etwa 30 Minuten).

5. In der Zwischenzeit den Backofen vorheizen.
Ober-/Unterhitze: etwa 180 °C
Heißluft: etwa 160 °C

6. Die Form auf dem Rost in den vorgeheizten Backofen schieben. Kuchen **etwa 50 Minuten backen.**

7. Die Form auf einen Kuchenrost stellen. Den Kuchen etwa 10 Minuten in der Form stehen lassen, dann aus der Form lösen und auf einen mit Backpapier belegten Kuchenrost stürzen. Hefekuchen erkalten lassen und mit Puderzucker bestäuben.

Variante mit Hefe und Backpulver: Zusätzlich 1 gestrichenen Teelöffel Dr. Oetker Backin (Backpulver) unter das Mehl mischen. Den Teig dann nicht mehr in der Form gehen lassen, sondern die Form sofort auf dem Rost in den vorgeheizten Backofen schieben und bei im Rezept angegebener Backofentemperatur 40–45 Minuten backen.

Heidelbeer-Haferflocken-Kranz I

Fruchtig

Insgesamt:
E: 84 g, F: 280 g, Kh: 440 g, kJ: 19369, kcal: 4618

Für den Rührteig:

230 g weiche Butter oder Margarine
160 g brauner Zucker (Rohrzucker)
1 Pck. Dr. Oetker Vanillin-Zucker
1 Prise Salz
1 Pck. Dr. Oetker Finesse Geriebene Zitronenschale
5 Eier (Größe M)
100 g Weizenmehl
2 gestr. TL Dr. Oetker Backin
200 g Haferflocken, blütenzart
150 g TK-Heidelbeeren
1 Pck. Dr. Oetker Bourbon-Vanille-Zucker
1 EL Weizenmehl

Für den Guss:

100 g weiße Kuvertüre

Zubereitungszeit: 45 Minuten, ohne Abkühlzeit
Backzeit: 50–55 Minuten

1. Den Backofen vorheizen.
Ober-/Unterhitze: etwa 200 °C
Heißluft: etwa 180 °C

2. Für den Teig Butter oder Margarine mit Handrührgerät mit Rührbesen auf höchster Stufe geschmeidig rühren. Nach und nach Zucker, Vanillin-Zucker, Salz und Zitronenschale unterrühren. So lange rühren, bis eine gebundene Masse entstanden ist.

3. Die Eier nach und nach unterrühren (jedes Ei etwa ½ Minute). Mehl mit Backpulver mischen, in 2 Portionen mit den Haferflocken auf mittlerer Stufe unterrühren.

4. Die TK-Heidelbeeren unaufgetaut in eine Schüssel geben. Den Vanille-Zucker hinzufügen. 1 Esslöffel Mehl daraufstäuben, mit den Beeren mischen und kurz unter den Teig heben.

5. Dann den Teig in eine Springform mit Rohrboden (Ø 26 cm, gut gefettet, gemehlt) geben, glatt streichen. Die Form auf dem Rost in den vorgeheizten Backofen schieben. Den Gebäckkranz **50–55 Minuten backen.**

6. Evtl. den Kuchen **einige Minuten vor Ende der Backzeit** mit Backpapier belegen, damit die Oberfläche nicht zu dunkel wird.

7. Die Form auf einen Kuchenrost stellen. Den Kuchen etwa 20 Minuten in der Form stehen lassen, ihn dann vorsichtig aus der Form lösen und auf dem Kuchenrost erkalten lassen.

8. Für den Guss Kuvertüre in Stücke hacken, in einem kleinen Topf im heißen Wasserbad bei schwacher Hitze unter Rühren schmelzen. Den Gebäckkranz damit besprenkeln. Guss fest werden lassen.

Tipp: Durch das Bestäuben der Heidelbeeren mit Mehl rutschen die Beeren beim Backen nicht zu Boden.

Heidelbeer-Nektarinen-Kuchen

Fruchtig – schnell

Insgesamt:
E: 69 g, F: 153 g, Kh: 443 g, kJ: 14918, kcal: 3563

Zum Vorbereiten:
3 Nektarinen
200 g Heidelbeeren

Für den Schüttelteig:
125 g Butter oder Margarine
250 g Weizenmehl
3 gestr. TL Dr. Oetker Backin
150 g gesiebter Puderzucker
1 Pck. Dr. Oetker Bourbon-Vanille-Zucker
1 Prise Salz
4 Eier (Größe M)
200 g saure Sahne

Zum Bestäuben:
2 EL Puderzucker

Zubereitungszeit: 30 Minuten
Backzeit: 40–45 Minuten

1. Zum Vorbereiten Nektarinen waschen, abtrocknen, halbieren und die Steine herauslösen. Die Nektarinenhälften in Spalten schneiden. Heidelbeeren verlesen, abspülen, in einem Sieb gut abtropfen lassen und mit Küchenpapier trocken tupfen.

2. Den Backofen vorheizen.
Ober-/Unterhitze: etwa 180 °C
Heißluft: etwa 160 °C

3. Für den Teig Butter oder Margarine zerlassen und abkühlen lassen. Das Mehl mit Backpulver und Puderzucker mischen, in eine verschließbare Schüssel (etwa 3-Liter-Inhalt) geben. Mit Vanille-Zucker und Salz mischen. Eier, Butter oder Margarine und saure Sahne hinzufügen. Die Schüssel mit dem Deckel fest verschließen.

4. Schüssel mehrmals (insgesamt 15–30 Sekunden) kräftig schütteln, sodass alle Zutaten gut vermischt sind. Alles mit einem Schneebesen oder Rührlöffel nochmals sorgfältig durchrühren, damit trockene Zutaten vom Rand mit untergerührt werden.

5. Dann den Teig in eine Tarteform (Ø 28 cm, gefettet) geben und glatt streichen. Die Nektarinenspalten und Heidelbeeren darauf verteilen. Die Form auf dem Rost in den vorgeheizten Backofen schieben. Den Kuchen **40–45 Minuten backen.**

6. Die Form auf einen Kuchenrost stellen. Den Kuchen in der Form erkalten lassen und mit Puderzucker bestäuben.

Tipps: Geschlagene Sahne (nach Belieben mit Orangenlikör aromatisiert) dazu servieren. Sie können statt der Tarteform auch eine Springform (Ø 26 cm, Boden gefettet) verwenden.

Heidelbeer-Streuselkuchen, klein | Fettarm

Insgesamt:
E: 27 g, F: 55 g, Kh: 209 g, kJ: 6074, kcal: 1457

Für den Streuselteig:
180 g Weizenmehl
½ gestr. TL Dr. Oetker Backin
Salz
50 g Zucker
60 g weiche Joghurt-Butter
1 Ei (Größe M)

Für den Belag:
200 g frische Heidelbeeren oder aufgetaute, gut abgetropfte TK-Heidelbeeren
1 Pck. Dr. Oetker Vanillin-Zucker

Zubereitungszeit: 40 Minuten
Backzeit: etwa 25 Minuten

1. Den Backofen vorheizen.
Ober-/Unterhitze: etwa 200 °C
Heißluft: etwa 180 °C

2. Für den Teig Mehl mit Backpulver mischen und in eine Rührschüssel geben. Salz, Zucker, Joghurt-Butter und Ei hinzufügen. Die Zutaten mit Handrührgerät mit Rührbesen zunächst kurz auf niedrigster, dann auf höchster Stufe zu groben Streuseln verarbeiten.

3. Zwei Drittel der Teigstreusel in eine kleine Springform (Ø 16 cm, gefettet, mit Semmelbröseln ausgestreut) geben und gleichmäßig zu einem Boden und kleinen Rand andrücken.

4. Für den Belag Heidelbeeren verlesen, waschen, gut abtropfen lassen. Heidelbeeren gleichmäßig auf dem Teigboden verteilen. Mit Vanillin-Zucker und den restlichen Teigstreuseln bestreuen.

5. Die Form auf dem Rost in den vorgeheizten Backofen schieben. Kuchen **etwa 25 Minuten backen.**

6. Die Form auf einen Kuchenrost stellen. Den Kuchen in der Form abkühlen lassen. Dann den Kuchen aus der Form lösen und in Stücke schneiden.

Tipp: Statt mit Heidelbeeren können Sie den Streuselkuchen auch mit Apfelwürfeln backen. Gut verpackt und kühl aufbewahrt hält der Kuchen sich 2–3 Tage.

Herrenschnitten | Für Gäste

Insgesamt:
E: 48 g, F: 241 g, Kh: 501 g, kJ: 18387, kcal: 4386

Für den Knetteig:
100 g Weizenmehl
1 Msp. Dr. Oetker Backin
25 g Zucker
1 Pck. Dr. Oetker Vanillin-Zucker
75 g Butter oder Margarine

Für den Biskuitteig:
2 Eier (Größe M)
2–3 EL heißes Wasser
85 g Zucker
1 Pck. Dr. Oetker Vanillin-Zucker
50 g Weizenmehl
50 g Speisestärke
15 g gesiebtes Kakaopulver
1 ½ gestr. TL Dr. Oetker Backin

Für die Füllung:
350 g Wild-Preiselbeerdessert (aus Gläsern)
1 Pck. ungezuckerter Tortenguss, klar
25 g Zucker
250 ml (¼ l) Preiselbeersaft (aus den Gläsern, evtl. mit Wasser aufgefüllt)
500 g Schlagsahne
50 g gesiebter Puderzucker
2 Pck. Dr. Oetker Sahnesteif

Zubereitungszeit: 65 Minuten, ohne Abkühlzeit
Backzeit: Knetteig etwa 10 Minuten
Backzeit: Biskuitboden 15–20 Minuten

1. Den Backofen vorheizen.
Ober-/Unterhitze: etwa 200 °C
Heißluft: etwa 180 °C

2. Für den Knetteig Mehl mit Backpulver mischen und in eine Rührschüssel geben. Zucker, Vanillin-Zucker und Butter oder Margarine hinzufügen. Die Zutaten mit Handrührgerät mit Knethaken zunächst kurz auf niedrigster, dann auf höchster Stufe gut durcharbeiten. Anschließend auf der leicht bemehlten Arbeitsfläche zu einem glatten Teig verkneten. Teig auf einem Backblech (gefettet) zu einem Quadrat (etwa 25 x 25 cm) ausrollen. Den Teigboden mehrmals mit einer Gabel einstechen. Das Backblech in den vorgeheizten Backofen schieben. Den Knetteigboden **etwa 10 Minuten backen.**

3. Den Knetteigboden sofort vom Backblech lösen, aber darauf auf einem Kuchenrost erkalten lassen.

4. Für den Biskuitteig Eier und Wasser mit Handrührgerät mit Rührbesen auf höchster Stufe in 1 Minute schaumig schlagen. Den Zucker und Vanillin-Zucker mischen, in 1 Minute unter Rühren einstreuen, dann noch 2 Minuten schlagen. Das Mehl mit Speisestärke, Kakao und Backpulver mischen, auf die Eiercreme geben und kurz auf niedrigster Stufe unterrühren. Einen Backrahmen (25 x 25 cm) auf ein Backblech (gefettet, mit Backpapier belegt) stellen. Den Teig in den Backrahmen geben und glatt streichen. Das Backblech in den heißen Backofen schieben. Biskuitboden **bei gleicher Backofentemperatur 15–20 Minuten backen.**

5. Den Biskuitboden vom Backrahmenrand lösen und auf mit Zucker bestreutes Backpapier stürzen. Mitgebackenes Backpapier vorsichtig abziehen. Den Boden erkalten lassen, einmal waagerecht durchschneiden.

6. Für die Füllung Preiselbeeren in einem Sieb abtropfen lassen, den Saft auffangen und 250 ml (¼ l) abmessen, evtl. mit Wasser auffüllen. Aus Tortengusspulver, Zucker und Preiselbeersaft einen Guss nach Packungsanleitung zubereiten. Preiselbeeren (einige Preiselbeeren zum Garnieren beiseitelegen) unterheben, etwas abkühlen lassen. Die Preiselbeermasse auf dem Knetteigboden verteilen und den unteren Biskuitboden darauflegen.

7. Sahne mit Puderzucker und Sahnesteif steif schlagen. Gut die Hälfte der Sahne auf den unteren Biskuitboden geben und glatt streichen. Oberen Biskuitboden darauflegen, etwas andrücken, dünn mit Sahne bestreichen. Den Kuchen in etwa 15 Schnitten teilen.

8. Restliche Sahne in einen Spritzbeutel mit Sterntülle geben. Die Schnitten mit der Sahne verzieren und mit den beiseitegelegten Preiselbeeren garnieren.

Herren-Schokoladenkuchen

Gut vorzubereiten – mit Alkohol

Insgesamt:
E: 85 g, F: 309 g, Kh: 555 g, kJ: 23707, kcal: 5663

Zum Vorbereiten:
125 g Korinthen
4 EL Rum
100 g abgezogene, gemahlene Mandeln

Für den Rührteig:
250 g weiche Butter oder Margarine
250 g Zucker
1 Pck. Dr. Oetker Vanillin-Zucker
1 Prise Salz
4 Eier (Größe M)
200 g Weizenmehl
50 g Speisestärke
15 g Kakaopulver
1 gestr. TL Dr. Oetker Backin
75 g gehackte Haselnusskerne

Zum Bestäuben:
etwas Puderzucker

Zubereitungszeit: 45 Minuten, ohne Einweich- und Abkühlzeit
Backzeit: etwa 65 Minuten

1. Zum Vorbereiten Korinthen in Rum einige Stunden einweichen. Mandeln in einer Pfanne ohne Fett unter Rühren rösten, herausnehmen und auf einem Teller erkalten lassen.

2. Den Backofen vorheizen.
Ober-/Unterhitze: etwa 180 °C
Heißluft: etwa 160 °C

3. Für den Teig Butter oder Margarine mit Handrührgerät mit Rührbesen auf höchster Stufe geschmeidig rühren. Nach und nach Zucker, Vanillin-Zucker und Salz unterrühren. So lange rühren, bis eine gebundene Masse entstanden ist. Eier nach und nach unterrühren (jedes Ei etwa 1/2 Minute).

4. Mehl mit Speisestärke, Kakao und Backpulver mischen, in 2 Portionen auf mittlerer Stufe unterrühren. Haselnusskerne, Mandeln und Korinthen vorsichtig auf mittlerer Stufe unterrühren.

5. Den Teig in eine Kastenform (30 x 11 cm, gefettet, mit Backpapier ausgelegt) füllen und glatt streichen. Die Form auf dem Rost in den vorgeheizten Backofen schieben. Den Kuchen **etwa 65 Minuten backen.**

6. Den Kuchen aus der Form lösen. Mitgebackenes Backpapier entfernen. Den Kuchen auf einem Kuchenrost erkalten lassen und mit Puderzucker bestäuben.

Himbeerkuchen | Für Gäste

Insgesamt:
E: 89 g, F: 462 g, Kh: 576 g, kJ: 28993, kcal: 6924

Zum Vorbereiten:
300 g TK-Himbeeren

Für den Rührteig:
250 g weiche Butter oder Margarine
200 g Zucker
1 Pck. Dr. Oetker Vanillin-Zucker
1 Prise Salz
1 Pck. Dr. Oetker Finesse Geriebene Zitronenschale
4 Eier (Größe M)
300 g Weizenmehl
2 gestr. TL Dr. Oetker Backin
5 EL Milch

Für die Creme:
50 g Zucker
1 Pck. Dr. Oetker Sahnesteif
500 g Mascarpone (ital. Frischkäse)
150 g Joghurt
50 g gesiebter Puderzucker

Zubereitungszeit: 20 Minuten, ohne Auftau- und Abkühlzeit
Backzeit: etwa 20 Minuten

1. Zum Vorbereiten die Himbeeren nach Packungsanleitung auftauen lassen.

2. Den Backofen vorheizen.
Ober-/Unterhitze: etwa 200 °C
Heißluft: etwa 180 °C

3. Für den Teig Butter oder Margarine mit Handrührgerät mit Rührbesen auf höchster Stufe geschmeidig rühren. Nach und nach Zucker, Vanillin-Zucker, Salz und Zitronenschale unterrühren. So lange rühren, bis eine gebundene Masse entstanden ist.

4. Die Eier nach und nach unterrühren (jedes Ei etwa ½ Minute). Mehl mit Backpulver mischen, in 2 Portionen abwechselnd mit der Milch auf mittlerer Stufe unterrühren.

5. Den Teig auf einem Backblech (30 x 40 cm, gefettet) verteilen und glatt streichen. Das Backblech in den vorgeheizten Backofen schieben und den Kuchen **etwa 20 Minuten backen.**

6. Das Backblech auf einen Kuchenrost stellen. Den Kuchen erkalten lassen.

7. Für die Creme den Zucker mit Sahnesteif mischen, auf die aufgetauten Himbeeren streuen und pürieren. Mascarpone mit Joghurt und Puderzucker aufschlagen. Die Creme gleichmäßig auf dem Kuchen verteilen. Das Himbeerpüree in Klecksen daraufgeben und mit einem Löffel vorsichtig eindrücken, sodass Wellen entstehen.

Himbeerkuchen, gestürzt | Einfach

Insgesamt:
E: 53 g, F: 171 g, Kh: 362 g, kJ: 13484, kcal: 3219

Für den All-in-Teig:
165 g Weizenmehl
4 gestr. TL Dr. Oetker Backin
150 g Zucker
50 g Instant-Getränkepulver Himbeer-Geschmack
1 Pck. Dr. Oetker Finesse Geriebene Zitronenschale
4 Eier (Größe M)
165 g weiche Butter oder Margarine
250 g TK-Himbeeren

3 geh. EL Himbeerkonfitüre
1–2 EL gehobelte Mandeln

Zubereitungszeit: 30 Minuten
Backzeit: 35–40 Minuten

1. Den Backofen vorheizen.
Ober-/Unterhitze: etwa 180 °C
Heißluft: etwa 160 °C

2. Für den Teig das Mehl mit Backpulver mischen, in eine Rührschüssel geben. Zucker, Getränkepulver, Zitronenschale, Eier und Butter oder Margarine hinzufügen. Die Zutaten mit Handrührgerät mit Rührbesen zunächst kurz auf niedrigster, dann auf höchster Stufe in etwa 2 Minuten zu einem glatten Teig verarbeiten.

3. Dann die gefrorenen Himbeeren in einer Springform (Ø 26 cm, mit Backpapier belegt) verteilen und dabei einen 1–2 cm breiten Rand frei lassen.

4. Den Teig vorsichtig vom Rand aus daraufgeben und glatt streichen.

5. Die Form auf dem Rost in den vorgeheizten Backofen schieben. Den Kuchen **35–40 Minuten backen.**

6. Den Kuchen vom Rand lösen und auf einen mit Backpapier belegten Kuchenrost stürzen. Mitgebackenes Backpapier abziehen. Kuchen erkalten lassen.

7. Konfitüre durch ein Sieb in einen Topf streichen, mit 1 Teelöffel Wasser unter Rühren zum Kochen bringen und gut aufkochen lassen. Kuchenoberfläche und -rand damit bestreichen. Den Kuchenrand mit Mandeln bestreuen.

Himbeer-Ricotta-Kuchen I

Raffiniert – ohne zu backen

Insgesamt:
E: 106 g, F: 473 g, Kh: 378 g, kJ: 26104, kcal: 6239

Für den Boden:

200 g Zwieback
200 g Butter
2 Pck. Dr. Oetker Finesse Geriebene Zitronenschale

Für die Füllung:

12 Blatt weiße Gelatine
500 g Himbeeren
500 g Ricotta (ital. Frischkäse)
150 g Zucker
1 Pck Dr. Oetker Bourbon-Vanille-Zucker
400 g Schlagsahne

Zum Bestreichen:

300 g Schlagsahne
1 Pck. Dr. Oetker Sahnesteif
1 TL Zucker

Zum Bestäuben:

etwas Puderzucker

Zubereitungszeit: 35 Minuten, ohne Kühlzeit

1. Für den Boden Zwiebäcke in einen Gefrierbeutel geben. Beutel fest verschließen. Zwiebäcke mit einer Teigrolle fein zerbröseln.

2. Die Butter in einem Topf zerlassen. Zitronenschale und Zwiebackbrösel gut unterrühren. Die Masse auf ein Backblech (30 x 40 cm, gefettet, mit Backpapier belegt) geben und mit einem Löffel zu einem glatten Boden andrücken. Einen Backrahmen darumlegen.

3. Für die Füllung die Gelatine in kaltem Wasser nach Packungsanleitung einweichen. Himbeeren verlesen, evtl. kurz abspülen und gut trocken tupfen. Ricotta mit den Himbeeren in einer hohen Rührschüssel pürieren. Zucker und Vanille-Zucker unterrühren.

4. Eingeweichte Gelatine in einem kleinen Topf bei schwacher Hitze unter Rühren erwärmen (nicht kochen), bis sie völlig gelöst ist. Die Gelatine zuerst mit 3–4 Esslöffeln der Püreemasse verrühren, dann unter die restlichen Püreemasse rühren, kalt stellen.

5. Die Sahne steif schlagen. Wenn die Püreemasse anfängt zu gelieren, Sahne unterheben. Die Himbeercreme auf den Bröselboden geben und glatt streichen. Den Kuchen mindestens 3 Stunden kalt stellen.

6. Zum Bestreichen Sahne mit Sahnesteif und Zucker steif schlagen. 5 Esslöffel der Sahne zum Verzieren beiseitestellen.

7. Den Backrahmen lösen und entfernen. Die Kuchenoberfläche mit der Sahne bestreichen. Die beiseitegestellte Sahne mit der runden Seite eines Teelöffels wellenförmig auf dem Kuchen verteilen. Den Kuchen mit etwas Puderzucker bestäubt servieren.

Himbeer-Sekt-Schnitten

Raffiniert – mit Alkohol

Insgesamt:
E: 104 g, F: 247 g, Kh: 796 g, kJ: 26823, kcal: 6393

Für den Biskuitteig:
50 g Butter
4 Eier (Größe M)
200 g Zucker
1 Pck. Dr. Oetker Vanillin-Zucker
1 Pck. Dr. Oetker Finesse Geriebene Zitronenschale
150 g Weizenmehl
1 gestr. TL Dr. Oetker Backin

Für die Himbeerfüllung:
8 Blatt weiße Gelatine
1 kg frische Himbeeren
150 g Zucker
4 EL Himbeergeist

Für die Sektcreme:
400 g Schlagsahne
3 Pck. Aranca Zitronen-Geschmack (Dessertpulver)
600 ml trockener Sekt

Zum Garnieren:
100 g Zartbitter-Schokolade
2 TL Speiseöl

Zubereitungszeit: 60 Minuten, ohne Kühlzeit
Backzeit: etwa 12 Minuten

1. Den Backofen vorheizen.
Ober-/Unterhitze: etwa 200 °C
Heißluft: etwa 180 °C

2. Für den Teig Butter zerlassen und abkühlen lassen. Die Eier mit Handrührgerät mit Rührbesen auf höchster Stufe in etwa 1 Minute schaumig schlagen.

3. Den Zucker mit Vanillin-Zucker und Zitronenschale mischen, in etwa 1 Minute unter Rühren einstreuen, dann noch etwa 2 Minuten schlagen.

4. Mehl mit Backpulver mischen, auf die Eiercreme geben und kurz auf niedrigster Stufe unterrühren. Zuletzt Butter kurz unterrühren. Den Teig auf ein Backblech (30 x 40 cm, gefettet) geben und glatt streichen. Das Backblech in den vorgeheizten Backofen schieben. Biskuitplatte **etwa 12 Minuten backen.**

5. Das Backblech auf einen Kuchenrost stellen. Die Biskuitplatte erkalten lassen und einen Backrahmen darumlegen.

6. Für die Himbeerfüllung Gelatine in kaltem Wasser nach Packungsanleitung einweichen. Himbeeren verlesen, evtl. kurz abspülen und trocken tupfen. 24 Himbeeren zum Garnieren beiseitelegen. Die restlichen Himbeeren pürieren, Zucker und Himbeergeist unterrühren. Eingeweichte Gelatine leicht ausdrücken, in einem kleinen Topf bei schwacher Hitze unter Rühren erwärmen (nicht kochen), bis sie völlig gelöst ist. Die Gelatine mit 2–3 Esslöffeln des Himbeerpürees verrühren, dann mit dem restlichen Himbeerpüree verrühren, kalt stellen. Wenn die Masse anfängt zu gelieren, auf den Biskuit geben, glatt streichen, kalt stellen.

7. Für die Sektcreme Sahne steif schlagen. Dessertpulver nach Packungsanleitung, aber nur mit Sekt zubereiten. Sahne unterheben. Die Sektcreme gleichmäßig auf der Himbeermasse verteilen und wellenförmig verstreichen. Den Kuchen etwa 2 Stunden kalt stellen.

8. Zum Garnieren Schokolade in Stücke brechen, mit Speiseöl in einem kleinen Topf im heißen Wasserbad bei schwacher Hitze unter Rühren schmelzen. Schokolade in einen Gefrierbeutel geben und eine sehr kleine Ecke abschneiden. Ornamente auf Backpapier spritzen, fest werden lassen.

9. Den Backrahmen vorsichtig mit einem Messer lösen und entfernen. Den Kuchen in Schnitten teilen. Fest gewordene Ornamente vom Backpapier lösen. Die Schnitten mit den beiseitegelegten Himbeeren und Ornamenten garnieren.

Tipp: Kräftiger in der Farbe wird die Himbeerfüllung, wenn Sie die Creme mit 2 Blatt weißer Gelatine und 1 Päckchen roter, gemahlener Gelatine nach Packungsanleitung zubereiten.

Hip-Hop-Kuchen | Für Kinder

Insgesamt:
E: 77 g, F: 205 g, Kh: 508 g, kJ: 18186, kcal: 4345

Für den Schüttelteig:
150 g Butter oder Margarine
250 g Weizenmehl
3 gestr. TL Dr. Oetker Backin
200 g Zucker
1 Pck. Dr. Oetker Vanillin-Zucker
100 g abgezogene, gemahlene Mandeln
3 Eier (Größe M)
150 g Joghurt

rote, gelbe, grüne und blaue Speisefarbe

Für den Guss:
100 g gesiebter Puderzucker
1 EL Zitronensaft
gelbe Speisefarbe

Zum Garnieren:
einige Lollis

Zubereitungszeit: 45 Minuten, ohne Abkühlzeit
Backzeit: etwa 50 Minuten

1. Den Backofen vorheizen.
Ober-/Unterhitze: etwa 180 °C
Heißluft: etwa 160 °C

2. Für den Teig Butter oder Margarine zerlassen und abkühlen lassen. Das Mehl mit Backpulver mischen, in eine verschließbare Schüssel (etwa 3-Liter-Inhalt) geben. Mit Zucker, Vanillin-Zucker und Mandeln vermischen. Eier, Joghurt und Butter oder Margarine hinzufügen. Die Schüssel mit dem Deckel fest verschließen.

3. Schüssel mehrmals (insgesamt 15–30 Sekunden) kräftig schütteln, sodass alle Zutaten gut vermischt sind. Alles mit einem Schneebesen oder Rührlöffel nochmals sorgfältig durchrühren, damit trockene Zutaten vom Rand mit untergerührt werden.

4. Den Teig vierteln. Die einzelnen Teigportionen mit je einer Speisefarbe kräftig einfärben (jeweils knapp 1/2 Tube). Die Teigportionen abwechselnd mithilfe eines Esslöffels in eine Springform mit Rohrboden (Ø 24 cm, gefettet, gemehlt) klecksen. Die Form auf dem Rost in den vorgeheizten Backofen schieben. Den Kuchen **etwa 50 Minuten backen.**

5. Die Form auf einen Kuchenrost stellen. Den Kuchen etwa 10 Minuten in der Form stehen lassen, dann aus der Form lösen und auf einen mit Backpapier belegten Kuchenrost stürzen. Kuchen erkalten lassen.

6. Für den Guss Puderzucker mit Zitronensaft und Speisefarbe zu einer dickflüssigen Masse verrühren. Den Guss auf den Kuchen sprenkeln.

7. Zum Garnieren Lollis mit den Stielen in den Kuchen stecken. Den Guss fest werden lassen.

Italienischer Gugelhupf I

Raffiniert – mit Alkohol

Insgesamt:
E: 41 g, F: 103 g, Kh: 233 g, kJ: 8595, kcal: 2051

Für den Biskuitteig:

50 g Zartbitter-Kuvertüre
30 g Butter
40 g Amaretti (ital. Mandelmakronen)
3 Eiweiß (Größe M)
3 Eigelb (Größe M)
3 EL heißes Wasser
40 g Zucker
1 Pck. Dr. Oetker Vanillin-Zucker
1 Prise Salz
60 g Weizenmehl
25 g Speisestärke
1 Msp. Dr. Oetker Backin

Zum Tränken:

4 EL kalter Kaffee
1 EL Kaffeelikör

Für den Guss:

100 g weiße Kuvertüre

Zubereitungszeit: 35 Minuten, ohne Abkühlzeit
Backzeit: etwa 45 Minuten

1. Für den Teig die Kuvertüre grob hacken, mit der Butter in einem kleinen Topf im heißen Wasserbad bei schwacher Hitze unter Rühren schmelzen. Amaretti in einen Gefrierbeutel geben. Den Beutel fest verschließen. Amaretti mit einer Teigrolle zerbröseln. Eiweiß steif schlagen und beiseitestellen.

2. Den Backofen vorheizen.
Ober-/Unterhitze: etwa 180 °C
Heißluft: etwa 160 °C

3. Das Eigelb und Wasser in einer Rührschüssel mit Handrührgerät mit Rührbesen auf höchster Stufe in etwa 1 Minute schaumig schlagen. Den Zucker mit Vanillin-Zucker und Salz mischen, in etwa 1 Minute unter Rühren einstreuen, dann noch etwa 2 Minuten schlagen.

4. Mehl mit Speisestärke und Backpulver mischen, auf die Eigelbcreme geben und kurz auf niedrigster Stufe unterrühren. Kuvertüre-Butter-Mischung kurz unterrühren. Zuletzt beiseitegestellten Eischnee und Amarettibrösel vorsichtig unterheben.

5. Den Teig in eine kleine Napfkuchenform (Ø 16 cm, gefettet, gemehlt) füllen und glatt streichen. Die Form auf dem Rost in den vorgeheizten Backofen schieben. Den Gugelhupf **etwa 45 Minuten backen.**

6. Die Form auf einen Kuchenrost stellen. Den Gugelhupf etwa 5 Minuten in der Form stehen lassen, dann aus der Form lösen und auf einen Kuchenrost stürzen. Gugelhupf erkalten lassen.

7. Zum Tränken Kaffee mit Kaffeelikör verrühren. Den Gugelhupf damit tränken.

8. Für den Guss Kuvertüre in einem kleinen Topf im heißen Wasserbad bei schwacher Hitze unter Rühren schmelzen. Den Guss auf den Gugelhupf geben und in „Nasen“ herunterlaufen lassen.

Tipp: Nach Belieben noch einige grob zerkleinerte Amaretti auf die feuchte Kuvertüre streuen.

Johannisbeerkuchen, süßsauer

Fruchtig – mit Alkohol

Insgesamt:
E: 112 g, F: 260 g, Kh: 591 g, kJ: 22295, kcal: 5328

Für den Biskuitteig:

4 Eier (Größe M)
4 EL Sekt
150 g Zucker
1 Pck. Dr. Oetker Vanillin-Zucker
100 g Weizenmehl
50 g Speisestärke
2 gestr. TL Dr. Oetker Backin

Für die rote Johannisbeercreme:

1 Pck. gemahlene Gelatine, weiß
150 g rote Johannisbeeren
75 ml Sekt
500 g Dickmilch
100 g Zucker
200 g Schlagsahne

Für die schwarze Johannisbeercreme:

1 Pck. gemahlene Gelatine, rot
150 g schwarze Johannisbeeren
75 ml Sekt
500 g Dickmilch
100 g Zucker
200 g Schlagsahne

Zum Verzieren und Garnieren:

200 g Schlagsahne
1 Pck. Dr. Oetker Vanillin-Zucker
einige saure Fruchtgummi-Johannisbeeren
einige Zitronenmelisseblättchen

Zubereitungszeit: 60 Minuten, ohne Kühlzeit
Backzeit: etwa 10 Minuten

1. Den Backofen vorheizen.
Ober-/Unterhitze: etwa 200 °C
Heißluft: etwa 180 °C

2. Für den Teig Eier und Sekt in einer Rührschüssel mit Handrührgerät mit Rührbesen auf höchster Stufe in etwa 1 Minute schaumig schlagen. Den Zucker und Vanillin-Zucker mischen, in etwa 1 Minute unter Rühren einstreuen, dann noch etwa 2 Minuten schlagen. Mehl mit Speisestärke und Backpulver mischen, auf die Eiercreme geben und kurz auf niedrigster Stufe unterrühren.

3. Den Teig auf ein Backblech (30 x 40 cm, gefettet, gemehlt) geben und glatt streichen. Das Backblech in den vorgeheizten Backofen schieben. Die Biskuitplatte **etwa 10 Minuten backen.**

4. Das Backblech auf einen Kuchenrost stellen. Die Biskuitplatte erkalten lassen. Anschließend die dunkle Backhaut auf der Oberfläche ablösen und entfernen (am besten mit einer Teigkarte).

5. Für die rote Johannisbeercreme gemahlene Gelatine in kaltem Wasser nach Packungsanleitung einweichen. Rote Johannisbeeren abspülen, abtropfen lassen, entstielen und pürieren. Johannisbeerpüree mit Sekt, Dickmilch und Zucker verrühren. Eingeweichte Gelatine in einem kleinen Topf bei schwacher Hitze unter Rühren erwärmen (nicht kochen), bis sie völlig gelöst ist. Gelatine mit 2–3 Esslöffeln der Püreemasse verrühren, dann unter die restliche Püreemasse rühren, kalt stellen.

6. Sahne steif schlagen. Sobald die Püreemasse anfängt zu gelieren, Sahne unterheben.

7. Die schwarze Johannisbeercreme ebenso wie die rote Johannisbeercreme aus roter Gelatine, schwarzen Johannisbeeren, Sekt, Dickmilch, Zucker und Schlagsahne zubereiten. Die Cremes getrennt in je einen Spritzbeutel mit großer Lochtülle füllen. Dicke Streifen abwechselnd diagonal auf den Biskuitboden spritzen. Den Kuchen etwa 2 Stunden kalt stellen.

8. Zum Verzieren und Garnieren Sahne mit Vanillin-Zucker steif schlagen, in einen Spritzbeutel mit kleiner Lochtülle füllen. Kleine Streifen parallel zu den Johannisbeerstreifen auf den Kuchen spritzen.

9. Den Kuchen mit Fruchtgummi-Johannisbeeren und abgespülten und trocken getupften Zitronenmelisseblättchen garnieren.

Johannisbeer-Sahne-Kuchen

Raffiniert – mit Alkohol

Insgesamt:
E: 97 g, F: 370 g, Kh: 693 g, kJ: 27535, kcal: 6569

Für den Rührteig:
200 g weiße Kuvertüre
150 g weiche Butter oder Margarine
30 g Zucker
1 Pck. Dr. Oetker Bourbon-Vanille-Zucker
abgeriebene Schale von 1 Bio-Orange (unbehandelt, ungewachst)
4 Eier (Größe M)
125 g Weizenmehl
3 gestr. TL Dr. Oetker Backin
100 g gehackte Mandeln
3 EL Orangensaft

100 g Amaretti (ital. Mandelmakronen)

Für den Belag:
500 g Johannisbeeren
500 ml (1/2 l) Johannisbeer- oder Kirschsaft
2 Pck. Dr. Oetker Pudding-Pulver Vanille-Geschmack
150 g Zucker

Zum Verzieren:
250 g Schlagsahne
1 Pck. Dr. Oetker Sahnesteif
evtl. 2 EL Amaretto (Mandellikör)

Zum Bestreuen:
evtl. etwas weiße Kuvertüre

Zubereitungszeit: 30 Minuten, ohne Kühlzeit
Backzeit: etwa 20 Minuten

1. Für den Teig die Kuvertüre in Stücke brechen, in einem kleinen Topf im heißen Wasserbad bei schwacher Hitze unter Rühren schmelzen. Kuvertüre leicht abkühlen lassen.

2. Den Backofen vorheizen.
Ober-/Unterhitze: etwa 180 °C
Heißluft: etwa 160 °C

3. Butter oder Margarine in einer Rührschüssel mit Handrührgerät mit Rührbesen geschmeidig rühren. Nach und nach Zucker, Vanille-Zucker und Orangenschale unterrühren. So lange rühren, bis eine gebundene Masse entstanden ist.

4. Die Eier nach und nach unterrühren (jedes Ei etwa 1/2 Minute). Das Mehl mit Backpulver und Mandeln mischen, in 2 Portionen mit dem Orangensaft auf mittlerer Stufe unterrühren. Kuvertüre unterrühren.

5. Den Teig auf ein Backblech (30 x 40 cm, gefettet) geben und glatt streichen. Einen Backrahmen darumlegen. Die Amaretti grob zerbröseln und auf den Teig streuen. Das Backblech in den vorgeheizten Backofen schieben und den Gebäckboden **etwa 20 Minuten backen**.

6. Das Backblech auf einen Kuchenrost stellen. Den Gebäckboden erkalten lassen.

7. Für den Belag Johannisbeeren waschen, abtropfen lassen und entstielen. Von dem Saft 8 Esslöffel abmessen. Pudding-Pulver mit Zucker und abgemessenem Saft anrühren. Restlichen Saft in einem Topf zum Kochen bringen. Angerührtes Pudding-Pulver in den von der Kochstelle genommenen Saft rühren und unter Rühren aufkochen lassen. Den Pudding erkalten lassen, dabei gelegentlich umrühren. Johannisbeeren unterheben.

8. Zum Verzieren Sahne mit Sahnesteif steif schlagen. Nach Belieben Amaretto unterschlagen. Sahnemasse in einen Spritzbeutel mit großer Lochtülle füllen, dann Streifen in Abständen von knapp 3 cm auf den Gebäckboden spritzen. Danach die Johannisbeer-Pudding-Masse ebenfalls in einen Spritzbeutel mit großer Lochtülle füllen und anschließend in die Zwischenräume spritzen.

9. Den Johannisbeer-Sahne-Kuchen kalt stellen. Den Backrahmen lösen und entfernen. Nach Belieben mit geschabter, weißer Kuvertüre bestreuen.

Johannisbeer-Tarte | Fruchtig

Insgesamt:
E: 64 g, F: 135 g, Kh: 472 g, kJ: 14557, kcal: 3481

Für den Hefeteig:
250 g Weizenmehl
1 Pck. Dr. Oetker Trockenbackhefe
25 g Zucker
1 Pck. Dr. Oetker Vanillin-Zucker
Salz
1 Ei (Größe M)
75 g weiche Butter oder Margarine
50 ml lauwarme Milch

etwas Weizenmehl

Für die Puddingcreme:
2 Blatt weiße Gelatine
1 Pck. Dr. Oetker Pudding-Pulver Vanille-Geschmack
75 g Zucker
375 ml (3/8 l) Milch
150 g Crème fraîche

Für den Belag:
600 g rote, schwarze und weiße Johannisbeeren
1 Pck. gezuckerter Tortenguss, klar
250 ml (1/4 l) roter Johannisbeernektar oder klarer Apfelsaft

Außerdem:
etwa 400 g getrocknete Erbsen

Zubereitungszeit: 60 Minuten, ohne Teiggeh- und Abkühlzeit
Backzeit: etwa 30 Minuten

1. Für den Teig das Mehl in eine Rührschüssel geben und mit der Trockenbackhefe sorgfältig vermischen. Zucker, Vanillin-Zucker, Salz, Ei, Butter oder Margarine und Milch hinzufügen.

2. Die Zutaten mit Handrührgerät mit Knethaken zunächst kurz auf niedrigster, dann auf höchster Stufe in etwa 5 Minuten zu einem glatten Teig verarbeiten. Den Teig mit Mehl bestäuben und zugedeckt so lange an einem warmen Ort gehen lassen, bis er sich sichtbar vergrößert hat (etwa 40 Minuten).

3. Den Backofen vorheizen.
Ober-/Unterhitze: etwa 200 °C
Heißluft: etwa 180 °C

4. Teig leicht mit Mehl bestäuben, aus der Schüssel nehmen und auf der leicht bemehlten Arbeitsfläche nochmals gut durchkneten. Dann den Teig zu einer runden Platte (Ø etwa 32 cm) ausrollen und in eine Tarteform (Ø 28 cm, gefettet) legen. Den Teig am Rand andrücken. Den Teigboden mehrmals mit einer Gabel einstechen. Ein Stück Backpapier (etwas größer als die Form) auf den Teig legen. Getrocknete Erbsen darauf verteilen. Die Form auf dem Rost in den vorgeheizten Backofen schieben und den Boden **etwa 30 Minuten backen.**

5. Die Form auf einen Kuchenrost stellen. Backpapier und Erbsen entfernen. Den Boden in der Form erkalten lassen.

6. Für die Creme Gelatine in kaltem Wasser nach Packungsanleitung einweichen.

7. Aus Pudding-Pulver, Zucker und Milch einen Pudding nach Packungsanleitung, aber mit der hier angegebenen Menge Zucker und Milch zubereiten. Die Gelatine leicht ausdrücken und in dem heißen Pudding unter Rühren auflösen. Crème fraîche unterrühren. Die Puddingcreme etwas abkühlen lassen, auf den Gebäckboden in die Form geben, glatt streichen.

8. Für den Belag Johannisbeeren putzen, waschen, gut abtropfen lassen und entstielen. Johannisbeeren auf der Puddingcreme verteilen.

9. Aus Tortengusspulver und Nektar oder Saft einen Guss nach Packungsanleitung zubereiten. Den Guss von der Mitte aus auf die Johannisbeeren geben. Den Guss fest werden lassen.

Tipp: Die Tarte mit gesüßter, steif geschlagener Schlagsahne servieren.

Kaffee-Käsekuchen | Mit Alkohol

Insgesamt:
E: 146 g, F: 204 g, Kh: 423 g, kJ: 17695, kcal: 4227

Für den Boden:
50 g Butter
100 g Waffeltäfelchen mit Schokoladenüberzug
70 g Semmelbrösel
1 Pck. Dr. Oetker Vanillin-Zucker
1 verschlagenes Eiweiß (Größe M)

Für den Belag:
3 EL Kaffeelikör
3 gestr. TL Instant-Espresso-Pulver
3 Eier (Größe M)
1 Eigelb (Größe M)
150 g Zucker
1 Pck. Dr. Oetker Bourbon-Vanille-Zucker
500 g Speisequark (20 % Fett)
250 g Speisequark (40 % Fett)
40 g Speisestärke

Für den Guss:
70 g Edelbitter-Schokolade (60 % Kakaoanteil)
150 g saure Sahne (10 % Fett)
2 EL Kaffeelikör
30 g Zucker

30 g Edelbitter-Schokolade (60 % Kakaoanteil)

Zubereitungszeit: 45 Minuten, ohne Kühlzeit
Backzeit: etwa 50 Minuten

1. Den Backofen vorheizen.
Ober-/Unterhitze: etwa 180 °C
Heißluft: etwa 160 °C

2. Für den Boden Butter zerlassen und abkühlen lassen. Waffeln in einen Gefrierbeutel geben. Den Beutel fest verschließen. Waffeln mit einer Teigrolle fein zerbröseln. Waffelbrösel in eine Rührschüssel geben. Semmelbrösel, Vanillin-Zucker, Butter und Eiweiß hinzufügen. Die Zutaten gut vermengen, in eine Springform (Ø 26 cm, Boden mit Backpapier belegt) geben und mit einem Esslöffel zu einem Boden andrücken.

3. Für den Belag Likör, Espresso-Pulver, Eier, Eigelb, Zucker und Vanille-Zucker in eine Rührschüssel geben und mit Handrührgerät mit Rührbesen gut verrühren. Quark und die gesiebte Speisestärke unterrühren. Die Quarkmasse auf den Waffelboden geben und glatt streichen. Die Form auf dem Rost in den vorgeheizten Backofen schieben. Den Kuchen **etwa 50 Minuten backen.**

4. Die Form auf einen Kuchenrost stellen. Den Kuchen in der Form etwas abkühlen lassen.

5. Für den Guss Schokolade in Stücke brechen, in einem kleinen Topf im heißen Wasserbad bei schwacher Hitze unter Rühren schmelzen. Saure Sahne mit Likör und Zucker in einer Rührschüssel verrühren. Schokolade mit dem Schneebesen unterrühren.

6. Den Guss auf dem warmen Kuchen verteilen. Den Kuchen in der Form erkalten lassen, etwa 4 Stunden kalt stellen.

7. Den Kuchen aus der Form lösen und auf eine Tortenplatte legen. Schokolade auf einer Haushaltsreibe reiben und mit einer Palette oder einem Messer an den Kuchenrand drücken.

Tipp: Wer den Kaffee-Käsekuchen ohne Likör zubereiten möchte, kann ihn durch flüssige Schlagsahne ersetzen. Für den Belag etwa 4 Teelöffel Espresso-Pulver verwenden.

Kaffeekuchen | Einfach

Insgesamt:
E: 52 g, F: 177 g, Kh: 453 g, kJ: 15116, kcal: 3608

Für den All-in-Teig:
250 g Weizenmehl
4 gestr. TL Dr. Oetker Backin
150 g brauner Zucker (Kandisfarin)
1 Pck. Dr. Oetker Bourbon-Vanille-Zucker
1 Msp. Salz
½ TL frisch geriebene Muskatnuss
2 Eier (Größe M)
150 ml Speiseöl
150 ml Buttermilch

150 g weiche, entsteinte Backpflaumen
1 gestr. TL gemahlener Zimt
50 g Knusperflakes mit Mandeln

Zum Bestäuben:
etwas Puderzucker
etwas gemahlener Zimt

Außerdem:
8 Papierstreifen

Zubereitungszeit: 25 Minuten, ohne Abkühlzeit
Backzeit: etwa 40 Minuten

1. Den Backofen vorheizen.
Ober-/Unterhitze: etwa 180 °C
Heißluft: etwa 160 °C

2. Für den Teig das Mehl mit Backpulver mischen, in eine Rührschüssel geben. Zucker, Vanille-Zucker, Salz, Muskat, Eier, Speiseöl und Buttermilch hinzufügen. Die Zutaten mit Handrührgerät mit Rührbesen zunächst kurz auf niedrigster, dann auf höchster Stufe in etwa 1 Minute zu einem glatten Teig verarbeiten.

3. Zwei Drittel des Teiges in eine Springform (Ø 26 cm, Boden gefettet) geben und glatt streichen. Die Form auf dem Rost in den vorgeheizten Backofen schieben. Den Boden **etwa 15 Minuten vorbacken.**

4. Die Form auf einen Kuchenrost stellen. Backpflaumen in kleine Würfel schneiden. Den restlichen Teig mit Backpflaumenwürfeln und Zimt verrühren, auf den vorgebackenen Boden streichen und mit Knusperflakes bestreuen. Die Form wieder auf dem Rost in den heißen Backofen schieben. Den Kuchen **bei gleicher Backofentemperatur in etwa 25 Minuten fertig backen.**

5. Den Kuchen aus der Form lösen und auf einem Kuchenrost erkalten lassen.

6. Zum Bestäuben etwas Puderzucker mit etwas Zimt mischen. Die Kuchenoberfläche mit Papierstreifen belegen (je 4 Streifen längs und 4 Streifen quer, sodass Karos entstehen). Die Kuchenoberfläche mit der Puderzucker-Zimt-Mischung bestäuben. Die Papierstreifen vorsichtig abnehmen.

Kaffeestreifen (gerollte Schnitten) I

Beliebt – mit Alkohol

Insgesamt:
E: 60 g, F: 170 g, Kh: 390 g, kJ: 14110, kcal: 3370

Für den Quark-Öl-Teig:
150 g Weizenmehl
4 gestr. TL Dr. Oetker Backin
40 g Zucker
1 Pck. Dr. Oetker Vanillin-Zucker
1 Pck. Dr. Oetker Finesse Bourbon-Vanille-Aroma
1 Prise Salz
75 g Speisequark (Magerstufe)
50 ml Milch
50 ml Speiseöl, z. B. Sonnenblumenöl

Für die Füllung:
100 g Marzipan-Rohmasse
50 g weiche Butter oder Margarine
1 Ei (Größe M)
25 g Zitronat (Sukkade)
125 g Rosinen
50 g gehackte Haselnusskerne
1 Msp. gemahlener Zimt
2–3 EL Rum

Für den Guss:
80 g Puderzucker
1–2 EL Rum

Zubereitungszeit: 40 Minuten
Backzeit: etwa 25 Minuten

1. Für den Teig Mehl mit Backpulver mischen und in eine Rührschüssel geben. Restliche Zutaten hinzufügen und mit Handrührgerät mit Knethaken zunächst kurz auf niedrigster, dann auf höchster Stufe zu einem glatten Teig verarbeiten (nicht zu lange kneten, Teig klebt sonst). Dann den Teig auf einer leicht bemehlten Arbeitsfläche zu einer Rolle formen.

2. Den Backofen vorheizen.
Ober-/Unterhitze: etwa 180 °C
Heißluft: etwa 160 °C

3. Für die Füllung Marzipan in kleine Stücke schneiden und in eine Rührschüssel geben. Butter oder Margarine und Ei hinzufügen. Die Zutaten mit Handrührgerät mit Rührbesen zu einer geschmeidigen Masse verrühren. Zitronat sehr fein hacken. Rosinen mit gehackten Haselnusskernen, Zitronat, Zimt und Rum vermischen.

4. Den Teig auf der leicht bemehlten Arbeitsfläche zu einem Quadrat (etwa 30 x 30 cm) ausrollen und mit der Marzipanmasse bestreichen. Die Rosinenmischung darauf verteilen und leicht andrücken. Den Teig aufrollen und auf ein Backblech (gefettet, mit Backpapier belegt) legen.

5. Die Teigrolle der Länge nach (etwa 25 cm) etwa 2 ½ cm tief einschneiden, ohne die Enden durchzuschneiden, dann etwas auseinanderziehen und flach andrücken. Das Backblech in den vorgeheizten Backofen schieben. Die Rolle **etwa 25 Minuten backen.**

6. Für den Guss Puderzucker mit so viel Rum glatt rühren, dass eine dickflüssige Masse entsteht. Die Gebäckrolle sofort nach dem Backen mithilfe eines Backpinsels damit bestreichen. Gebäckrolle erkalten lassen und in schmale Schnitten schneiden.

Karamell-Gugelhupf | Einfach

Insgesamt:
E: 82 g, F: 318 g, Kh: 581 g, kJ: 23854, kcal: 5699

Zum Vorbereiten:

150 g Florentiner-Plätzchen

Für den Schüttelteig:

250 g Butter oder Margarine
250 g Weizenmehl
2 Pck. Gala Karamell-Pudding-Pulver
3 gestr. TL Dr. Oetker Backin
170 g Zucker
1 Pck. Dr. Oetker Vanillin-Zucker
5 Eier (Größe M)
100 g Schlagsahne

Zum Bestreichen:

150 g Orangenmarmelade oder Aprikosenkonfitüre

Zubereitungszeit: 30 Minuten, ohne Abkühlzeit
Backzeit: 45–55 Minuten

1. Zum Vorbereiten Florentiner-Plätzchen mit einem Messer fein hacken. Ein Drittel davon zum Garnieren beiseitelegen.

2. Den Backofen vorheizen.
Ober-/Unterhitze: etwa 180 °C
Heißluft: etwa 160 °C

3. Für den Teig die Butter oder Margarine zerlassen und abkühlen lassen. Mehl mit Pudding-Pulver und Backpulver mischen, in eine verschließbare Schüssel (etwa 3-Liter-Inhalt) geben, mit Zucker und Vanillin-Zucker mischen. Eier, Butter oder Margarine und Sahne hinzufügen. Die Schüssel mit dem Deckel fest verschließen.

4. Schüssel mehrmals (insgesamt 15–30 Sekunden) kräftig schütteln, sodass alle Zutaten gut vermischt sind. Restliche Florentinerstückchen hinzugeben. Alles mit einem Schneebesen oder Rührlöffel nochmals sorgfältig durchrühren, damit trockene Zutaten vom Rand mit untergerührt werden.

5. Den Teig in eine Gugelhupfform (Ø 22 cm, gefettet) füllen und glatt streichen. Die Form auf dem Rost in den vorgeheizten Backofen schieben. Den Gugelhupf **45–55 Minuten backen.**

6. Die Form auf einen Kuchenrost stellen. Den Gugelhupf etwa 10 Minuten in der Form stehen lassen, dann aus der Form lösen und auf einen Kuchenrost stürzen. Gugelhupf erkalten lassen.

7. Zum Bestreichen Marmelade oder Konfitüre durch ein Sieb streichen, in einem kleinen Topf gut aufkochen lassen. Den Kuchen damit bestreichen. Die beiseitegelegten Florentinerstückchen auf dem Gugelhupf verteilen und leicht andrücken.

Tipp: Für einen Orangen-Puderzucker-Guss 150 g Puderzucker mit 2–3 Esslöffeln Orangensaft und 1 Päckchen Dr. Oetker Finesse Orangenschalen-Aroma verrühren. Den Gugelhupf damit überziehen und den Guss fest werden lassen.

Käsekuchen mit Heidelbeeren I

Fettarm

Insgesamt:
E: 110 g, F: 99 g, Kh: 211 g, kJ: 9395, kcal: 2245

Zum Vorbereiten:
300 g frische Heidelbeeren oder TK-Heidelbeeren

Für die Quarkmasse:
5 Eiweiß (Größe M)
25 g Zucker
1 Prise Salz
500 g Speisequark (Magerstufe)
75 g Zucker
1 Pck. Dr. Oetker Vanillin-Zucker
5 Eigelb (Größe M)
75 g Weichweizengrieß
75 g weiche Butter oder Margarine
abgeriebene Schale von
1 Bio-Zitrone (unbehandelt, ungewachst)
Saft von
½ Zitrone

evtl. 2 TL Puderzucker

Zubereitungszeit: 40 Minuten, ohne Abkühlzeit
Backzeit: etwa 60 Minuten

1. Zum Vorbereiten frische Heidelbeeren verlesen, waschen und in einem Sieb gut abtropfen lassen. TK-Heidelbeeren nach Packungsanleitung auftauen lassen und abtropfen lassen.

2. Den Backofen vorheizen.
Ober-/Unterhitze: etwa 180 °C
Heißluft: etwa 160 °C

3. Für die Quarkmasse Eiweiß steif schlagen. Zucker und Salz kurz unterschlagen. Eischnee beiseitestellen. Quark mit Zucker, Vanillin-Zucker, Eigelb, Grieß, Butter oder Margarine, Zitronenschale und -saft in eine Rührschüssel geben. Die Zutaten mit Handrührgerät mit Rührbesen geschmeidig rühren. Den Eischnee unterheben.

4. Die Quarkmasse in eine Springform (Ø 26 cm, Boden gefettet) geben und glatt streichen. Zwei Drittel der Heidelbeeren auf der Quarkmasse verteilen. Dann die Form auf dem Rost in den vorgeheizten Backofen schieben. Den Kuchen **etwa 30 Minuten vorbacken.**

5. Die Form auf einen Kuchenrost stellen. Die restlichen Heidelbeeren auf dem vorgebackenen Kuchen verteilen. Die Form wieder auf dem Rost in den heißen Backofen schieben. Den Kuchen **bei gleicher Backofentemperatur in etwa 30 Minuten fertig backen.**

6. Den Backofen ausschalten. Den Kuchen noch etwa 20 Minuten im Backofen bei leicht geöffneter Backofentür stehen lassen. Dann die Form auf einen Kuchenrost stellen. Den Kuchen in der Form erkalten lassen. Den Kuchen aus der Form lösen und nach Belieben mit Puderzucker bestäuben.

Käsekuchen ohne Boden I

Schnell – klassisch

Insgesamt:
E: 151 g, F: 364 g, Kh: 248 g, kJ: 20368, kcal: 4861

Für die Käsemasse:

4 Eiweiß (Größe M)
400 g Doppelrahm-Frischkäse
500 g Speisequark (Magerstufe)
1 Pck. Dr. Oetker Pudding-Pulver Vanille-Geschmack
300 g saure Sahne
4 Eigelb (Größe M)
150 g Zucker
2 Pck. Dr. Oetker Vanillin-Zucker
2 Pck. Dr. Oetker Finesse Geriebene Zitronenschale
150 ml Speiseöl
125 ml (1/8 l) Milch

Zubereitungszeit: 20 Minuten, ohne Abkühlzeit
Backzeit: etwa 60 Minuten

1. Den Backofen vorheizen.
Ober-/Unterhitze: etwa 180 °C
Heißluft: etwa 160 °C

2. Für die Käsemasse Eiweiß steif schlagen und beiseitestellen. Frischkäse mit Quark, Pudding-Pulver, saurer Sahne, Eigelb, Zucker, Vanillin-Zucker, Zitronenschale, Speiseöl und Milch in eine Rührschüssel geben.

3. Die Zutaten mit Handrührgerät mit Rührbesen zunächst kurz auf niedrigster, dann auf höchster Stufe in etwa 1 Minute verrühren. Den Eischnee vorsichtig unterheben.

4. Die Quarkmasse in eine Springform (Ø 26 cm, Boden gefettet) geben und glatt streichen. Die Form auf dem Rost in den vorgeheizten Backofen schieben. Den Käsekuchen **etwa 60 Minuten backen.**

5. Die Form etwa 15 Minuten im ausgeschalteten Backofen bei leicht geöffneter Backofentür stehen lassen.

6. Die Form auf einen Kuchenrost stellen. Den Käsekuchen etwa 2 Stunden in der Form erkalten lassen, aus der Form lösen und auf eine Tortenplatte legen.

Tipps: Den Kuchen nach der Hälfte der Backzeit mit Backpapier zudecken. Vor dem Servieren den Kuchen mit Puderzucker bestäuben.

Käsekuchen Tutti-Frutti, klein I

Beliebt

Insgesamt:
E: 55 g, F: 248 g, Kh: 287 g, kJ: 15353, kcal: 3666

Für den Knetteig:

120 g Weizenmehl
35 g Zucker
1 EL Milch
75 g Butter oder Margarine

Für die Füllung:

250 g Sauerkirschen
1 Bio-Orange (unbehandelt, ungewachst)
2 Eiweiß (Größe M)
2 Eigelb (Größe M)
75 g weiche Butter
70 g Zucker
250 g Mascarpone (ital. Frischkäse)
100 g Speisequark (Magerstufe)
1 Pck. Dr. Oetker Pudding-Pulver Vanille-Geschmack

1 gestr. EL Weizenmehl

Zubereitungszeit: 40 Minuten, ohne Kühlzeit
Backzeit: etwa 55 Minuten

1. Den Backofen vorheizen.
Ober-/Unterhitze: etwa 180 °C
Heißluft: etwa 160 °C

2. Für den Teig Mehl in eine Rührschüssel geben. Zucker, Milch und Butter oder Margarine hinzufügen. Die Zutaten mit Handrührgerät mit Knethaken zunächst kurz auf niedrigster, dann auf höchster Stufe gut durcharbeiten.

3. Anschließend auf der leicht bemehlten Arbeitsfläche zu einem glatten Teig verkneten. Den Teig in Frischhaltefolie gewickelt eine Zeit lang kalt stellen. Den Teig auf dem Boden einer kleinen Springform (Ø 18 cm, gefettet) ausrollen. Den Springformrand darumlegen. Die Form auf dem Rost in den vorgeheizten Backofen schieben. Den Knetteigboden **etwa 10 Minuten vorbacken.**

4. Die Form auf einen Kuchenrost stellen. Für die Füllung Sauerkirschen waschen, gut abtropfen lassen, entstielen und entsteinen. Orange heiß abwaschen. Die Schale etwa zur Hälfte abreiben. Anschließend die Orange so schälen, dass die weiße Haut vollständig entfernt ist. Die Orange filetieren, den Saft dabei auffangen.

5. Eiweiß steif schlagen und beiseitestellen. Eigelb mit Butter und Zucker in einer Rührschüssel schaumig rühren. Mascarpone, Quark und Pudding-Pulver unterrühren. Aufgefangenen Orangensaft, -schale und -filets hinzugeben, vorsichtig untermengen. Eischnee unterheben.

6. Die vorbereiteten Sauerkirschen in Mehl wenden und locker unter die Quarkmasse heben. Die Masse auf den vorgebackenen Boden in die Springform geben. Die Form wieder auf dem Rost in den heißen Backofen schieben. Den Kuchen **bei gleicher Backofentemperatur in etwa 45 Minuten fertig backen.**

7. Den Kuchen etwa 10 Minuten im ausgeschalteten Backofen bei leicht geöffneter Backofentür stehen lassen. Dann die Form auf einen Kuchenrost stellen. Den Käsekuchen in der Form erkalten lassen.

Tipp: Wenn die Oberfläche zu stark bräunt, den Kuchen mit Backpapier abdecken.

Käse-Nuss-Tarte | Für Kinder

Insgesamt:
E: 153, F: 316 g, Kh: 493 g, kJ: 22817, kcal: 5452

Für den Knetteig:
180 g Weizenmehl
1 gestr. TL Dr. Oetker Backin
80 g Zucker
1 Pck. Dr. Oetker Vanillin-Zucker
1 Prise Salz
1 Ei (Größe M)
100 g Butter oder Margarine

etwas Weizenmehl

Für den Belag:
75 g gehackte Walnusskerne
50 g abgezogene, gemahlene Mandeln
120 g Nuss-Nougat-Creme
2 Eigelb (Größe M)
400 g Speisequark (Magerstufe)
200 g Doppelrahm-Frischkäse
120 g Zucker
1 Pck. Saucenpulver Vanille-Geschmack zum Kochen
2 Eiweiß (Größe M)

Zum Garnieren:
50 g Nuss-Nougat-Creme
16 Walnusskernhälften

Zubereitungszeit: 45 Minuten, ohne Kühlzeit
Backzeit: 45–50 Minuten

1. Für den Teig Mehl und Backpulver in einer Rührschüssel mischen. Zucker, Vanillin-Zucker, Salz, Ei und Butter oder Margarine hinzufügen. Die Zutaten mit Handrührgerät mit Knethaken zunächst kurz auf niedrigster, dann auf höchster Stufe gut durcharbeiten.

2. Anschließend auf einer leicht bemehlten Arbeitsfläche zu einem glatten Teig verkneten. Den Teig halbieren, in Frischhaltefolie wickeln und etwa 1 Stunde kalt stellen.

3. Den Backofen vorheizen.
Ober-/Unterhitze: etwa 200 °C
Heißluft: etwa 180 °C

4. Eine Teighälfte mit Mehl bestäuben und auf der leicht bemehlten Arbeitsfläche zu einer runden Platte (Ø etwa 28 cm) ausrollen.

5. Dann die Teigplatte auf den Boden einer Tarteform (Ø 28 cm, gefettet) legen. Den Teig mit einer Gabel mehrmals einstechen.

6. Die Form auf dem Rost in den vorgeheizten Backofen schieben und den Boden **etwa 10 Minuten vorbacken.**

7. Die Form auf einen Kuchenrost stellen. Den vorgebackenen Boden etwas abkühlen lassen.

8. Für den Belag Walnusskerne, Mandeln und Nuss-Nougat-Creme verrühren. Eigelb, Quark, Frischkäse, 100 g Zucker und Saucenpulver verrühren.

9. Eiweiß steif schlagen. Restlichen Zucker nach und nach einrieseln lassen. Dabei so lange weiterschlagen, bis der Eischnee glänzt. Den Eischnee mit einem Teigschaber in 2 Portionen unter die Quarkmasse heben.

10. Den restlichen Teig zu einer Rolle (etwa 80 cm Länge) formen, auf den vorgebackenen Boden legen und etwa 2 cm hoch an den Rand der Form drücken.

11. Nacheinander die Nuss- und Quarkmasse auf den Boden geben und glatt streichen.

12. Form wieder auf dem Rost in den heißen Backofen schieben. Die Tarte **bei gleicher Backofentemperatur in 35–40 Minuten fertig backen.**

13. Die Form auf einen Kuchenrost stellen. Den Kuchen in der Form erkalten lassen.

14. Zum Garnieren die Nuss-Nougat-Creme in einen Gefrierbeutel füllen und eine kleine Ecke abschneiden. Die Creme in unregelmäßigen Linien auf die Tarte spritzen. Die Tarte mit Walnusskernen garnieren.

Käse-Streusel-Tarte | Mit Alkohol

Insgesamt:
E: 85 g, F: 143 g, Kh: 282 g, kJ: 12152 g, kcal: 2903

Für die Streusel:

50 g Butter oder Margarine
70 g Weizenmehl
50 g gehackte Mandeln
40 g Zucker

Für die Quarkmasse:

1 Eigelb (Größe M)
120 g Zucker
1 Pck. Dr. Oetker Vanillin-Zucker
200 g Doppelrahm-Frischkäse
300 g Speisequark (Magerstufe)
5 EL Amaretto (Mandellikör)
30 g Speisestärke
1 Eiweiß (Größe M)

Zubereitungszeit: 30 Minuten
Backzeit: etwa 35 Minuten

1. Für die Streusel Butter oder Margarine in einem kleinen Topf bei schwacher Hitze schmelzen. Etwas abkühlen lassen. Mehl, Mandeln und Zucker in einer Rührschüssel mischen. Lauwarme, flüssige Butter oder Margarine hinzugeben. Die Zutaten mit den Händen zu Streuseln verkneten.

2. Den Backofen vorheizen.
Ober-/Unterhitze: etwa 200 °C
Heißluft: etwa 180 °C

3. Für die Quarkmasse Eigelb, Zucker, Vanillin-Zucker, Frischkäse, Quark, Amaretto und Speisestärke in einer Rührschüssel verrühren. Das Eiweiß steif schlagen und mit einem Teigschaber unter die Quarkmasse heben. Die Quarkmasse in eine Tarteform (Ø 28 cm, gefettet, mit Semmelbröseln ausgestreut) geben und glatt streichen.

4. Die Teigstreusel auf der Quarkmasse verteilen. Die Form auf dem Rost in den vorgeheizten Backofen schieben. Die Tarte **etwa 35 Minuten backen.**

5. Die Form auf einen Kuchenrost stellen. Die Tarte erkalten lassen.

Tipp: Für eine Tarte ohne Alkohol, ersetzen Sie den Mandellikör durch Mandel- oder Nuss-Sirup, den Sie in gut sortierten Kaffee- oder Likör-Abteilungen im Lebensmittelhandel erhalten. Geben Sie je nach Geschmack 2–3 Esslöffel Sirup in die Quarkmasse und probieren Sie. Rühren Sie anschließend noch 2–3 Esslöffel Milch unter die Quarkmasse.

Kastenkuchen, geschichtet I

Raffiniert

Insgesamt:
E: 86 g, F: 360 g, Kh: 465 g, kJ: 22773, kcal: 5433

Für den Rührteig:

250 g weiche Butter oder Margarine
150 g Zucker
1 Pck. Dr. Oetker Vanillin-Zucker
1 Prise Salz
5 Eier (Größe M)
200 g Weizenmehl
70 g Speisestärke
2 gestr. TL Dr. Oetker Backin
50 g weiche Nuss-Nougat-Creme
3 EL Sanddornsaft (100 % Direktsaft mit Fruchtmark)
100 g abgezogene, gemahlene Mandeln
1 Marzipanbrot mit Schokoüberzug (50 g)

Für den Guss:

75 g dunkle Kuchenglasur

Zubereitungszeit: 35 Minuten, ohne Abkühlzeit
Backzeit: 50–60 Minuten

1. Den Backofen vorheizen.
Ober-/Unterhitze: etwa 180 °C
Heißluft: etwa 160 °C

2. Für den Teig Butter oder Margarine in einer Rührschüssel mit Handrührgerät mit Rührbesen auf höchster Stufe geschmeidig rühren. Nach und nach Zucker, Vanillin-Zucker und Salz unterrühren. So lange rühren, bis eine gebundene Masse entstanden ist. Eier nach und nach unterrühren (jedes Ei etwa 1/2 Minute).

3. Mehl mit Speisestärke und Backpulver mischen, in 2 Portionen auf mittlerer Stufe unterrühren. Den Teig in 5 gleich große Portionen teilen. Eine Teigportion mit Nuss-Nougat-Creme verrühren, in eine Kastenform (25 x 11 cm, gefettet, gemehlt) geben, glatt streichen. Eine weitere Teigportion daraufgeben, glatt streichen.

4. Die dritte Teigportion mit Sanddornsaft und der Hälfte der Mandeln verrühren, auf die zweite Teigschicht geben und glatt streichen. Die vierte Teigportion daraufgeben und glatt streichen.

5. Marzipanbrot in kleine Würfel schneiden, mit den restlichen Mandeln unter den restlichen Teig rühren, auf die vierte Teigschicht geben und glatt streichen. Die Form auf dem Rost in den vorgeheizten Backofen schieben. Den Kuchen **50–60 Minuten backen.**

6. Die Form auf einen Kuchenrost stellen. Den Kuchen etwa 10 Minuten in der Form stehen lassen. Dann aus der Form lösen und auf einen Kuchenrost stürzen. Kuchen wieder umdrehen und auf dem Kuchenrost erkalten lassen.

7. Für den Guss Kuchenglasur nach Packungsanleitung schmelzen. Den Kuchen damit überziehen. Guss fest werden lassen.

Tipps: Die einzelnen Teigportionen lassen sich gut schichten und glatt streichen, wenn man sie in kleinen Häufchen auf die vorige Teigschicht gibt. Ohne Guss lässt sich der Kuchen einfrieren.

Kirsch-Reis-Kuchen I

Fettarm

Insgesamt:
E: 112 g, F: 73 g, Kh: 355 g, kJ: 10986, kcal: 2630

Zum Vorbereiten:
370 g Sauerkirschen (aus dem Glas)
1 Vanilleschote
400 ml fettarme Milch (1,5 % Fett)
100 g Milchreis

Für den Rührteig:
50 g weiche Joghurt-Butter (69 % Fett)
125 g Zucker
1 Pck. Dr. Oetker Finesse Geriebene Zitronenschale
3 Eigelb (Größe M)
50 g Speisestärke
1 TL Dr. Oetker Backin
500 g Speisequark (Magerstufe)
3 Eiweiß (Größe M)

Zum Bestreuen:
20 g gehackte Pistazienkerne

Zubereitungszeit: 60 Minuten, ohne Abkühlzeit
Backzeit: etwa 70 Minuten

1. Zum Vorbereiten die Sauerkirschen in einem Sieb gut abtropfen lassen. Vanilleschote der Länge nach aufschlitzen. Das Mark mit einem Messerrücken herauskratzen. Milch, Vanilleschote und -mark in einem Topf zum Kochen bringen.

2. Milchreis hinzugeben, unter Rühren zum Kochen bringen und zugedeckt in etwa 20 Minuten bei schwacher Hitze ausquellen lassen, gelegentlich umrühren. Die Vanilleschote herausnehmen. Den Milchreis etwas abkühlen lassen.

3. Den Backofen vorheizen.
Ober-/Unterhitze: etwa 180 °C
Heißluft: etwa 160 °C

4. Für den Teig Joghurt-Butter mit Handrührgerät mit Rührbesen auf höchster Stufe geschmeidig rühren.

5. Nach und nach Zucker und Zitronenschale unterrühren. Eigelb nach und nach unterrühren.

6. Speisestärke mit Backpulver mischen, auf die Butter-Eigelb-Masse geben und auf mittlerer Stufe unterrühren.

7. Den Quark und den etwas abgekühlten Milchreis unterrühren. Eiweiß steif schlagen und mit den abgetropften Sauerkirschen vorsichtig unterheben.

8. Den Teig in eine Springform (Ø 26 cm, Boden gefettet) geben und glatt streichen. Mit Pistazienkernen bestreuen.

9. Die Form auf dem Rost in den vorgeheizten Backofen schieben. Den Kuchen **etwa 70 Minuten backen.**

10. Kuchenoberfläche **evtl. nach 40 Minuten Backzeit** mit Backpapier zudecken.

11. Die Form auf einen Kuchenrost stellen. Den Kuchen etwa 15 Minuten in der Form stehen lassen, dann aus der Form lösen und auf eine Platte legen. Den Kuchen kalt oder warm servieren.

Tipp: Sie können den Kuchen auch mit 385 g gut abgetropften Zwetschen oder 480 g Aprikosen (in Stücke geschnitten) aus dem Glas zubereiten.

Kirsch-Rosen-Tarte

Für Gäste

Insgesamt:
E: 87 g, F: 177 g, Kh: 704 g, kJ: 19983, kcal: 4768

Für den Hefeteig:

125 ml (1/8 l) Milch
50 g Butter oder Margarine
300 g Weizenmehl
1 Pck. Dr. Oetker Trockenbackhefe
1 Prise Salz
50 g Zucker
1 Ei (Größe M)

Für die Streusel:

250 g Weizenmehl
100 g Zucker
1 gestr. TL gemahlener Zimt
1 Eigelb (Größe M)
125 g Butter oder Margarine

Für die Füllung:

80 g Amaretti (ital. Mandelmakronen)
500 g frische Sauerkirschen oder 370 g Sauerkirschen (aus dem Glas)

etwas Weizenmehl

Zum Bestreichen:

4 EL Aprikosenkonfitüre

Zubereitungszeit: 60 Minuten, ohne Teiggehzeit
Backzeit: 20–25 Minuten

1. Für den Teig die Milch in einem Topf erwärmen. Butter oder Margarine darin zerlassen. Mehl in eine Rührschüssel geben und mit der Trockenbackhefe sorgfältig vermischen. Salz, Zucker, Ei und die warme Milch-Fett-Mischung hinzufügen.

2. Die Zutaten mit Handrührgerät mit Knethaken zunächst kurz auf niedrigster, dann auf höchster Stufe in etwa 5 Minuten zu einem glatten Teig verarbeiten. Den Teig zugedeckt so lange an einem warmen Ort gehen lassen, bis er sich sichtbar vergrößert hat (etwa 30 Minuten).

3. Für die Streusel Mehl in eine Rührschüssel geben. Mit Zucker und Zimt mischen. Eigelb und Butter oder Margarine hinzufügen. Die Zutaten mit Handrührgerät mit Rührbesen zu Streuseln von gewünschter Größe verarbeiten.

4. Für die Füllung die Amaretti in einen Gefrierbeutel füllen. Den Beutel fest verschließen. Amaretti mit einer Teigrolle zerbröseln.

5. Die Sauerkirschen waschen, gut abtropfen lassen, entstielen und entsteinen. Oder Sauerkirschen aus dem Glas in einem Sieb gut abtropfen lassen.

6. Den Backofen vorheizen.
Ober-/Unterhitze: etwa 180 °C
Heißluft: etwa 160 °C

7. Den gegangenen Teig leicht mit Mehl bestäuben, aus der Schüssel nehmen und auf einer leicht bemehlten Arbeitsfläche nochmals gut durchkneten.

8. Den Teig zu einem Rechteck (etwa 25 x 35 cm) ausrollen und mit Konfitüre bestreichen, dabei einen etwa 1 cm breiten Rand frei lassen.

9. Die Amarettibrösel auf der Konfitüre verteilen. Die Sauerkirschen darauflegen. Danach den Teig von der längeren Seite aus aufrollen und in 12 dicke Scheiben schneiden.

10. Knapp die Hälfte der Teigstreusel in eine Tarteform (Ø 32 cm, gefettet) geben. Teigschnecken nicht zu dicht nebeneinander hineinlegen und mit den restlichen Streuseln bestreuen.

11. Den Teig zugedeckt nochmals so lange an einem warmen Ort gehen lassen, bis er sich sichtbar vergrößert hat (etwa 20 Minuten). Die Form auf dem Rost in den vorgeheizten Backofen schieben. Dann die Tarte **20–25 Minuten backen.**

12. Die Form auf einen Kuchenrost stellen. Die Tarte in der Form erkalten lassen.

Kiwi-Kranz I Gut vorzubereiten

Insgesamt:
E: 88 g, F: 374 g, Kh: 811 g, kJ: 29349, kcal: 7009

Für den All-in-Teig:
50 g Zitronat (Sukkade)
350 g Weizenmehl
70 g Speisestärke
1 Pck. Dr. Oetker Backin
170 g brauner Zucker (Kandisfarin)
200 g weiche Butter oder Margarine
5 Eier (Größe M)
200 ml Buttermilch

Für die Füllung:
6–7 Kiwis (etwa 500 g)
100 g brauner Zucker (Kandisfarin)
abgeriebene Schale von ½ Bio-Zitrone (unbehandelt, ungewachst)
40 g Speisestärke
4 EL Zitronensaft
1 EL Wasser
200 g weiche Butter
100 g gesiebter Puderzucker

Zum Garnieren:
2 Kiwis

Zubereitungszeit: 50 Minuten, ohne Saftzieh- und Abkühlzeit
Backzeit: etwa 50 Minuten

1. Den Backofen vorheizen.
Ober-/Unterhitze: etwa 180 °C
Heißluft: etwa 160 °C

2. Für den Teig Zitronat fein hacken. Mehl mit Speisestärke und Backpulver mischen, in eine Rührschüssel geben. Zucker, Butter oder Margarine, Eier, Buttermilch und Zitronat hinzufügen.

3. Anschließend die Zutaten mit Handrührgerät mit Rührbesen zunächst kurz auf niedrigster, dann auf höchster Stufe in etwa 2 Minuten zu einem glatten Teig verarbeiten.

4. Dann den Teig in eine Springform mit Rohrboden (Ø 26 cm, Boden gefettet) geben und glatt streichen. Die Form auf dem Rost in den vorgeheizten Backofen schieben. Den Kuchen **etwa 50 Minuten backen.**

5. Die Form auf einen Kuchenrost stellen. Den Kuchen etwa 10 Minuten in der Form stehen lassen, dann aus der Form lösen und auf einen mit Backpapier belegten Kuchenrost stürzen. Den Kuchen erkalten lassen. Den Kuchen zweimal waagerecht durchschneiden.

6. Für die Füllung Kiwis schälen, Stielansätze herausschneiden. Kiwifleisch in kleine Würfel schneiden. Die Kiwiwürfel mit Zucker in einem Topf mischen und etwa 10 Minuten zum Saftziehen stehen lassen.

7. Kiwiwürfel zugedeckt etwa 10 Minuten bei schwacher Hitze dünsten. Zitronenschale hinzufügen.

8. Speisestärke mit Zitronensaft und Wasser anrühren. Angerührte Speisestärke unter Rühren in die von der Kochstelle genommene Kiwimasse geben und unter Rühren etwa 1 Minute kochen lassen.

9. Kiwimasse bei Zimmertemperatur abkühlen lassen, dabei gelegentlich umrühren.

10. Die Butter mit Puderzucker in einer Rührschüssel schaumig rühren. Nach und nach die abgekühlte Kiwimasse unterrühren.

11. Den unteren Gebäckboden auf eine Platte legen. Die Hälfte der Kiwi-Buttercreme darauf verstreichen. Dann den mittleren Gebäckboden darauflegen, leicht andrücken und mit der restlichen Kiwi-Buttercreme bestreichen. Den oberen Gebäckboden darauflegen und andrücken.

12. Zum Garnieren Kiwis schälen und Stielansätze entfernen. Kiwis der Länge nach halbieren und in Scheiben schneiden.

13. Die Kuchenoberfläche mit den Kiwischeiben garnieren.

Kleckselkuchen | Fettarm

Insgesamt:
E: 93 g, F: 75 g, Kh: 604 g, kJ: 14858, kcal: 3550

Zum Vorbereiten:
½ Pck. Dr. Oetker Pudding-Pulver Mandel-Geschmack
350 ml fettarme Milch (1,5 % Fett)
1 EL Zucker

Für den Quark-Öl-Teig:
400 g Weizenmehl
1 Pck. Dr. Oetker Backin
250 g Speisequark (Magerstufe)
90 g Zucker
1 Prise Salz
100 ml fettarme Milch (1,5 % Fett)
5 EL Sonnenblumenöl

Für den Belag:
370 g Apfelkompott (aus dem Glas)
200 g Pflaumenmus (aus dem Glas)

Zum Bestreichen:
1 Eigelb
2 EL fettarme Milch (1,5 % Fett)

Zubereitungszeit: 50 Minuten, ohne Abkühlzeit
Backzeit: 25–30 Minuten

1. Zum Vorbereiten Pudding-Pulver mit etwas Milch und Zucker anrühren. Restliche Milch in einem Topf zum Kochen bringen. Topf von der Kochstelle nehmen. Das angerührte Pudding-Pulver in die von der Kochstelle genommene Milch rühren und unter Rühren etwa 1 Minute kochen lassen. Pudding abkühlen lassen, dabei ab und zu umrühren. Oder Frischhaltefolie auf die Oberfläche des Puddings legen, damit sich keine Haut bildet.

2. Den Backofen vorheizen.
Ober-/Unterhitze: etwa 200 °C
Heißluft: etwa 180 °C

3. Für den Teig Mehl mit Backpulver mischen und in eine Rührschüssel geben. Quark, Zucker, Salz, Milch und Sonnenblumenöl hinzufügen. Die Zutaten mit Handrührgerät mit Knethaken zunächst kurz auf niedrigster, dann auf höchster Stufe in etwa 1 Minute zu einem glatten Teig verarbeiten (nicht zu lange, Teig klebt sonst). Anschließend den Teig auf einer leicht bemehlten Arbeitsfläche zu einer Rolle formen.

4. Drei Viertel des Teiges auf einem Backblech (30 x 40 cm, gefettet) ausrollen.

5. Für den Belag Apfelkompott und Pflaumenmus in Klecksen auf den Teig geben. Den Pudding in den Zwischenräumen verteilen.

6. Restlichen Teig auf der leicht bemehlten Arbeitsfläche zu einem Rechteck (etwa 22 x 28 cm) ausrollen, mit einem Gitterroller darüberrollen. Den Teig vorsichtig auseinanderziehen. Das Teiggitter auf die Apfelkompott-Pflaumenmus-Pudding-Masse legen. Die Ränder etwas andrücken.

7. Zum Bestreichen Eigelb mit Milch verschlagen. Die Teigstreifen damit bestreichen. Das Backblech in den vorgeheizten Backofen schieben. Danach den Kuchen **25–30 Minuten backen.**

8. Das Backblech auf einen Kuchenrost stellen. Den Kuchen erkalten lassen.

Tipp: Wenn Sie keinen Gitterroller haben, ausgerollten Teig in Streifen schneiden, auf den Kuchen legen.

Kokos-Becherkuchen | Einfach

Insgesamt:
E: 84 g, F: 236 g, Kh: 749 g, kJ: 23298, kcal: 5567

Zum Vorbereiten:
2 Becher Schlagsahne (je 200 g)

Für den All-in-Teig:
3 Becher Weizenmehl (375 g)
1 Pck. Dr. Oetker Backin
1 1/2 Becher Zucker (300 g)
2 Eier (Größe M)
1 1/2 Becher Zitronen-Buttermilch (350 ml)

Für den Belag:
2 Becher Kokosraspel (150 g)
1/2 Becher Zucker (100 g)

Zubereitungszeit: 30 Minuten
Backzeit: etwa 30 Minuten

1. Zum Vorbereiten Sahne in eine Schüssel geben und zugedeckt kalt stellen. Einen der Becher auswaschen, abtrocknen und zum Abmessen der Zutaten verwenden.

2. Den Backofen vorheizen.
Ober-/Unterhitze: etwa 200 °C
Heißluft: etwa 180 °C

3. Für den Teig Mehl mit Backpulver mischen und in eine Rührschüssel geben. Zucker, Eier und Buttermilch hinzufügen. Die Zutaten mit Handrührgerät mit Rührbesen zunächst kurz auf niedrigster, dann auf höchster Stufe in etwa 2 Minuten zu einem glatten Teig verarbeiten. Den Teig auf ein Backblech (30 x 40 cm, gefettet) geben und glatt streichen.

4. Für den Belag Kokosraspel mit Zucker vermischen und gleichmäßig auf den Teig streuen. Das Backblech in den vorgeheizten Backofen schieben. Den Kuchen **etwa 30 Minuten backen.**

5. Das Backblech auf einen Kuchenrost stellen. Die kalt gestellte Sahne gleichmäßig über den heißen Belag gießen. Den Kuchen erkalten lassen und in Schnitten teilen.

Kokos-Bienenstich mit Karamellcreme | Raffiniert

Insgesamt:
E: 101 g, F: 395 g, Kh: 822 g, kJ: 30944, kcal: 7391

Für den Hefeteig:
200 ml Milch
50 g Butter oder Margarine
375 g Weizenmehl
1 Pck. Dr. Oetker Trockenbackhefe
50 g Zucker
1 Pck. Dr. Oetker Vanillin-Zucker
1 Prise Salz
1 Ei (Größe M)

Für den Belag:
125 g flüssiger Akazienhonig
150 g Butter
50 g Zucker
1 Pck. Dr. Oetker Vanillin-Zucker
5 EL Schlagsahne
150 g Kokosraspel

Für die Füllung:
3 Pck. Dr. Oetker Pudding-Pulver Karamell-Geschmack
125 g Zucker
750 ml (3/4 l) Milch
250 g Schlagsahne

Zubereitungszeit: 60 Minuten, ohne Teiggeh- und Kühlzeit
Backzeit: etwa 15 Minuten

1. Für den Teig die Milch in einem Topf erwärmen. Butter oder Margarine darin zerlassen. Mehl in eine Rührschüssel geben, mit der Trockenbackhefe sorgfältig vermischen. Zucker, Vanillin-Zucker, Salz, Ei und die warme Milch-Fett-Mischung hinzufügen.

2. Die Zutaten mit Handrührgerät mit Knethaken zunächst kurz auf niedrigster, dann auf höchster Stufe in etwa 5 Minuten zu einem glatten Teig verarbeiten. Den Teig zugedeckt so lange an einem warmen Ort gehen lassen, bis er sich sichtbar vergrößert hat (etwa 30 Minuten).

3. Für den Belag Honig mit Butter, Zucker, Vanillin-Zucker und Sahne in einem Topf unter Rühren langsam erhitzen und kurz aufkochen lassen. Kokosraspel unterrühren. Die Masse abkühlen lassen, dabei ab und zu umrühren.

4. Den Backofen vorheizen.
Ober-/Unterhitze: etwa 200 °C
Heißluft: etwa 180 °C

5. Den gegangenen Teig leicht mit Mehl bestäuben, aus der Schüssel nehmen und auf einer leicht bemehlten Arbeitsfläche nochmals gut durchkneten. Den Teig auf einem Backblech mit hohem Rand oder in einer Fettpfanne (30 x 40 cm, gefettet) ausrollen. Den Teig mehrmals mit einer Gabel einstechen. Dann den Teig nochmals zugedeckt an einem warmen Ort etwa 15 Minuten gehen lassen.

6. Den Kokosbelag auf dem Teig verteilen. Das Backblech oder die Fettpfanne in den vorgeheizten Backofen schieben. Den Gebäckboden **etwa 15 Minuten backen.**

7. Das Backblech oder die Fettpfanne auf einen Kuchenrost stellen. Den Gebäckboden anschließend erkalten lassen.

8. Für die Füllung aus Pudding-Pulver, Zucker, Milch und Sahne einen Pudding nach Packungsanleitung, aber mit den hier angegebenen Zutaten zubereiten. Den Pudding in eine Schüssel geben, mit Frischhaltefolie abdecken und erkalten lassen. Den erkalteten Pudding nochmals durchrühren.

9. Das Gebäckboden senkrecht vierteln, vom Backblech nehmen und jedes Viertel einmal waagerecht durchschneiden.

10. Die Füllung gleichmäßig auf den unteren Böden verteilen und glatt streichen. Die oberen Böden darauflegen und leicht andrücken. Den Bienenstich etwa 2 Stunden kalt stellen.

Abwandlung: Anstelle der Kokosraspel können Sie für den Belag auch die gleiche Menge gehobelte oder gehackte Haselnusskerne oder Mandeln verwenden.

Kokos-Kastenkuchen | Einfach

Insgesamt:
E: 53 g, F: 351 g, Kh: 392 g, kJ: 21225, kcal: 5071

Für den Schüttelteig:
100 g Weizenmehl
100 g Speisestärke
3 gestr. TL Dr. Oetker Backin
200 g gesiebter Puderzucker
2 Pck. Dr. Oetker Vanillin-Zucker
4 Eier (Größe M)
200 ml Speiseöl
200 g Schlagsahne
100 g Kokosraspel

Zum Bestäuben:
etwas Puderzucker

Zubereitungszeit: 30 Minuten, ohne Abkühlzeit
Backzeit: etwa 55 Minuten

1. Den Backofen vorheizen.
Ober-/Unterhitze: etwa 180 °C
Heißluft: etwa 160 °C

2. Für den Teig Mehl mit Speisestärke, Backpulver und Puderzucker mischen, in eine verschließbare Schüssel (etwa 3-Liter-Inhalt) geben, mit Vanillin-Zucker mischen. Eier, Speiseöl und Sahne hinzufügen. Die Schüssel mit dem Deckel fest verschließen.

3. Schüssel mehrmals (insgesamt 15–30 Sekunden) kräftig schütteln, sodass alle Zutaten gut vermischt sind. Die Kokosraspel unterrühren. Alles mit einem Schneebesen oder Rührlöffel nochmals sorgfältig durchrühren, damit trockene Zutaten vom Rand mit untergerührt werden.

4. Den Teig in eine Kastenform (25 x 11 cm, gefettet, mit Kokosraspeln ausgestreut) geben und glatt streichen. Dann die Form auf dem Rost in den vorgeheizten Backofen schieben. Den Kuchen **etwa 55 Minuten backen.**

5. Die Form auf einen Kuchenrost stellen. Den Kuchen etwa 10 Minuten in der Form stehen lassen, aus der Form lösen und auf einem mit Backpapier belegten Kuchenrost erkalten lassen. Den Kuchen mit Puderzucker bestäuben.

Tipps: Der Kuchen hält sich in Alufolie verpackt etwa 5 Tage. Sie können den Kuchen auch mit einem roten Puderzuckerguss überziehen. Dafür 150 g gesiebten Puderzucker mit 2–3 Esslöffeln Rotwein oder Kirschsaft verrühren.

Kokoskuchen mit Zitrusfrüchten I

Raffiniert – fruchtig

Insgesamt:
E: 79 g, F: 384 g, Kh: 577 g, kJ: 26157, kcal: 6247

Für den Rührteig:

175 g weiche Butter oder Margarine
250 g Zucker
2 Pck. Dr. Oetker Vanillin-Zucker
6 Eier (Größe M)
300 g Kokosraspel
50 g Weizenmehl
3 gestr. TL Dr. Oetker Backin

Für den Belag:

3 Orangen
3 Grapefruits
3 rosa Grapefruits
500 ml (1/2 l) Fruchtsaft-Wasser-Mischung
2 Pck. ungezuckerter Tortenguss, klar
60 g Zucker

Zubereitungszeit: 45 Minuten, ohne Abkühlzeit
Backzeit: 20–25 Minuten

1. Den Backofen vorheizen.
Ober-/Unterhitze: etwa 180 °C
Heißluft: etwa 160 °C

2. Für den Teig Butter oder Margarine mit Handrührgerät mit Rührbesen auf höchster Stufe geschmeidig rühren. Nach und nach Zucker und Vanillin-Zucker unterrühren. So lange rühren, bis eine gebundene Masse entstanden ist.

3. Die Eier nach und nach unterrühren (jedes Ei etwa 1/2 Minute). Kokosraspel mit Mehl und Backpulver mischen, in 2 Portionen auf mittlerer Stufe unterrühren.

4. Einen Backrahmen auf ein Backblech (30 x 40 cm, gefettet) stellen. Den Teig auf dem Backblech verteilen und glatt streichen.

5. Backblech in den vorgeheizten Backofen schieben. Den Gebäckboden **20–25 Minuten backen.**

6. Das Backblech auf einen Kuchenrost stellen. Den Gebäckboden erkalten lassen.

7. Für den Belag Orangen und Grapefruits so schälen, dass die weiße Haut mitentfernt wird. Orangen und Grapefruits filetieren, dabei den Saft auffangen. Die Fruchtfilets abwechselnd fächerartig auf den Gebäckboden legen.

8. Den Saft abmessen, evtl. mit Wasser auf 500 ml (1/2 l) ergänzen. Aus Saft, Tortengusspulver und Zucker einen Guss nach Packungsanleitung zubereiten. Den Guss auf den Früchten verteilen. Guss fest werden lassen. Backrahmen mithilfe eines Messers lösen und vorsichtig entfernen.

Tipps: Wem der Kuchen nicht süß genug ist, kann die Zuckermenge im Belag auf 100 g erhöhen. Nach Belieben 100 g Kokosraspel in einer Pfanne ohne Fett unter Rühren goldgelb rösten und erkalten lassen. Die Kokosraspel vor dem Servieren auf dem Kuchen verteilen. Den Kuchen mit steif geschlagener Schlagsahne servieren.

Kokos-Marmorkuchen, klein I

Raffiniert – mit Alkohol

Insgesamt:
E: 53 g, F: 225 g, Kh: 305 g, kJ: 14723, kcal: 3517

Für den Rührteig:
150 g weiche Butter oder Margarine
75 g Zucker
1 Pck. Dr. Oetker Vanillin-Zucker
3 Eier (Größe M)
180 g Weizenmehl
1 gestr. TL Dr. Oetker Backin
4 EL Eierlikör
175 g Mandarinen (aus der Dose)
1 gestr. EL gesiebtes Kakaopulver
1 EL Kokosraspel

Für den Guss:
100 g Zartbitter-Kuvertüre
1 EL Speiseöl
2 EL Kokosraspel

Zubereitungszeit: 40 Minuten, ohne Abkühlzeit
Backzeit: etwa 50 Minuten

1. Den Backofen vorheizen.
Ober-/Unterhitze: etwa 180 °C
Heißluft: etwa 160 °C

2. Für den Teig Butter oder Margarine mit Handrührgerät mit Rührbesen auf höchster Stufe geschmeidig rühren. Nach und nach Zucker und Vanillin-Zucker unterrühren. So lange rühren, bis eine gebundene Masse entstanden ist. Eier nach und nach unterrühren (jedes Ei etwa 1/2 Minute).

3. Mehl mit Backpulver mischen, abwechselnd mit der Hälfte des Eierlikörs auf mittlerer Stufe unterrühren.

4. Mandarinen in einem Sieb abtropfen lassen und unter die Hälfte des Teiges heben. Den Teig in eine kleine Napfkuchenform (Ø 16 cm, gefettet) füllen. Die zweite Teighälfte mit Kakao, Kokosraspeln und dem restlichen Eierlikör verrühren und auf dem hellen Teig verteilen.

5. Dann den dunklen Teig mit einer Gabel spiralförmig durch den hellen Teig ziehen, sodass ein Marmormuster entsteht. Die Form auf dem Rost in den vorgeheizten Backofen schieben. Den Kuchen **etwa 50 Minuten backen.**

6. Die Form auf einen Kuchenrost stellen. Den Kuchen etwa 10 Minuten in der Form stehen lassen, danach aus der Form lösen und auf einen Kuchenrost stürzen. Kuchen erkalten lassen.

7. Für den Guss die Kuvertüre in Stücke hacken, mit Speiseöl in einem kleinen Topf im heißen Wasserbad bei schwacher Hitze unter Rühren schmelzen. Den Kokos-Marmorkuchen mit dem Guss überziehen und mit Kokosraspeln bestreuen. Guss fest werden lassen.

Tipp: Der Eierlikör kann durch Milch ersetzt werden.

Kokosnusskranz I **Schnell**

Insgesamt:
E: 62 g, F: 213 g, Kh: 357 g, kJ: 15465, kcal: 3694

Für den All-in-Teig:

250 g Weizenmehl
2 gestr. TL Dr. Oetker Backin
150 g Zucker
1 Prise Salz
150 g weiche Butter oder Margarine
3 Eier (Größe M)
150 ml Milch
100 g Kokosraspel

etwas Puderzucker

Zubereitungszeit: 20 Minuten, ohne Abkühlzeit
Backzeit: etwa 45 Minuten

1. Den Backofen vorheizen.
Ober-/Unterhitze: etwa 180 °C
Heißluft: etwa 160 °C

2. Für den Teig Mehl mit Backpulver mischen und in eine Rührschüssel geben. Zucker, Salz, Butter oder Margarine, Eier, Milch und Kokosraspel hinzufügen. Die Zutaten mit Handrührgerät mit Rührbesen zunächst kurz auf niedrigster, dann auf höchster Stufe in etwa 2 Minuten zu einem glatten Teig verarbeiten

3. Dann den Teig in eine Springform mit Rohrboden (Ø 22 cm, gefettet, gemehlt) füllen und glatt streichen.

4. Form auf dem Rost in den vorgeheizten Backofen schieben. Den Kuchen **etwa 45 Minuten backen.**

5. Die Form auf einen Kuchenrost stellen. Den Kuchen etwa 10 Minuten in der Form stehen lassen, dann aus der Form lösen und auf einen mit Backpapier belegten Kuchenrost stürzen. Den Kokosnusskranz erkalten lassen und mit Puderzucker bestäuben.

Tipps: Statt Kokosraspel können Sie auch die gleiche Menge gehobelte Haselnusskerne oder gemahlene Mandeln verwenden. Besprenkeln Sie den Kuchen nach dem Erkalten mit geschmolzener Schokolade.

Kokosrosette | Für Kinder

Insgesamt:
E: 28 g, F: 153 g, Kh: 262 g, kJ: 10882, kcal: 2600

Für den Belag:
50 g Butter
75 g Zucker
1 Pck. Dr. Oetker Vanillin-Zucker
1 EL Milch
75 g Kokosraspel

Für den All-in-Teig:
50 g Butter oder Margarine
150 g Weizenmehl
3 gestr. TL Dr. Oetker Backin
30 g Zucker
75 g Joghurt
3 EL Milch

Zum Bestreichen:
2 EL Milch

Zum Garnieren:
50 g Zartbitter-Kuvertüre

Zubereitungszeit: 20 Minuten, ohne Abkühlzeit
Backzeit: etwa 25 Minuten

1. Für den Belag Butter in einem Topf zerlassen. Nach und nach Zucker, Vanillin-Zucker und Milch unterrühren. Kokosraspel hinzufügen und untermischen. Die Kokosmasse erkalten lassen.

2. Den Backofen vorheizen.
Ober-/Unterhitze: etwa 180 °C
Heißluft: etwa 160 °C

3. Für den Teig Butter oder Margarine zerlassen und abkühlen lassen. Mehl mit Backpulver mischen und in eine Rührschüssel geben. Zucker, Joghurt, Milch und Butter oder Margarine hinzufügen.

4. Anschließend die Zutaten mit Handrührgerät mit Rührbesen zunächst kurz auf niedrigster, dann auf höchster Stufe in etwa 1 Minute zu einem glatten Teig verarbeiten.

5. Den Teig mit gemehlten Fingern in eine Rosettenform (Ø 30 cm, gefettet) drücken und mit Milch bestreichen. Die Kokosmasse gleichmäßig darauf verteilen. Die Form auf dem Rost in den vorgeheizten Backofen schieben. Den Kuchen **etwa 25 Minuten backen.**

6. Danach den Kuchen aus der Form lösen, auf einen Kuchenrost stürzen, wieder umdrehen und auf dem Kuchenrost erkalten lassen.

7. Zum Garnieren die Kuvertüre in kleine Stücke hacken, in einem kleinen Topf im heißen Wasserbad bei schwacher Hitze unter Rühren schmelzen. Kuvertüre in einen Gefrierbeutel füllen und eine kleine Ecke abschneiden. Den Kuchen blütenförmig damit verzieren.

Tipps: Kokosmasse evtl. während des Backens mit einem doppelten Bogen Backpapier abdecken, damit sie nicht zu braun wird. Anstelle von einer Rosettenform kann der Kuchen auch gut in einer Springform (Ø 26 cm) gebacken werden, dann erhöht sich die Backzeit auf etwa 30 Minuten.

Konfitürenkuchen | Beliebt

Insgesamt:
E: 78 g, F: 240 g, Kh: 792 g, kJ: 24490, kcal: 5849

Für den All-in-Teig:
350 g Weizenmehl
3 gestr. TL Dr. Oetker Backin
120 g Zucker
1 Prise Salz
4 Eier (Größe M)
250 g weiche Butter oder Margarine
340 g Sauerkirschkonfitüre

Zum Bestreichen:
150 g Sauerkirschkonfitüre

Für den Belag:
6 Kiwis
120 g Stachelbeer- oder Kiwikonfitüre

Zubereitungszeit: 60 Minuten, ohne Abkühlzeit
Backzeit: 25–30 Minuten

1. Den Backofen vorheizen.
Ober-/Unterhitze: etwa 200 °C
Heißluft: etwa 180 °C

2. Für den Teig das Mehl mit Backpulver mischen und in eine Rührschüssel geben. Zucker, Salz, Eier, Butter oder Margarine und Konfitüre hinzufügen. Die Zutaten mit Handrührgerät mit Rührbesen zunächst kurz auf niedrigster, dann auf höchster Stufe in etwa 2 Minuten zu einem glatten Teig verarbeiten.

3. Den Teig auf ein Backblech (30 x 40 cm, gefettet) geben und glatt streichen. Das Backblech in den vorgeheizten Backofen schieben und den Gebäckboden **25–30 Minuten backen.**

4. Das Backblech auf einen Kuchenrost stellen. Zum Bestreichen Konfitüre durch ein Sieb streichen, in einem kleinen Topf unter Rühren aufkochen lassen. Konfitüre streifenweise auf den heißen Kuchen streichen. Kuchen erkalten lassen.

5. Für den Belag Kiwis schälen, der Länge nach halbieren und quer in Scheiben schneiden. Kiwischeiben dachziegelartig auf den nicht bestrichenen Kuchen legen.

6. Stachelbeer- oder Kiwikonfitüre in einem kleinen Topf unter Rühren aufkochen lassen und durch ein Sieb streichen. Die Kiwischeiben mit der Konfitüre bestreichen und erkalten lassen.

Kringelkuchen | Schnell

Insgesamt:
E: 82 g, F: 162 g, Kh: 313 g, kJ: 12719, kcal: 3038

Für den Streuselteig:
150 g Weizenmehl
1 Msp. Dr. Oetker Backin
50 g Zucker
1 Pck. Dr. Oetker Vanillin-Zucker
1 Msp. gemahlener Zimt
100 g Butter oder Margarine

Für die Quarkfüllung:
250 g Speisequark (40 % Fett)
1 Ei (Größe M)
1 TL Zitronensaft
2 Pck. Dr. Oetker Vanillin-Zucker
1 geh. TL Speisestärke

Für die Mohnfüllung:
250 g backfertige Mohnfüllung
1 Ei (Größe M)

Zubereitungszeit: 25 Minuten
Backzeit: etwa 35 Minuten

1. Den Backofen vorheizen.
Ober-/Unterhitze: etwa 200 °C
Heißluft: etwa 180 °C

2. Für den Teig Mehl mit Backpulver mischen und in eine Rührschüssel geben. Zucker, Vanillin-Zucker, Zimt und Butter oder Margarine hinzufügen. Die Zutaten mit Handrührgerät mit Rührbesen zunächst kurz auf niedrigster, dann auf höchster Stufe zu feinen Streuseln verarbeiten. Zwei Drittel der Teigstreusel auf dem Boden einer Springform (Ø 26 cm, gefettet) verteilen und zu einem Boden andrücken.

3. Für die Quarkfüllung Quark mit Ei, Zitronensaft, Vanillin-Zucker und Speisestärke verrühren, in einen Spritzbeutel mit Lochtülle füllen. Mit der Quarkmasse aus dem Spritzbeutel einen dicken Punkt in die Mitte sowie 2 flache Ringe auf den Boden spritzen, dabei einen etwa 1 cm breiten Rand frei lassen.

4. Für die Mohnfüllung die Mohnfüllung mit dem Ei verrühren. Die Masse ebenfalls in einen Spritzbeutel mit Lochtülle füllen und 2 Ringe zwischen die Quarkringe spritzen. Oder die Masse mit einem Esslöffel zwischen den Quarkringen verteilen.

5. Die restlichen Teigstreusel an den Rand und auf die Füllungen streuen.

6. Die Form auf dem Rost in den vorgeheizten Backofen schieben. Kuchen **etwa 35 Minuten backen.**

7. Die Form auf einen Kuchenrost stellen. Den Kuchen erkalten lassen.

Kuchen zum Tee | Raffiniert – schnell

Insgesamt:
E: 74 g, F: 463 g, Kh: 660 g, kJ: 30030, kcal: 7196

Für den Knetteig:
200 g getrocknete, entsteinte Pflaumen
500 g Weizenmehl
1 gestr. TL gemahlener Anis
1 Pck. Dr. Oetker Backin
120 g brauner Zucker (Rohrzucker)
1 Prise Salz
300 g Butter oder Margarine
250 g Crème fraîche

Zum Bestreichen:
3 EL Schlagsahne

Für die Creme:
etwa 220 g Schlagsahne
2 EL Zucker
1 Pck. Dr. Oetker Sahnesteif
150 g Crème fraîche

Zubereitungszeit: 25 Minuten, ohne Abkühlzeit
Backzeit: etwa 30 Minuten

1. Für den Teig die Pflaumen in kleine Stücke hacken.

2. Den Backofen vorheizen.
Ober-/Unterhitze: etwa 200 °C
Heißluft: etwa 180 °C

3. Mehl mit Anis und Backpulver in einer Rührschüssel mischen. Zucker, Salz, Butter oder Margarine und Crème fraîche hinzufügen. Die Zutaten mit Handrührgerät mit Knethaken zunächst kurz auf niedrigster, dann auf höchster Stufe gut durcharbeiten. Dann die Pflaumenstücke unterheben. Den Teig auf einer leicht bemehlten Arbeitsfläche zu einem glatten Teig verkneten und zu einem Rechteck ausrollen. Das Teigrechteck auf ein tiefes Backblech oder in eine Fettpfanne (30 x 40 cm, gefettet) legen und in Größe des Backblechs oder der Fettpfanne ausrollen. Dann den Teig mit 3 Esslöffeln Sahne bestreichen. Das Backblech in den vorgeheizten Backofen schieben. Den Kuchen **etwa 30 Minuten backen.**

4. Das Backblech auf einen Kuchenrost stellen. Den Kuchen erkalten lassen.

5. Für die Creme Sahne steif schlagen. Zucker mit Sahnesteif mischen, mit Crème fraîche verrühren und unter die Sahne rühren. Den Kuchen in kleine Stücke schneiden. Die Creme auf den Stücken verteilen.

Kürbis-Orangen-Kuchen

Raffiniert – dauert länger

Insgesamt:
E: 95 g, F: 281 g, Kh: 715 g, kJ: 24913, kcal: 5952

Zum Vorbereiten:
500 g Kürbisfruchtfleisch

Für den Rührteig:
200 g weiche Butter oder Margarine
175 g brauner Zucker (Farinzucker)
etwas Salz
1 Pck. Dr. Oetker Finesse Orangenschalen-Aroma
etwas gemahlener Zimt
etwas gemahlener Ingwer
4 Eier (Größe M)
250 g Weizenmehl
3 gestr. TL Dr. Oetker Backin

50 g grüne Kürbiskerne

Für den Belag:
2 Pck. Dr. Oetker Pudding-Pulver Vanille-Geschmack
150 g Zucker
750 ml (3/4 l) Orangensaft
250 g Schmand (Sauerrahm)
1 Pck. Dr. Oetker Finesse Orangenschalen-Aroma

Zum Garnieren und Verzieren:
30 g Zartbitter-Kuvertüre
2 Orangen

Zum Bestreuen:
evtl. einige grüne Kürbiskerne

Zubereitungszeit: 80 Minuten, ohne Abkühlzeit
Backzeit: Kürbisfleisch etwa 40 Minuten
Backzeit: Gebäckboden etwa 30 Minuten

1. Den Backofen vorheizen.
Ober-/Unterhitze: etwa 200 °C
Heißluft: etwa 180 °C

2. Zum Vorbereiten das Kürbisfleisch in große Stücke schneiden, in Alufolie wickeln und auf ein Backblech legen. Das Backblech in den vorgeheizten Backofen schieben. Kürbisstücke **etwa 40 Minuten backen.**

3. Das Backblech auf einen Kuchenrost stellen. Die Alufolie entfernen. Das Kürbisfleisch etwas abkühlen lassen. Anschließend in einem Sieb abtropfen lassen. Kürbisfleisch pürieren und abkühlen lassen.

4. Für den Teig Butter oder Margarine mit Handrührgerät mit Rührbesen auf höchster Stufe geschmeidig rühren. Nach und nach Zucker, Salz, Aroma, Zimt und Ingwer unterrühren. So lange rühren, bis eine gebundene Masse entstanden ist.

5. Die Eier nach und nach unterrühren (jedes Ei etwa 1/2 Minute). Mehl mit Backpulver mischen, in 2 Portionen auf mittlerer Stufe unterrühren. Kürbispüree unterheben. Den Teig auf ein Backblech (30 x 40 cm, gefettet) geben und glatt streichen. Kürbiskerne darauf verteilen. Das Backblech in den heißen Backofen schieben. Den Gebäckboden **bei gleicher Backofentemperatur etwa 30 Minuten backen.**

6. Das Backblech auf einen Kuchenrost stellen. Den Gebäckboden erkalten lassen.

7. Für den Belag aus Pudding-Pulver, Zucker und Orangensaft einen Pudding nach Packungsanleitung, aber nur mit 750 ml (3/4 l) Orangensaft zubereiten. Den Pudding in eine Schüssel geben. Frischhaltefolie auf die Puddingoberfläche legen, damit sich keine Haut bildet. Pudding erkalten lassen.

8. Schmand und Aroma unter den Pudding rühren. Die Masse auf den Gebäckboden streichen und mit einer Gabel oder einem Tortengarnierkamm ein Muster in die Oberfläche ziehen.

9. Zum Garnieren und Verzieren Kuvertüre in einem kleinen Topf im heißen Wasserbad bei schwacher Hitze unter Rühren schmelzen. Orangen so schälen, dass die weiße Haut mitentfernt wird. Orangen filetieren. Orangenfilets auf dem Kuchen verteilen und mit der Kuvertüre besprenkeln. Den Kuchen kalt stellen. Nach Belieben Kürbiskerne auf den Kuchen streuen.

Lemon-Pie nach Shaker Art I
Fruchtig

Insgesamt:
E: 53 g, F: 232 g, Kh: 598 g, KJ: 19869, kcal: 4748

Für die Füllung:
2 mittelgroße, reife Bio-Zitronen (etwa 200 g, unbehandelt, ungewachst)
250 g Zucker

Für den Knetteig:
250 g Weizenmehl
½ gestr. TL Dr. Oetker Backin
1 Prise Salz
120 g Zucker
1 Pck. Dr. Oetker Vanillin-Zucker
1 Eigelb (Größe M)
200 g Butter oder Margarine

Zum Bestreichen:
20 g zerlassene Butter

180 ml Zitronensaft (von den Bio-Zitronen)
3 Eier (Größe M)
20 g zerlassene Butter

Zum Bestäuben:
etwas Puderzucker

Zubereitungszeit: 45 Minuten, ohne Saftzieh- und Kühlzeit
Backzeit: 40–45 Minuten

1. Für die Füllung Zitronen heiß abwaschen, abtrocknen und längs vierteln. Spitzen und Stängelansätze großzügig abschneiden. Die Zitronenviertel in hauchdünne Scheiben schneiden und entkernen. Zitronenscheiben in eine Schüssel geben und mit Zucker mischen. Zugedeckt mindestens 6 Stunden Saft ziehen lassen.

2. Die Zitronenscheiben umrühren, in ein Sieb geben und abtropfen lassen, dabei den Saft auffangen und 180 ml abmessen.

3. Für den Teig Mehl und Backpulver in einer Rührschüssel mischen. Salz, Zucker, Vanillin-Zucker, Eigelb und Butter oder Margarine hinzufügen. Die Zutaten mit Handrührgerät mit Knethaken zunächst kurz auf niedrigster, dann auf höchster Stufe gut durcharbeiten.

4. Anschließend auf einer leicht bemehlten Arbeitsfläche zu einem glatten Teig verkneten. Den Teig in Frischhaltefolie wickeln, etwa 1 Stunde kalt stellen.

5. Zwei Drittel des Teiges auf einer leicht bemehlten Arbeitsfläche zu einer runden Platte (Ø etwa 34 cm) ausrollen. Danach den Teig in eine Pie- oder Tarteform (Ø 28 cm, gefettet) legen und am Rand der Form andrücken. Den Teigboden mit einer Gabel mehrmals einstechen und gleichmäßig mit der zerlassenen Butter bestreichen.

6. Den Backofen vorheizen.
Ober-/Unterhitze: etwa 200 °C
Heißluft: etwa 180 °C

7. Die abgetropften Zitronenscheiben auf dem Teigboden verteilen. Den aufgefangenen Zitronensaft mit den Eiern kurz verschlagen und auf den Zitronenscheiben verteilen. Butter in Flöckchen daraufgeben. Überstehenden Teigrand auf die Zitronenscheiben legen.

8. Restlichen Teig auf der bemehlten Arbeitsfläche zu einer runden Platte (Ø etwa 28 cm) ausrollen, auf die Zitronenscheiben legen und am Rand andrücken. Mit einem Messer mehrere kleine Schlitze in die Teigplatte ritzen. Die Form auf dem Rost in den vorgeheizten Backofen (unterste Schiene) schieben. Dann die Pie **40–45 Minuten backen.**

9. Die Form auf einen Kuchenrost stellen. Die Pie in der Form erkalten lassen. Vor dem Servieren mit Puderzucker bestäuben.

Tipps: Den Teig zwischen zwei Lagen Backpapier ausrollen. Die Teigplatte mithilfe des unteren Backpapiers aufrollen und über der Form wieder abrollen. Sie können anstelle von 2 Zitronen auch eine Zitrone und eine kleine Bio-Orange verwenden. Am besten schmecken reife Früchte mit dünner Schale.

Liebeskuchen | Zum Verschenken

Insgesamt:
E: 69 g, F: 190 g, Kh: 550 g, kJ: 17566, kcal: 4194

Für den All-in-Teig:
150 g Weizenmehl
2 gestr. TL Dr. Oetker Backin
150 g gesiebter Puderzucker
75 g Hartweizengrieß
1 Pck. Dr. Oetker Finesse Geriebene Zitronenschale
Saft von 1 Zitrone
4 Eier (Größe M)
125 g weiche Butter oder Margarine

Für den Belag:
150 g Zucker
100 g flüssiger Honig
5 EL Schlagsahne
Saft von 1 Zitrone
1 Pck. Dr. Oetker Finesse Geriebene Zitronenschale
75 g gehobelte Mandeln

Zubereitungszeit: 30 Minuten
Backzeit: etwa 40 Minuten

1. Den Backofen vorheizen.
Ober-/Unterhitze: etwa 180 °C
Heißluft: etwa 160 °C

2. Für den All-in-Teig Mehl mit Backpulver und Puderzucker mischen, in eine Rührschüssel geben. Grieß, Zitronenschale, -saft, Eier und Butter oder Margarine hinzufügen.

3. Die Zutaten mit Handrührgerät mit Rührbesen zunächst kurz auf niedrigster, dann auf höchster Stufe in etwa 2 Minuten zu einem glatten Teig verarbeiten.

4. Den Teig in eine Springform (Ø 26 cm, Boden gefettet) geben und glatt streichen. Die Form auf dem Rost in den vorgeheizten Backofen schieben und den Boden **etwa 25 Minuten vorbacken.**

5. In der Zwischenzeit für den Belag den Zucker mit Honig, Sahne, Zitronensaft und -schale in einem Topf unter Rühren zum Kochen bringen und gut aufkochen lassen. Mandeln unterrühren.

6. Die Form auf einen Kuchenrost stellen. Die Mandelmasse auf den vorgebackenen Boden streichen.

7. Die Form wieder auf dem Rost in den heißen Backofen schieben. Den Kuchen bei **gleicher Backofentemperatur in etwa 15 Minuten fertig backen.**

8. Die Form auf einen Kuchenrost stellen. Den Kuchenrand sofort mit einem Messer lösen. Den Kuchen in der Form erkalten lassen. Anschließend den Kuchen aus der Form lösen und auf eine Tortenplatte legen.

Tipp: Sie können den Liebeskuchen auch füllen: Dafür den Kuchen einmal waagerecht durchschneiden. Für die Füllung aus 375 ml (3/8 l) Milch, 1 Päckchen Dr. Oetker Pudding-Pulver Sahne-Geschmack und 50 g Zucker nach Packungsanleitung einen Pudding zubereiten. Von der Kochstelle nehmen und 100 g weiche Butter unterrühren. Puddingcreme erkalten lassen, zwischendurch umrühren. Die Puddingcreme auf den unteren Boden streichen. Den oberen Boden in 12 Stücke schneiden und auf der Puddingcreme verteilen. Den Kuchen etwa 1 Stunde kalt stellen.

Limettencreme-Tarte I

Für Gäste

Insgesamt:
E: 50 g, F: 141 g, Kh: 377 g, kJ: 12723, kcal: 3041

Für den Knetteig:

200 g Weizenmehl
1 Msp. Dr. Oetker Backin
50 g Zucker
1 Pck. Dr. Oetker Vanillin-Zucker
1 Prise Salz
2 EL kaltes Wasser
100 g Butter oder Margarine

Für den Belag:

4 Blatt weiße Gelatine
3 Bio-Limetten (unbehandelt, ungewachst)
3 Eigelb (Größe M)
75 g Zucker
1 Prise Salz
3 Eiweiß (Größe M)
75 g Zucker

100 g Schlagsahne
1 EL Zucker

Zubereitungszeit: 70 Minuten, ohne Kühlzeit
Backzeit: 25–30 Minuten

1. Für den Teig Mehl und Backpulver in einer Rührschüssel mischen. Zucker, Vanillin-Zucker, Salz, Wasser und Butter oder Margarine hinzufügen. Die Zutaten mit Handrührgerät mit Knethaken zunächst kurz auf niedrigster, dann auf höchster Stufe gut durcharbeiten. Anschließend auf einer leicht bemehlten Arbeitsfläche zu einem glatten Teig verkneten. Den Teig in Frischhaltefolie wickeln und etwa 1 Stunde kalt stellen.

2. Den Backofen vorheizen.
Ober-/Unterhitze: etwa 200 °C
Heißluft: etwa 180 °C

3. Den Teig auf der leicht bemehlten Arbeitsfläche zu einer runden Platte (Ø etwa 32 cm) ausrollen. Die Teigplatte in eine Tarteform (Ø 28 cm, gefettet) legen. Den Teig am Rand hochdrücken. Dann den Teigboden mehrmals mit einer Gabel einstechen. Die Form auf dem Rost in den vorgeheizten Backofen schieben. Danach den Boden **25–30 Minuten backen.**

4. Die Form auf einen Kuchenrost stellen. Den Knetteigboden in der Form erkalten lassen.

5. Für den Belag die Gelatine in kaltem Wasser nach Packungsanleitung einweichen.

6. Die Limetten heiß abwaschen und abtrocknen. Von 1 Limette die Schale dünn abschälen und zum Garnieren beiseitelegen. Von den restlichen Limetten die Schale abreiben. Die Limetten halbieren, den Saft auspressen und 100 ml abmessen.

7. Eigelb mit Zucker, Salz und Limettensaft in einer Edelstahlschüssel verrühren. Einen Topf ein Drittel hoch mit Wasser füllen. Die Edelstahlschüssel in das Wasserbad setzen und das Wasser erhitzen. Dabei die Eigelb-Saft-Mischung mit einem Schneebesen zu einer hellen Creme aufschlagen. Das Wasser nicht kochen lassen.

8. Die Schüssel aus dem Wasserbad nehmen. Die Creme noch etwas weiterschlagen. Die eingeweichte Gelatine leicht ausdrücken und in der warmen Limettencreme unter Rühren auflösen. Die abgeriebene Limettenschale unterrühren. Die Creme kalt stellen.

9. Das Eiweiß mit Zucker steif schlagen. Sobald die Creme anfängt zu gelieren, Eischnee unterheben. Die Creme auf den Knetteigboden geben und glatt streichen. Die Tarte etwa 2 Stunden kalt stellen.

10. Sahne mit Zucker steif schlagen und mit einem Teelöffel 8 Tupfen auf die Creme geben.

11. Beiseitegelegte Limettenschale in feine Streifen schneiden und auf die Tarte streuen.

Hinweis: Für den Belag nur ganz frische Eier verwenden, die nicht älter als 5 Tage sind (Legedatum beachten). Die Tarte sollte im Kühlschrank aufbewahrt und innerhalb von 24 Stunden verzehrt werden.

Limetten-Kokos-Kuchen, getränkt | Gut vorzubereiten

Insgesamt:
E: 64 g, F: 214 g, Kh: 541 g, kJ: 18638, kcal: 4453

Für den Schüttelteig:
150 g Butter oder Margarine
250 g Weizenmehl
2 gestr. TL Dr. Oetker Backin
170 g Zucker
abgeriebene Schale von 1 Bio-Limette (unbehandelt, ungewachst)
3 Eier (Größe M)
150 g Jogurt
100 g Kokosraspel

Für den Sirup:
100 ml Limettensaft
170 g Zucker
50 ml Wasser

Zubereitungszeit: 35 Minuten, ohne Abkühlzeit
Backzeit: etwa 45 Minuten

1. Den Backofen vorheizen.
Ober-/Unterhitze: etwa 180 °C
Heißluft: etwa 160 °C

2. Für den Teig Butter oder Margarine zerlassen und abkühlen lassen. Das Mehl mit Backpulver mischen, in eine verschließbare Schüssel (etwa 3-Liter-Inhalt) geben. Mit Zucker und Limettenschale mischen. Eier, Butter oder Margarine und Joghurt hinzufügen. Die Schüssel mit dem Deckel fest verschließen.

3. Schüssel mehrmals (insgesamt 15–30 Sekunden) kräftig schütteln, sodass alle Zutaten gut vermischt sind. Kokosraspel hinzufügen. Die Zutaten mit einem Schneebesen oder Rührlöffel nochmals sorgfältig verrühren, damit trockene Zutaten vom Rand mit untergerührt werden.

4. Den Teig in eine Gugelhupfform (Ø 22 cm, gefettet, gemehlt) füllen und glatt streichen. Die Form auf dem Rost in den vorgeheizten Backofen schieben. Den Kuchen **etwa 45 Minuten backen.**

5. Für den Sirup Limettensaft mit Zucker und Wasser in einen Topf geben. Den Zucker bei mittlerer Hitze unter Rühren darin auflösen. Sirup etwa 2 Minuten ohne Deckel gut kochen lassen, dabei nicht umrühren.

6. Die Form auf einen Kuchenrost stellen. Den Kuchen etwa 10 Minuten in der Form stehen lassen, dann auf den mit Backpapier belegten Kuchenrost stürzen. Die Kuchenoberfläche mit einem Holzstäbchen mehrmals einstechen. Den Kuchen mit dem Rost auf ein Backblech stellen und mit dem heißen Sirup beträufeln. Abgetropften Sirup wieder über den Kuchen träufeln, bis der ganze Sirup von dem Kuchen aufgesogen ist. Kuchen erkalten lassen.

Tipp: Den Kuchen nach Belieben mit Kokosraspeln bestreuen und mit Bio-Limettenscheiben garnieren.

Limetten-Streusel-Tarte | Einfach

Insgesamt:
E: 49 g, F: 182 g, Kh: 391 g, kJ: 14704, kcal: 3514

Für den Streuselteig:
250 g Weizenmehl
1 gestr. TL Dr. Oetker Backin
100 g Zucker
2 Eier (Größe M)
125 g weiche Butter oder Margarine

Für den Limettenguss:
1 Pck. ungezuckerter Tortenguss, klar
2–3 EL Zucker
1 Pck. Dr. Oetker Bourbon-Vanille-Zucker
abgeriebene Schale und Saft von
2 Bio-Limetten (unbehandelt, ungewachst)
200 g Schlagsahne

Zum Garnieren:
1 Bio-Limette (unbehandelt, ungewachst)
4 EL Zucker
3 EL Wasser
einige Zitronenmelisseblättchen

Zubereitungszeit: 45 Minuten, ohne Abkühlzeit
Backzeit: etwa 32 Minuten

1. Den Backofen vorheizen.
Ober-/Unterhitze: etwa 180 °C
Heißluft: etwa 160 °C

2. Für den Teig Mehl mit Backpulver mischen und in eine Rührschüssel geben. Zucker, Eier und Butter oder Margarine hinzufügen. Die Zutaten mit Handrührgerät mit Rührbesen zunächst kurz auf niedrigster, dann auf höchster Stufe zu Streuseln verarbeiten. Teigstreusel in eine Tarteform (Ø 28 cm, gefettet) geben und mit gemehlten Händen zu einem Boden andrücken, dabei die Ränder etwas hochdrücken. Die Form auf dem Rost in den vorgeheizten Backofen (unteres Drittel) schieben. Den Boden **etwa 12 Minuten vorbacken.**

3. Die Tarteform auf einen Kuchenrost stellen. Für den Guss das Tortengusspulver mit Zucker, Vanille-Zucker, Limettenschale und -saft in einer Rührschüssel mischen. Sahne gut unterrühren. Den Guss auf dem vorgebackenen Boden verteilen. Die Form wieder auf dem Rost in den heißen Backofen schieben. Die Tarte **bei gleicher Backofentemperatur in etwa 20 Minuten fertig backen.**

4. Die Form auf einen Kuchenrost stellen. Die Tarte in der Form erkalten lassen.

5. Zum Garnieren Limette heiß abwaschen, abtrocknen und in dünne Scheiben schneiden. Zucker und Wasser in einem kleinen Topf erhitzen, bis der Zucker gelöst ist. Limettenscheiben hineingeben und aufkochen lassen. Limettenscheiben in einem Sieb abtropfen lassen und auf die Tarte legen. Die Tarte mit abgespülten und trocken getupften Melisseblättchen garnieren.

Limetten-Tarte | Raffiniert

Insgesamt:
E: 55 g, F: 153 g, Kh: 265 g, kJ: 11234, kcal: 2691

Für den Knetteig:
125 g Weizenmehl
½ TL Dr. Oetker Backin
25 g Zucker
1 Prise Salz
1 Eiweiß (Größe M)
70 g Butter oder Margarine

Zum Vorbacken:
getrocknete Hülsenfrüchte

Für die Füllung:
1 Bio-Limette (unbehandelt, ungewachst)
2 Limetten
1 Eigelb (Größe M)
4 Eier (Größe M)
100 g Zucker
1 Pck. Dr. Oetker Vanillin-Zucker
125 g Crème double

Zum Garnieren und Bestäuben:
etwa 100 g Himbeeren
2 Stängel Minze
etwas Puderzucker
etwas Limettenschale

Zubereitungszeit: 35 Minuten, ohne Kühlzeit
Backzeit: 40–45 Minuten je Boden

1. Für den Teig Mehl mit Backpulver in einer Rührschüssel mischen. Zucker, Salz, Eiweiß und Butter oder Margarine hinzugeben.

2. Die Zutaten mit Handrührgerät mit Knethaken zunächst kurz auf niedrigster, dann auf höchster Stufe gut durcharbeiten.

3. Anschließend auf einer leicht bemehlten Arbeitsfläche zu einem glatten Teig verkneten. Den Knetteig in Frischhaltefolie gewickelt etwa 1 Stunde kalt stellen.

4. Den Backofen vorheizen.
Ober-/Unterhitze: etwa 200 °C
Heißluft: etwa 180 °C

5. Den Teig halbieren. Die Teighälften jeweils auf der leicht bemehlten Arbeitsfläche zu einer runden Platte (Ø etwa 19 cm) ausrollen.

6. Die Teigplatten in je 1 Tarteform (Ø 14 cm, Höhe 2,5 cm, gefettet) legen. Den Teig jeweils am Rand und auf dem Boden andrücken. Die Teigböden mehrmals mit einer Gabel einstechen und mit Backpapier belegen. Hülsenfrüchte darauf verteilen.

7. Die Formen nacheinander (bei Heißluft zusammen) auf dem Rost in den vorgeheizten Backofen schieben. Die Böden **etwa 15 Minuten je Boden vorbacken.**

8. Die Formen auf einen Kuchenrost stellen. Das Backpapier mit den Hülsenfrüchten entfernen.

9. Für die Füllung Bio-Limette heiß abwaschen, abtrocknen, halbieren und von 1 Hälfte die Schale abreiben. Alle Limetten halbieren, den Saft auspressen und 75 ml abmessen.

10. Eigelb, Eier, Zucker, Vanillin-Zucker, Limettenschale, -saft und Crème double mit einem Schneebesen verrühren. Die Eiermasse auf die noch heißen Gebäckböden geben.

11. Die Formen wieder nacheinander (bei Heißluft zusammen) auf dem Rost in den heißen Backofen schieben. Dann die Tartes **bei gleicher Backofentemperatur in 25–30 Minuten fertig backen.**

12. Die Formen jeweils auf einen Kuchenrost stellen. Die Tartes erkalten lassen und vorsichtig aus den Formen lösen.

13. Himbeeren verlesen. Minze abspülen und trocken tupfen. Die Limetten-Tarte kurz vor dem Servieren mit Puderzucker bestäuben. Mit Himbeeren, Minze und Limettenschale garnieren.

Tipp: Sie können die Limetten-Tarte in einer Tarteform (Ø 26–28 cm) backen.

Malaga-Kuchen

Raffiniert – mit Alkohol

Insgesamt:
E: 123 g, F: 469 g, Kh: 608 g, kJ: 31108, kcal: 7434

Für den All-in-Teig:
250 g Weizenmehl
100 g Speisestärke
2 gestr. TL Dr. Oetker Backin
150 g Zucker
1 Pck. Dr. Oetker Vanillin-Zucker
6 Eier (Größe M)
200 g weiche Butter oder Margarine
100 ml Milch
50 g gehackte Mandeln

1 Bio-Orange (unbehandelt, ungewachst)

Für die Füllung:
250 g Schlagsahne
1 Pck. Dr. Oetker Sahnesteif
250 g Mascarpone (ital. Frischkäse)
2–2 EL Rum
50 g Zucker
120 g Schoko-Rosinen

Zum Garnieren:
50 g gehobelte, geröstete Mandeln
30 g Schoko-Rosinen

Zubereitungszeit: 40 Minuten, ohne Abkühlzeit
Backzeit: etwa 60 Minuten

1. Den Backofen vorheizen.
Ober-/Unterhitze: etwa 180 °C
Heißluft: etwa 160 °C

2. Für den Teig Mehl mit Speisestärke und Backpulver mischen und in eine Rührschüssel geben. Den Zucker, Vanillin-Zucker, Eier, Butter oder Margarine, Milch und Mandeln hinzufügen. Die Zutaten mit Handrührgerät mit Rührbesen zunächst kurz auf niedrigster, dann auf höchster Stufe in etwa 1 Minute zu einem glatten Teig verarbeiten.

3. Den Teig in eine Kastenform (30 x 11 cm, gefettet, gemehlt) geben und glatt streichen. Die Form auf dem Rost in den vorgeheizten Backofen schieben und den Kuchen **etwa 60 Minuten backen.**

4. Die Form auf einen Kuchenrost stellen. Den Kuchen etwa 10 Minuten in der Form stehen lassen, dann aus der Form lösen und auf dem Kuchenrost etwas abkühlen lassen. Orange heiß abwaschen, abtrocknen und die Schale fein abreiben. Orange halbieren und den Saft auspressen. Orangenschale mit dem Saft vermischen. Den warmen Kuchen mehrmals mit einem Holzstäbchen einstechen. Die Saftmischung auf den Kuchen träufeln. Den Kuchen erkalten lassen.

5. Für die Füllung Sahne mit Sahnesteif steif schlagen. Mascarpone mit Rum und Zucker verrühren. Sahne unterheben. Ein Drittel der Creme abnehmen und beiseitestellen. Unter die restliche Creme die Schoko-Rosinen heben.

6. Den Kuchen zweimal waagerecht durchschneiden. Die Hälfte der Rosinencreme auf dem unteren Boden verteilen. Den zweiten Boden darauflegen, leicht andrücken und mit der restlichen Rosinencreme bestreichen. Oberen Boden darauflegen und leicht andrücken. Kuchenrand und -oberfläche mit der beiseitegestellten Creme bestreichen.

7. Zum Garnieren den Kuchen mit Mandeln und Schoko-Rosinen garnieren.

Malzbierkuchen mit Ananas I

Raffiniert

Insgesamt:
E: 148 g, F: 400 g, Kh: 620 g, kJ: 28898, kcal: 6905

Zum Vorbereiten:
250 g Ananasstücke (aus der Dose)
150 g geröstete, leicht gesalzene Erdnusskerne

Für den Rührteig:
250 g weiche Butter oder Margarine
220 g Zucker
1 TL Dr. Oetker Finesse Geriebene Zitronenschale
3 Eier (Größe M)
425 g Weizenmehl
3 gestr. TL Dr. Oetker Backin
125 ml (1/8 l) Malzbier

Zum Füllen:
175 g Erdnusscreme mit Erdnussstückchen (crunchy)

Zubereitungszeit: 50 Minuten, ohne Abkühlzeit
Backzeit: etwa 55 Minuten

1. Zum Vorbereiten Ananasstücke in einem Sieb abtropfen lassen. Größere Ananasstücke etwas kleiner schneiden. Erdnusskerne fein hacken.

2. Den Backofen vorheizen.
Ober-/Unterhitze: etwa 180 °C
Heißluft: etwa 160 °C

3. Für den Teig Butter oder Margarine in einer Rührschüssel mit Handrührgerät mit Rührbesen auf höchster Stufe geschmeidig rühren. Nach und nach Zucker und Zitronenschale unterrühren. So lange rühren, bis eine gebundene Masse entstanden ist. Eier nach und nach unterrühren (jedes Ei etwa 1/2 Minute).

4. Mehl mit Backpulver mischen, in 2 Portionen abwechselnd mit dem Malzbier auf mittlerer Stufe unterrühren. Erdnusskerne mit den Ananasstücken mischen und unter den Teig heben. Den Teig in eine Kastenform (30 x 11 cm, gefettet, mit Backpapier ausgelegt) geben und glatt streichen. Die Form auf dem Rost in den vorgeheizten Backofen schieben. Den Kuchen **etwa 55 Minuten backen.**

5. Die Form auf einen Kuchenrost stellen. Den Kuchen etwa 10 Minuten in der Form stehen lassen, dann aus der Form lösen und auf einem Kuchenrost erkalten lassen. Mitgebackenes Backpapier entfernen.

6. Den Kuchen zweimal waagerecht durchschneiden. Den unteren Boden mit der Hälfte der Erdnusscreme bestreichen, mit dem mittleren Boden belegen und etwas andrücken. Den mittleren Boden mit der restlichen Erdnusscreme bestreichen. Den oberen Boden darauflegen und etwas andrücken.

Mandarinen-Cranberry-Kuchen

Fruchtig – schnell

Insgesamt:
E: 81 g, F: 300 g, Kh: 544 g, kJ: 21928, kcal: 5232

Für den Belag:

350 g Mandarinen (aus Dosen)
150 g Butter
80 g brauner Zucker (Rohrzucker)
1 Prise Salz
1 Pck. Dr. Oetker Vanillin-Zucker
4 EL Schlagsahne
125 g getrocknete Cranberries
150 g Sonnenblumenkerne
½ Pck. Dr. Oetker Finesse Orangenschalen-Aroma

Für den Quark-Öl-Teig:

250 g Weizenmehl
3 gestr. TL Dr. Oetker Backin
125 g Speisequark (Magerstufe)
75 ml Milch
75 ml Speiseöl
75 g Zucker
1 Pck. Dr. Oetker Vanillin-Zucker
1 Prise Salz

Zubereitungszeit: 25 Minuten, ohne Abkühlzeit
Backzeit: etwa 25 Minuten

1. Den Backofen vorheizen.
Ober-/Unterhitze: etwa 200 °C
Heißluft: etwa 180 °C

2. Für den Belag Mandarinen in einem Sieb abtropfen lassen.

3. Butter, braunen Zucker, Salz, Vanillin-Zucker und Sahne in einem kleinen Topf bei schwacher Hitze unter Rühren aufkochen lassen. Cranberries, Sonnenblumenkerne und Orangenschalen-Aroma unterrühren. Den Topf von der Kochstelle nehmen. Die Masse etwas abkühlen lassen.

4. Für den Teig Mehl mit Backpulver mischen und in eine Rührschüssel geben. Quark, Milch, Speiseöl, Zucker, Vanillin-Zucker und Salz hinzufügen. Die Zutaten mit Handrührgerät mit Knethaken zunächst kurz auf niedrigster, dann auf höchster Stufe in etwa 1 Minute zu einem Teig verarbeiten (nicht zu lange, Teig klebt sonst).

5. Den Teig auf einer leicht bemehlten Arbeitsfläche zu einem Rechteck ausrollen und auf ein Backblech (30 x 40 cm, gefettet) legen. Den Teig auf dem Backblech ausrollen, sodass der Teig am Rand etwa 1 cm hoch steht.

6. Die Mandarinen unter die abgekühlte Sonnenblumenkernmasse heben und gleichmäßig auf dem Teig verteilen. Das Backblech in den vorgeheizten Backofen schieben. Kuchen **etwa 25 Minuten backen.**

7. Das Backblech auf einen Kuchenrost stellen. Den Kuchen erkalten lassen und in Stücke schneiden.

Tipp: Der Kuchen schmeckt frisch am besten.

Mandelherz | Zum Verschenken

Insgesamt:
E: 57 g, F: 169 g, Kh: 361 g, kJ: 13876, kcal: 3314

Für den Teig:
100 g Butter
5 Eiweiß (Größe M)
175 g feinster Zucker
1 Pck. Dr. Oetker Vanillin-Zucker
100 g Weizenmehl
½ gestr. TL Dr. Oetker Backin
100 g abgezogene, gemahlene Mandeln

Für den Guss:
100 g Zartbitter-Schokolade
100 ml Wasser
50 g gesiebter Puderzucker

Zubereitungszeit: 30 Minuten, ohne Abkühlzeit
Backzeit: etwa 50 Minuten

1. Den Backofen vorheizen.
Ober-/Unterhitze: etwa 180 °C
Heißluft: etwa 160 °C

2. Für den Teig Butter zerlassen und abkühlen lassen. Eiweiß mit Handrührgerät mit Rührbesen auf höchster Stufe so steif schlagen, dass ein Messerschnitt sichtbar bleibt. Nach und nach Zucker und Vanillin-Zucker kurz unterschlagen.

3. Mehl mit Backpulver mischen und vorsichtig unter die Eisschneemasse rühren. Die Mandeln unterheben. Zuletzt die Butter kurz unterrühren. Den Teig in eine Herzform (etwa 2 Liter, gefettet) füllen. Die Form auf dem Rost in den vorgeheizten Backofen schieben. Das Mandelherz **etwa 50 Minuten backen.**

4. Das Mandelherz aus der Form lösen, auf einen mit Backpapier belegten Kuchenrost stürzen und erkalten lassen.

5. Für den Guss Schokolade in Stücke brechen, mit Wasser in einem kleinen Topf unter Rühren erhitzen, Puderzucker hinzufügen. Die Masse unter Rühren etwas einkochen lassen, bis sie glänzt und anfängt dicklich zu werden. Den Topf von der Kochstelle nehmen. Die Schokoladenmasse etwas abkühlen lassen.

6. Das Mandelherz mit dem Guss überziehen. Den Guss fest werden lassen.

Tipp: Statt Schokolade, Wasser und Puderzucker können Sie für den Guss auch 150 g geschmolzene Zartbitter-Kuvertüre mit 1 Esslöffel Speiseöl verrühren.

Mandel-Orangen-Kuchen | Raffiniert

Insgesamt:
E: 95 g, F: 343 g, Kh: 541 g, kJ: 23586, kcal: 5635

Für den All-in-Teig:
250 g Weizenmehl
1 gestr. TL Dr. Oetker Backin
175 g Zucker
1 Pck. Dr. Oetker Vanillin-Zucker
50 g Hartweizengrieß
1 Msp. gemahlener Zimt
½ TL Dr. Oetker Finesse Orangenschalen-Aroma
4 Eier (Größe M)
125 g weiche Butter oder Margarine
100 ml Speiseöl
150 g abgezogene, gemahlene Mandeln

Für die Füllung:
200 g Orangenmarmelade

Zum Bestreuen und Bestäuben:
50 g gehobelte Mandeln
etwas Puderzucker

Zubereitungszeit: 25 Minuten, ohne Abkühlzeit
Backzeit: etwa 40 Minuten

1. Für den Teig Mehl mit Backpulver mischen und in eine Rührschüssel geben. Zucker, Vanillin-Zucker, Grieß, Zimt, Aroma, Eier, Butter oder Margarine, Speiseöl und Mandeln hinzufügen. Die Zutaten mit Handrührgerät mit Rührbesen zunächst kurz auf niedrigster, dann auf höchster Stufe in etwa 1 Minute zu einem glatten Teig verarbeiten.

2. Den Backofen vorheizen.
Ober-/Unterhitze: etwa 180 °C
Heißluft: etwa 160 °C

3. Zwei gut gehäufte Esslöffel des Teiges in einen Spritzbeutel mit kleiner Lochtülle oder in ein Schälchen füllen und beiseitestellen. Restlichen Teig in eine Springform (Ø 26 cm, gefettet) geben, glatt streichen.

4. Für die Füllung Marmelade auf dem Teig verteilen. Den beiseitegestellten Teig mit dem Spritzbeutel gitterartig mit großem Abstand auf den Teig (Springform) spritzen oder mit dem Teelöffel kleine Häufchen darauf verteilen. Mit Mandeln bestreuen. Die Form auf dem Rost in den vorgeheizten Backofen schieben. Den Kuchen **etwa 40 Minuten backen.**

5. Den Kuchen aus der Form lösen und auf einem Kuchenrost erkalten lassen. Kuchen mit Puderzucker bestäuben.

Mangokuchen, gestürzt | Fettarm

Insgesamt:
E: 22 g, F: 55 g, Kh: 169 g, kJ: 5284, kcal: 1267

Für den Rührteig:

50 g weiche Joghurt-Butter
30 g Zucker
1 Pck. Dr. Oetker Vanillin-Zucker
1 Prise Salz
1 TL Dr. Oetker Finesse Geriebene Zitronenschale
1 Ei (Größe M)
100 g Weizenmehl
1 gestr. TL Dr. Oetker Backin
5 EL Apfelsaft

Für den Belag:

1 große Mango (etwa 250 g Fruchtfleisch)
1 EL gehackte Pistazienkerne

Zubereitungszeit: 20 Minuten, ohne Abkühlzeit
Backzeit: 15–20 Minuten

1. Den Backofen vorheizen.
Ober-/Unterhitze: etwa 200 °C
Heißluft: etwa 180 °C

2. Für den Teig die Butter in einer Rührschüssel mit Handrührgerät mit Rührbesen geschmeidig rühren. Nach und nach Zucker, Vanillin-Zucker, Salz und Zitronenschale unterrühren. So lange rühren, bis eine gebundene Masse entstanden ist. Das Ei etwa 1/2 Minute auf höchster Stufe unterrühren.

3. Mehl mit Backpulver mischen, abwechselnd mit dem Apfelsaft auf mittlerer Stufe unterrühren.

4. Für den Belag Mango halbieren. Das Fruchtfleisch vom Stein schneiden und schälen. Das Fruchtfleisch in Spalten schneiden. Mangospalten kreisförmig in eine Pie- oder Tarteform (Ø 22 cm, gefettet, mit Zucker ausgestreut) legen. Den Teig daraufgeben und vorsichtig glatt streichen. Die Form auf dem Rost in den vorgeheizten Backofen schieben. Den Kuchen **15–20 Minuten backen.**

5. Die Form auf einen Kuchenrost stellen. Den Kuchen etwa 10 Minuten in der Form abkühlen lassen, dann einen großen flachen Teller auf die Form legen. Die Form mit dem Teller so umdrehen, dass der Kuchen auf dem Teller liegt. Die Form abnehmen. Gestürzten Mangokuchen mit Pistazienkernen bestreuen und in Stücke schneiden.

Tipp: Dieser Kuchen schmeckt warm sehr gut.

Marmor-Puddingkuchen | Für Kinder

Insgesamt:
E: 82 g, F: 228 g, Kh: 643 g, kJ: 20785, kcal: 4966

Für den Knetteig:
175 g Weizenmehl
25 g gesiebtes Kakaopulver
150 g Zucker
1 Pck. Dr. Oetker Vanillin-Zucker
1 Ei (Größe M)
100 g Butter oder Margarine

Für die Füllung:
2 Pck. Gala Bourbon-Vanille-Pudding-Pulver
120 g Zucker
750 ml (3/4 l) Milch
450 g Crème légère oder Schmand (Sauerrahm)
100 g Zartbitter-Schokolade

Für den Belag:
175 g Mandarinen (aus der Dose)
1 Pck. ungezuckerter Tortenguss, klar
2 TL Zucker
250 ml (1/4 l) Mandarinensaft (aus der Dose, mit Wasser aufgefüllt)

Zubereitungszeit: 60 Minuten, ohne Abkühlzeit
Backzeit: etwa 60 Minuten

1. Den Backofen vorheizen.
Ober-/Unterhitze: etwa 180 °C
Heißluft: etwa 160 °C

2. Für den Teig Mehl mit Kakao mischen und in eine Rührschüssel geben. Zucker, Vanillin-Zucker, Ei und Butter oder Margarine hinzufügen. Die Zutaten mit Handrührgerät mit Knethaken zunächst kurz auf niedrigster, dann auf höchster Stufe gut durcharbeiten. Anschließend den Teig auf einer leicht bemehlten Arbeitsfläche zu einem glatten Teig verkneten.

3. Gut die Hälfte des Teiges auf dem Boden einer Springform (Ø 26 cm, gefettet) ausrollen. Teigboden mehrmals mit einer Gabel einstechen. Den Springformrand darumlegen. Die Form auf dem Rost in den vorgeheizten Backofen schieben. Den Knetteigboden **etwa 10 Minuten vorbacken.**

4. Die Form auf einen Kuchenrost stellen. Den Knetteigboden abkühlen lassen.

5. Für die Füllung inzwischen aus Pudding-Pulver, Zucker und Milch einen Pudding nach Packungsanleitung, aber mit nur 750 ml (3/4 l) Milch zubereiten. Den Pudding leicht abkühlen lassen, dabei gelegentlich umrühren. Danach Crème légère oder Schmand unterrühren.

6. Schokolade in Stücke brechen, in einem kleinen Topf im heißen Wasserbad bei schwacher Hitze unter Rühren schmelzen. Ein Drittel der Puddingcreme abnehmen. Die Schokolade unterrühren.

7. Den restlichen Teig zu einer langen Rolle formen, als Rand auf den vorgebackenen Knetteigboden legen. So an die Form drücken, dass ein etwa 4 cm hoher Rand entsteht.

8. Dann den hellen Pudding in die Form füllen und glatt streichen. Den dunklen Pudding daraufgeben, glatt streichen und mit einer Gabel spiralförmig ein Marmormuster ziehen.

9. Die Form wieder auf dem Rost in den heißen Backofen schieben. Den Kuchen **bei gleicher Backofentemperatur in etwa 50 Minuten fertig backen.**

10. Den Kuchen im ausgeschalteten Backofen bei leicht geöffneter Backofentür etwa 10 Minuten stehen lassen. Dann die Form auf einen Kuchenrost stellen. Den Kuchen in der Springform erkalten lassen.

11. Für den Belag Mandarinen in einem Sieb abtropfen lassen. Den Saft auffangen, mit Wasser auf 250 ml (1/4 l) auffüllen. Den Kuchen aus der Form lösen. Die Mandarinenspalten dekorativ auf den Kuchen legen.

12. Aus Tortengusspulver, Zucker und dem Mandarinensaft-Wasser-Gemisch einen Guss nach Packungsanleitung zubereiten. Den Guss auf der Tortenoberfläche verteilen. Guss fest werden lassen.

Marmor-Tassenkuchen | Für Kinder

(1 Tasse = 200 ml)

Insgesamt:
E: 75 g, F: 280 g, Kh: 567 g, kJ: 21913, kcal: 5236

Für den All-in-Teig:

3 Tassen	*Weizenmehl (300 g)*
1 Pck.	*Dr. Oetker Backin*
2 Tassen	*Zucker (300 g)*
2 Pck.	*Dr. Oetker Vanillin-Zucker*
4	*Eier (Größe M)*
1 Pck.	*weiche Butter oder Margarine (250 g)*
1 Becher	*saure Sahne (200 g)*
1 geh. EL	*gesiebtes Kakaopulver*
1 EL	*Milch*

Zum Verzieren:

50 g	*Zartbitter-Kuvertüre*
1 TL	*Speiseöl*

Zubereitungszeit: 25 Minuten, ohne Abkühlzeit
Backzeit: etwa 60 Minuten

1. Den Backofen vorheizen.
Ober-/Unterhitze: etwa 180 °C
Heißluft: etwa 160 °C

2. Für den Teig Mehl mit Backpulver mischen und in eine Rührschüssel geben. Zucker, Vanillin-Zucker, Eier, Butter oder Margarine und saure Sahne hinzufügen. Die Zutaten mit Handrührgerät mit Rührbesen zunächst kurz auf niedrigster, dann auf höchster Stufe in etwa 2 Minuten zu einem glatten Teig verarbeiten.

3. Danach die Hälfte des Teiges in eine Kastenform (30 x 11 cm, gefettet, mit Mehl ausgestäubt) füllen. Unter den restlichen Teig Kakao und Milch rühren. Den dunklen Teig auf dem hellen Teig verteilen. Eine Gabel spiralförmig durch die Teigschichten ziehen, sodass ein Marmormuster entsteht.

4. Die Form auf dem Rost in den vorgeheizten Backofen schieben. Kuchen **etwa 60 Minuten backen.**

5. Die Form auf einen Kuchenrost stellen. Den Kuchen etwa 10 Minuten in der Form stehen lassen, dann aus der Form lösen und auf einem mit Backpapier belegten Kuchenrost erkalten lassen.

6. Zum Verzieren Kuvertüre in kleine Stücke hacken, mit Speiseöl in einem kleinen Topf im heißen Wasserbad bei schwacher Hitze unter Rühren schmelzen. Kuvertüre in ein Pergamentpapiertütchen füllen und eine kleine Ecke abschneiden. Den Kuchen damit besprenkeln. Kuvertüre fest werden lassen.

Maronencreme-Pyramide

Mit Alkohol – ohne zu backen

Insgesamt:
E: 40 g, F: 278 g, Kh: 368 g, kJ: 17942, kcal: 4285

Zum Tränken:
125 ml (1/8 l) Rotwein
50 g Zucker
1 Stange Zimt
3 Gewürznelken

12 Löffelbiskuits

Für die Schokoladencreme:
150 g weiche Butter
80 g Zucker
1 Pck. Dr. Oetker Vanillin-Zucker
100 g Zartbitter-Schokolade
3 EL Schlagsahne
100 g Esskastanien (Maronen, aus der Dose)
3 EL Rotwein
1 frisches Eigelb (Größe M)

Zum Verzieren und Garnieren:
250 g Schlagsahne
1/2 Pck. Dr. Oetker Sahnesteif
1 Pck. Dr. Oetker Vanillin-Zucker
50 g Zartbitter-Schokolade
6–8 Löffelbiskuits

Zubereitungszeit: 40 Minuten, ohne Kühlzeit

1. Zum Tränken Rotwein mit Zucker, Zimtstange und Nelken in einem Topf aufkochen und erkalten lassen. Zimtstange und Nelken entfernen. Die Löffelbiskuits auf einen Teller legen und mit dem Rotwein tränken.

2. Für die Creme die Butter mit Zucker und Vanillin-Zucker in einer Rührschüssel schaumig rühren. Schokolade in Stücke brechen, in einem kleinen Topf im heißen Wasserbad bei schwacher Hitze unter Rühren schmelzen. Die Sahne gut unterrühren. Die Schokoladen-Sahne-Masse etwas abkühlen lassen und unter die Buttermasse rühren.

3. Die Esskastanien in einem Sieb abtropfen lassen, pürieren oder reiben. Mit Rotwein und Eigelb unter die Schokoladencreme rühren.

4. Zweimal 3 getränkte Löffelbiskuits als Boden auf eine mit Backpapier belegte Kuchenplatte legen und gleichmäßig mit der Schokoladencreme bestreichen. Als nächste Lage zweimal 2 getränkte Löffelbiskuits darauflegen und ebenfalls mit der Schokoladencreme bestreichen. Als letzte Lage zweimal 1 getränkten Löffelbiskuit darauflegen und mit Schokoladencreme bestreichen. Pyramide mit der restlichen Schokoladencreme bestreichen, dabei oben eine Spitze formen.

5. Zum Verzieren und Garnieren Sahne mit Sahnesteif und Vanillin-Zucker steif schlagen und in einen Spritzbeutel mit Lochtülle füllen. Die Pyramide damit verzieren.

6. Schokolade wie unter Punkt 2 beschrieben schmelzen. Die Löffelbiskuits einmal quer durchschneiden, mit dem runden Ende jeweils in die Schokolade tauchen und auf Backpapier legen. Schokolade fest werden lassen. Die Pyramide mit den Löffelbiskuits garnieren.

Hinweis: Nur ein ganz frisches Eigelb für die Creme verwenden, dass nicht älter als 5 Tage ist (Legedatum beachten). Die Pyramide kalt stellen und innerhalb von 24 Stunden verzehren.

Marzipankranz

Zum Verschenken – mit Alkohol

Insgesamt:
E: 86 g, F: 272 g, Kh: 724 g, kJ: 24736, kcal: 5908

Für den Rührteig:

200 g Marzipan-Rohmasse
175 g weiche Butter oder Margarine
150 g Zucker
1 Pck. Dr. Oetker Bourbon-Vanille-Zucker
1 EL Orangenmarmelade ohne Schale
3 Eier (Größe M)
200 g Weizenmehl
100 g Speisestärke
3 gestr. TL Dr. Oetker Backin

Für den Belag:

175 g Mandarinen (aus der Dose)

Zum Aprikotieren:

200 g Orangenmarmelade ohne Schale
2 EL Orangenlikör oder Mandarinensaft (aus der Dose)

Für die Marzipan-Blätterranke:

100 g Marzipan-Rohmasse
25 g gesiebter Puderzucker
einige Tropfen grüne Speisefarbe

Zubereitungszeit: 60 Minuten, ohne Abkühlzeit
Backzeit: etwa 60 Minuten

1. Den Backofen vorheizen.
Ober-/Unterhitze: etwa 180 °C
Heißluft: etwa 160 °C

2. Für den Teig das Marzipan auf einer Haushaltsreibe grob reiben und in eine Rührschüssel geben. Butter oder Margarine hinzufügen und mit Handrührgerät mit Rührbesen auf höchster Stufe geschmeidig rühren. Nach und nach Zucker, Vanille-Zucker und Marmelade unterrühren. So lange rühren, bis eine gebundene Masse entstanden ist.

3. Die Eier nach und nach unterrühren (jedes Ei etwa ½ Minute). Mehl mit Speisestärke und Backpulver mischen, in 2 Portionen auf mittlerer Stufe unterrühren. Den Teig in eine Springform mit Rohrboden (Ø 26 cm, gefettet, gemehlt) geben und glatt streichen. Die Form auf dem Rost in den vorgeheizten Backofen schieben. Den Kuchen **etwa 60 Minuten backen.**

4. Die Form auf einen Kuchenrost stellen. Den Kuchen etwa 10 Minuten in der Form stehen lassen, dann vorsichtig aus der Form lösen und auf einen Kuchenrost stürzen.

5. Für den Belag Mandarinen in einem Sieb abtropfen lassen, den Saft auffangen.

6. Zum Aprikotieren Marmelade durch ein Sieb streichen. Mit Likör oder dem aufgefangenen Mandarinensaft in einem kleinen Topf unter Rühren gut aufkochen lassen. Den heißen Kuchen damit bestreichen und erkalten lassen. Kuchen mit den Mandarinen belegen.

7. Für die Blätterranke Marzipan mit Puderzucker und Speisefarbe verkneten. Marzipanmasse halbieren. Eine Marzipanhälfte zwischen 2 Lagen Frischhaltefolie ausrollen. Blätter ausstechen oder ausschneiden. Dann die zweite Marzipanhälfte zu einer bleistiftdünnen Rolle formen. Auf den Kranz legen, die Blätter daranlegen.

Mohnkuchen mit Johannisbeeren | Mit Alkohol

Insgesamt:
E: 79 g, F: 201 g, Kh: 533 g, kJ: 19524, kcal: 4666

Für den All-in-Teig:
330 g Weizenmehl
2 gestr. TL Dr. Oetker Backin
150 g Zucker
2 Pck. Dr. Oetker Vanillin-Zucker
1 Msp. Salz
1 Pck. Dr. Oetker Finesse Geriebene Zitronenschale
3 Eier (Größe M)
150 ml Speiseöl
150 g Joghurt
50 g Mohnsamen

Für den Belag:
1 Pck. ungezuckerter Tortenguss, rot
2 EL Zucker
6 EL Kirschwasser
6 EL Johannisbeersaft
300 g TK-Johannisbeeren

Zum Garnieren und Bestäuben:
125 g frische Johannisbeeren
einige Zitronenmelisseblättchen
etwas Puderzucker

Zubereitungszeit: 35 Minuten, ohne Abkühlzeit
Backzeit: 45–50 Minuten

1. Den Backofen vorheizen.
Ober-/Unterhitze: etwa 180 °C
Heißluft: etwa 160 °C

2. Für den Teig das Mehl mit Backpulver mischen und in eine Rührschüssel geben. Zucker, Vanillin-Zucker, Salz, Zitronenschale, Eier, Speiseöl, Joghurt und Mohnsamen hinzufügen. Die Zutaten mit Handrührgerät mit Rührbesen zunächst kurz auf niedrigster, dann auf höchster Stufe in etwa 2 Minuten zu einem glatten Teig verarbeiten. Dann den Teig in eine Springform (Ø 26 cm, Boden gefettet, gemehlt) geben und glatt streichen.

3. Für den Belag Tortengusspulver mit Zucker, Kirschwasser und Johannisbeersaft in einem Topf verrühren, unter Rühren kurz aufkochen lassen. Die gefrorenen Johannisbeeren vorsichtig unterrühren. Die Johannisbeermasse auf dem Teigboden verteilen und mit einer Gabel spiralförmig unter den Teig ziehen. Die Form auf dem Rost in den vorgeheizten Backofen schieben. Den Kuchen **45–50 Minuten backen.**

4. Die Form auf einen Kuchenrost stellen. Den Kuchen etwa 10 Minuten in der Form stehen lassen, dann aus der Form lösen und auf einem Kuchenrost erkalten lassen.

5. Zum Garnieren Johannisbeerrispen abspülen und trocken tupfen. Melisseblättchen ebenfalls abspülen und trocken tupfen. Den Kuchen mit den Johannisbeerripsen und Melisseblättchen garnieren. Mit Puderzucker bestäuben.

Mohn-Marmorkuchen mit Kirschen | Raffiniert

Insgesamt:
E: 82 g, F: 194 g, Kh: 532 g, kJ: 18311, kcal: 4372

Für den Schüttelteig:

175 g Butter oder Margarine
370 g Sauerkirschen (aus dem Glas)
1 Apfel
1 EL Zitronensaft
350 g Weizenmehl
1 Pck. Dr. Oetker Backin
150 g Zucker
1 Pck. Dr. Oetker Vanillin-Zucker
4 Eier (Größe M)
150 ml Milch
30 g Mohnsamen

Zum Bestäuben:

2 EL Puderzucker

Zubereitungszeit: 35 Minuten, ohne Abkühlzeit
Backzeit: etwa 50 Minuten

1. Für den Teig Butter oder Margarine in einem Topf zerlassen und abkühlen lassen. Die Sauerkirschen in einem Sieb gut abtropfen lassen und mit Küchenpapier trocken tupfen. Apfel schälen, vierteln, entkernen, grob raspeln und mit Zitronensaft beträufeln.

2. Den Backofen vorheizen.
Ober-/Unterhitze: etwa 180 °C
Heißluft: etwa 160 °C

3. Mehl mit Backpulver mischen, in eine verschließbare Schüssel (etwa 3-Liter-Inhalt) geben, mit Zucker und Vanillin-Zucker mischen. Eier, Butter oder Margarine und Milch hinzufügen. Dann die Schüssel mit dem Deckel fest verschließen.

4. Schüssel mehrmals (insgesamt 15–30 Sekunden) kräftig schütteln, sodass alle Zutaten gut vermischt sind. Alles mit einem Rührlöffel oder Schneebesen nochmals sorgfältig verrühren, damit trockene Zutaten vom Rand mit untergerührt werden.

5. Den Teig halbieren. Unter eine Hälfte Apfelraspel und unter die andere Hälfte den Mohn heben. Den Apfelteig in eine Springform mit Rohrboden (Ø 24 cm, gefettet, gemehlt) füllen. Den Mohnteig daraufgeben. Sauerkirschen darauf verteilen. Die Teige nicht durchrühren. Die Form auf dem Rost in den vorgeheizten Backofen schieben. Den Kuchen **etwa 50 Minuten backen.**

6. Die Form auf einen Kuchenrost stellen. Den Kuchen etwa 10 Minuten in der Form stehen lassen, danach aus der Form lösen und auf einen Kuchenrost stürzen. Den Kuchen erkalten lassen und vor dem Servieren mit Puderzucker bestäuben.

Mohn-Zebrakuchen I

Gut vorzubereiten – einfach

Insgesamt:
E: 75 g, F: 199 g, Kh: 351 g, kJ: 15178, kcal: 3627

Für den Schüttelteig:

150 g Butter oder Margarine
250 g Weizenmehl
3 gestr. TL Dr. Oetker Backin
120 g Zucker
2 Pck. Dr. Oetker Bourbon-Vanille-Zucker
3 Eier (Größe M)
125 g Mohnsamen

Zum Bestäuben:

1 EL Puderzucker

Zubereitungszeit: 35 Minuten, ohne Abkühlzeit
Backzeit: etwa 50 Minuten

1. Den Backofen vorheizen.
Ober-/Unterhitze: etwa 180 °C
Heißluft: etwa 160 °C

2. Für den Teig Butter oder Margarine in einem Topf zerlassen und abkühlen lassen. Mehl mit Backpulver mischen, in eine verschließbare Schüssel (etwa 3-Liter-Inhalt) geben, mit Zucker und Vanille-Zucker mischen. Die Eier und die zerlassene Butter oder Margarine hinzufügen. Die Schüssel mit dem Deckel fest verschließen.

3. Schüssel mehrmals (insgesamt 15–30 Sekunden) kräftig schütteln, sodass alle Zutaten gut vermischt sind. Alles mit einem Schneebesen oder Rührlöffel nochmals sorgfältig durchrühren, damit trockene Zutaten vom Rand mit untergerührt werden.

4. Den Teig halbieren. Unter eine Teighälfte den Mohn heben. Abwechselnd jeweils 1 Esslöffel von dem hellen und dem Mohnteig in eine Gugelhupfform (Ø 22 cm, gefettet, gemehlt) geben, bis der Teig verbraucht ist. Die Form auf dem Rost in den vorgeheizten Backofen schieben. Den Kuchen **etwa 50 Minuten backen.**

5. Die Form auf einen Kuchenrost stellen. Den Kuchen etwa 10 Minuten in der Form stehen lassen. Dann aus der Form lösen und auf den mit Backpapier belegten Kuchenrost stürzen. Kuchen erkalten lassen und mit Puderzucker bestäuben.

Tipp: Sie können den Kuchen auch mit einem Puderzuckerguss überziehen. Dafür 150 g gesiebten Puderzucker mit etwa 2 Esslöffeln Zitronensaft zu einer dickflüssigen Masse verrühren. Den Kuchen damit überziehen. Den Guss fest werden lassen.

Möhren-Kirsch-Kuchen I

Einfach – fruchtig

Insgesamt:
E: 72 g, F: 252 g, Kh: 558 g, kJ: 20331, kcal: 4855

Für den All-in-Teig:

740 g	*Sauerkirschen (aus Gläsern)*
3	*Möhren (etwa 250 g)*
1 Pck.	*Dr. Oetker Finesse Geriebene Zitronenschale*
120 g	*Zucker*
180 g	*Weizenmehl*
3 gestr. TL	*Dr. Oetker Backin*
70 g	*Hartweizengrieß*
1 gestr. TL	*gemahlener Zimt*
100 g	*abgezogene, gemahlene Mandeln*
3	*Eier (Größe M)*
200 g	*weiche Butter oder Margarine*

Für den Guss:

100 g	*gesiebter Puderzucker*
1–2 EL	*Kirschsaft (aus den Gläsern)*

Zubereitungszeit: 25 Minuten
Backzeit: etwa 30 Minuten

1. Für den Teig Kirschen in einem Sieb abtropfen lassen, dabei den Saft auffangen.

2. Die Möhren putzen, schälen, abspülen, abtropfen lassen und auf der feinen Seite der Haushaltsreibe reiben. Die geriebenen Möhren mit Zitronenschale und Zucker mischen.

3. Den Backofen vorheizen.
Ober-/Unterhitze: etwa 180 °C
Heißluft: etwa 160 °C

4. Das Mehl mit Backpulver in einer Rührschüssel mischen und danach Hartweizengrieß, Zimt, Mandeln, Eier, Butter oder Margarine und die Möhrenmasse hinzufügen.

5. Die Zutaten mit Handrührgerät mit Rührbesen zunächst kurz auf niedrigster, dann auf höchster Stufe in etwa 2 Minuten zu einem glatten Teig verarbeiten. Sauerkirschen unterheben.

6. Den Teig auf ein Backblech (30 x 40 cm, gefettet) geben und glatt streichen. Das Backblech in den vorgeheizten Backofen schieben. Dann den Kuchen **etwa 30 Minuten backen**.

7. Für den Guss den Puderzucker nach und nach mit 1–2 Esslöffeln Kirschsaft verrühren, sodass ein dickflüssiger Guss entsteht. Den Guss in einen kleinen Gefrierbeutel füllen und eine kleine Ecke abschneiden.

8. Das Backblech auf einen Kuchenrost stellen. Den Guss auf den heißen Kuchen sprenkeln. Den Kuchen erkalten lassen.

Tipp: Für einen weißen Zuckerguss ersetzen Sie den Kirschsaft durch die gleiche Menge Zitronensaft.
Sie können den Kuchen vor dem Besprenkeln mit Guss aprikotieren, Dafür 2 Esslöffel Aprikosenkonfitüre durch ein Sieb streichen, mit 1 Esslöffel Wasser in einem kleinen Topf unter Rühren kurz aufkochen lassen. Den heißen Kuchen sofort damit bestreichen, anschließend mit dem Guss besprenkeln.

Mokka-Makronen-Kuchen I

Für Gäste

(1 Tasse = 200 ml)

Insgesamt:
E: 78 g, F: 354 g, Kh: 513 g, kJ: 23942, kcal: 5719

Zum Vorbereiten:

gut ½ Tasse Milch (125 ml [⅛ l])
½ Tafel Vollmilch-Schokolade mit Mokka-Sahne-Cremefüllung (50 g)
1 EL gesiebtes Kakaopulver

Für den Rührteig:

1 Pck. weiche Butter oder Margarine (250 g)
gut 1 Tasse Zucker (180 g)
3 Eier (Größe M)
1 Eigelb (Größe M)
2 ½ Tassen Weizenmehl (250 g)
3 gestr. TL Dr. Oetker Backin

Für die Makronenmasse:

1 Eiweiß (Größe M)
2 EL Zucker
½ Tasse Macadamia-Nusskerne (50 g)

Für den Guss und zum Verzieren:

1 ½ Tafeln Vollmilch-Schokolade mit Mokka-Sahne-Cremefüllung (150 g)

Zum Garnieren:

einige Macadamia-Nusskerne

Zubereitungszeit: 40 Minuten, ohne Abkühlzeit
Backzeit: etwa 60 Minuten

1. Zum Vorbereiten Milch in einem kleinen Topf aufkochen lassen. Den Topf von der Kochstelle nehmen. Schokolade in Stücke brechen. Schokoladenstücke unter Rühren in der heißen Milch schmelzen lassen. Kakao unterrühren. Die Schokoladenmilch unter häufigem Rühren erkalten lassen.

2. Den Backofen vorheizen.
Ober-/Unterhitze: etwa 180 °C
Heißluft: etwa 160 °C

3. Für den Teig Butter oder Margarine mit Handrührgerät mit Rührbesen auf höchster Stufe geschmeidig rühren. Nach und nach Zucker unterrühren. So lange rühren, bis eine gebundene Masse entstanden ist.

4. Dann Eier und Eigelb nach und nach unterrühren (jedes Ei/Eigelb etwa ½ Minute).

5. Das Mehl mit Backpulver mischen, in 2 Portionen abwechselnd mit der Schokoladenmilch auf mittlerer Stufe unterrühren.

6. Den Teig in eine Napfkuchenform (Ø 22 cm, gefettet, gemehlt) geben und glatt streichen.

7. Für die Makronenmasse Eiweiß mit Handrührgerät mit Rührbesen auf höchster Stufe steif schlagen. Der Schnee muss so fest sein, dass ein Messerschnitt sichtbar bleibt. Nach und nach kurz den Zucker unterschlagen.

8. Nusskerne fein mahlen und vorsichtig unterheben. Die Makronenmasse auf dem Teig verteilen und mit einer Gabel spiralförmig durch die Teigschichten ziehen.

9. Die Form auf dem Rost in den vorgeheizten Backofen schieben. Kuchen **etwa 60 Minuten backen.**

10. Die Form auf einen Kuchenrost stellen. Den Kuchen etwa 10 Minuten in der Form stehen lassen, dann aus der Form lösen und auf den Kuchenrost stürzen. Den Kuchen erkalten lassen.

11. Für den Guss und zum Verzieren Schokolade in kleine Stücke brechen, in einem kleinen Topf im heißen Wasserbad bei schwacher Hitze unter Rühren schmelzen.

12. Etwas von der geschmolzenen Schokolade in ein Pergamentpapiertütchen füllen und eine kleine Spitze abschneiden.

13. Den Kuchen mit der restlichen Schokolade überziehen. Nusskerne in den feuchten Guss drücken. Den Kuchen mit der Schokolade aus dem Pergamentpapiertütchen verzieren. Guss fest werden lassen.

Mokka-Sahne-Kranz | Für Gäste

Insgesamt:
E: 98 g, F: 344 g, Kh: 345 g, kJ: 20482, kcal: 4891

Für den Biskuitteig:
150 g Zartbitter-Schokolade
7 Eier (Größe M)
125 g Zucker
1 Pck. Dr. Oetker Vanillin-Zucker
25 g Weizenmehl
1 gestr. TL Dr. Oetker Backin
150 g gemahlene Haselnusskerne

Für die Füllung:
2 TL Instant-Kaffee-Pulver
2 EL kochend heißes Wasser
400 g Schlagsahne
2 Pck. Dr. Oetker Sahnesteif
1 Pck. Dr. Oetker Bourbon-Vanille-Zucker
1 EL Zucker
50 g Mokka-Sahne-Schokolade (hell und dunkel gestreift)

50 g Mokka-Sahne-Schokolade

Zubereitungszeit: 50 Minuten, ohne Abkühlzeit
Backzeit: etwa 50 Minuten

1. Für den Teig die Schokolade in Stücke brechen, in einem kleinen Topf im heißen Wasserbad bei schwacher Hitze unter Rühren schmelzen. Die Schokolade abkühlen lassen.

2. Den Backofen vorheizen.
Ober-/Unterhitze: etwa 160 °C
Heißluft: etwa 140 °C

3. Dann die Eier mit Handrührgerät mit Rührbesen auf höchster Stufe in etwa 1 Minute schaumig schlagen. Den Zucker mit Vanillin-Zucker mischen und in etwa 1 Minute unter Rühren einstreuen, danach noch etwa 2 Minuten schlagen.

4. Das Mehl mit Backpulver und Haselnusskernen mischen, auf die Eiercreme geben und kurz auf niedrigster Stufe unterrühren. Schokolade ebenfalls kurz auf niedrigster Stufe unterrühren.

5. Den Teig in eine Kranzform (Ø 24 cm, gefettet, gemehlt) geben und glatt streichen. Die Form auf dem Rost in den vorgeheizten Backofen (unteres Drittel) schieben. Biskuitkranz **etwa 50 Minuten backen.**

6. Die Form auf einen Kuchenrost stellen. Den Biskuitkranz etwa 10 Minuten in der Form stehen lassen, dann aus der Form lösen und auf den mit Backpapier belegten Kuchenrost stürzen. Anschließend den Biskuitkranz erkalten lassen und zweimal waagerecht durchschneiden.

7. Für die Füllung das Kaffee-Pulver in dem Wasser auflösen und erkalten lassen. Sahne mit Sahnesteif, Vanille-Zucker und Zucker steif schlagen. Den Kaffee unterrühren.

8. Schokolade klein schneiden, unter gut die Hälfte der Kaffeesahne heben. Die einzelnen Kranzböden mit der Kaffee-Schokoladen-Sahne füllen und wieder zu einem Kranz zusammensetzen. Den Kranz mit der restlichen Sahne bestreichen. Nach Belieben mithilfe einer Gabel verzieren.

9. Die Schokolade in Streifen schneiden. Den Mokka-Sahne Kranz damit garnieren, kalt gestellt 2–3 Stunden durchziehen lassen.

Mühlespiel | Zum Verschenken – mit Alkohol

Insgesamt:
E: 82 g, F: 326 g, Kh: 608 g, kJ: 24181, kcal: 5778

Für den Rührteig:
200 g weiche Butter oder Margarine
200 g Zucker
1 Pck. Dr. Oetker Vanillin-Zucker
1 Prise Salz
4 Eier (Größe M)
250 g Weizenmehl
3 gestr. TL Dr. Oetker Backin
25 g gesiebtes Kakaopulver
125 ml (1/8 l) Rotwein
100 g gehackte Haselnusskerne

Für den Guss:
100 g gesiebter Puderzucker
1 EL Zitronensaft
etwas Wasser

Zum Verzieren und Garnieren:
9 Zartbitter-Schokoladentaler
9 weiße Schokoladentaler
etwas Puderzucker

Zubereitungszeit: 30 Minuten, ohne Abkühlzeit
Backzeit: etwa 25 Minuten

1. Den Backofen vorheizen.
Ober-/Unterhitze: etwa 180 °C
Heißluft: etwa 160 °C

2. Für den Teig Butter oder Margarine in einer Rührschüssel mit Handrührgerät mit Rührbesen auf höchster Stufe geschmeidig rühren. Nach und nach Zucker, Vanillin-Zucker und Salz unterrühren. So lange rühren, bis eine gebundene Masse entstanden ist. Eier nach und nach unterrühren (jedes Ei etwa 1/2 Minute).

3. Das Mehl mit Backpulver und Kakao mischen, in 2 Portionen abwechselnd mit dem Rotwein auf mittlerer Stufe unterrühren (nur so viel Rotwein verwenden, dass der Teig schwer reißend von einem Löffel fällt). Haselnusskerne kurz unterrühren.

4. Den Teig auf ein Backblech (30 x 40 cm, gefettet) geben und glatt streichen. Das Backblech in den vorgeheizten Backofen schieben. Die Gebäckplatte **etwa 25 Minuten backen.**

5. Das Backblech auf einen Kuchenrost stellen. Die Gebäckplatte erkalten lassen.

6. Für den Guss Puderzucker mit Zitronensaft und Wasser zu einer zähflüssigen Masse verrühren. Den Guss in ein Pergamentpapiertütchen füllen und eine kleine Spitze abschneiden. Mit dem Guss die Linien eines Mühlespielfeldes auf die Gebäckplatte spritzen. Die Schokoladentaler darauf verteilen. Den Guss fest werden lassen. Die Kuchenränder mit Puderzucker bestäuben.

Tipp: Der Kuchen bleibt länger frisch, wenn er vor dem Verzieren und Garnieren mit 150 g geschmolzener Schokolade überzogen wird.

Nougat-Herzen-Rolle

Zum Verschenken – gut vorzubereiten

Insgesamt:
E: 65 g, F: 300 g, Kh: 342 g, kJ: 18128, kcal: 4332

Für die dunkle Füllung:
150 g Zartbitter-Schokolade
6 Milka Nuss-Nougat-Creme-Herzen
250 g Schlagsahne
½ Pck. Dr. Oetker Finesse Orangenschalen-Aroma

Für den Biskuitteig:
3 Eier (Größe M)
1 Eigelb (Größe M)
70 g Zucker
1 Pck. Dr. Oetker Vanillin-Zucker
50 g Weizenmehl
15 g Speisestärke
½ gestr. TL Dr. Oetker Backin
1 geh. TL Kakaopulver
½ Pck. Dr. Oetker Finesse Orangenschalen-Aroma

Für die helle Füllung:
250 g Schlagsahne
1 Pck. Dr. Oetker Sahnesteif
12 Milka Nuss-Nougat-Creme-Herzen

Zum Verzieren und Garnieren:
50 g Zartbitter-Schokolade
6 Milka Nuss-Nougat-Creme-Herzen

Zubereitungszeit: 50 Minuten, ohne Kühlzeit
Backzeit: etwa 10 Minuten

1. Für die dunkle Füllung die Schokolade und Milka-Herzen grob hacken. Sahne in einem Topf erwärmen. Schokoladenstücke darin unter Rühren schmelzen lassen, bis eine glatte Masse entstanden ist. Aroma unterrühren. Frischhaltefolie direkt auf die Oberfläche der Schokoladenmasse legen und über Nacht kalt stellen.

2. Den Backofen vorheizen.
Ober-/Unterhitze: etwa 200 °C
Heißluft: etwa 180 °C

3. Für den Teig Eier und Eigelb mit Handrührgerät mit Rührbesen auf höchster Stufe in etwa 1 Minute schaumig schlagen. Zucker und Vanillin-Zucker mischen, in etwa 1 Minute unter Rühren einstreuen, dann noch etwa 2 Minuten schlagen. Mehl mit Speisestärke und Backpulver mischen, auf die Eiercreme geben und kurz auf niedrigster Stufe unterrühren.

4. Die Hälfte des Teiges in einen Gefrierbeutel füllen. Den Kakao sieben und mit dem Aroma unter den restlichen Teig rühren. Den dunklen Teig ebenfalls in einen Gefrierbeutel füllen. Ein Backblech (30 x 40 cm, gefettet) und mit Backpapier belegen, dabei an der offenen Seite das Backpapier mehrfach falten, sodass ein Rand entsteht.

5. Eine Ecke von dem Beutel mit dem hellen Teig abschneiden, sodass eine Öffnung von etwa 1 ½ cm entsteht. Den Teig in Streifen mit etwas Abstand diagonal auf das Backblech spritzen.

6. Von dem Beutel des dunklen Teiges ebenfalls eine Ecke abschneiden. Den dunklen Teig in Streifen zwischen die hellen Streifen spritzen. Das Backblech sofort in den vorgeheizten Backofen schieben. Die Biskuitplatte **etwa 10 Minuten backen.**

7. Die Biskuitplatte sofort nach dem Backen mit einem Messer vom Rand lösen. Biskuitplatte auf mit Zucker bestreutes Backpapier stürzen. Mitgebackenes Backpapier vorsichtig abziehen. Biskuitplatte erkalten lassen.

8. Die kalte Schokoladen-Sahne-Masse mit Handrührgerät mit Rührbesen auf höchster Stufe cremig aufschlagen und auf der Biskuitplatte verteilen.

9. Für die helle Füllung die Sahne mit Sahnesteif steif schlagen. 2 Esslöffel Sahne in einen Spritzbeutel mit kleiner Lochtülle geben. Die restliche Sahne auf die Schokoladen-Sahne-Creme streichen. Milka-Herzen hacken und daraufstreuen. Die Biskuitplatte mithilfe des Backpapiers von der längeren Seite aus vorsichtig

aufrollen. Die Rolle mit der Sahne aus dem Spritzbeutel verzieren und kalt stellen.

10. Zum Verzieren und Garnieren die Schokolade in Stücke brechen, in einem Topf im heißen Wasserbad bei schwacher Hitze unter Rühren schmelzen. Die Rolle mit der Schokolade besprenkeln. Schokolade fest werden lassen.

11. Nougat-Herzen-Rolle mit Milka-Herzen garnieren.

Nougatkranz | Zum Verschenken

Insgesamt:
E: 123 g, F: 261 g, Kh: 426 g, kJ: 19689, kcal: 4705

Für den Schüttelteig:
200 g Weizenmehl
3 gestr. TL Dr. Oetker Backin
125 g Zucker
1 Pck. Dr. Oetker Vanillin-Zucker
3 Eier (Größe M)
100 ml Speiseöl
100 ml Karottensaft mit Honig und Zitronensaft

Für die Füllung:
250 g Doppelrahm-Frischkäse
250 g Speisequark (Magerstufe)
200 g weiche Nuss-Nougat-Creme

Zum Bestreuen:
evtl. Vollmilch-Raspelschokolade

Zubereitungszeit: 45 Minuten, ohne Abkühlzeit
Backzeit: etwa 35 Minuten

1. Den Backofen vorheizen.
Ober-/Unterhitze: etwa 180 °C
Heißluft: etwa 160 °C

2. Für den Teig Mehl mit Backpulver mischen, in eine verschließbare Schüssel (etwa 3-Liter-Inhalt) geben, mit Zucker und Vanillin-Zucker vermischen. Die Eier, Speiseöl und Karottensaft hinzufügen. Schüssel mit dem Deckel fest verschließen.

3. Schüssel mehrmals (insgesamt 15–30 Sekunden) kräftig schütteln, sodass alle Zutaten gut vermischt sind. Alles mit einem Schneebesen oder Rührlöffel nochmals sorgfältig durchrühren, damit trockene Zutaten vom Rand mit untergerührt werden.

4. Den Teig in eine Kranzform (Ø 22 cm, gefettet, gemehlt) geben und glatt streichen. Die Form auf dem Rost in den vorgeheizten Backofen schieben. Den Gebäckkranz **etwa 35 Minuten backen.**

5. Die Form auf einen Kuchenrost stellen. Den Gebäckkranz etwa 10 Minuten in der Form stehen lassen, dann aus der Form lösen und auf den mit Backpapier belegten Kuchenrost stürzen.

6. Den Gebäckkranz erkalten lassen und zweimal waagerecht durchschneiden.

7. Für die Füllung den Doppelrahm-Frischkäse mit Quark und Nuss-Nougat in einer Rührschüssel mit Handrührgerät mit Rührbesen zu einer glatten Creme verrühren.

8. Den unteren Kranzboden auf eine Tortenplatte legen. Ein Drittel der Creme daraufstreichen.

9. Den zweiten Kranzboden darauflegen und mit der Hälfte der restlichen Creme bestreichen.

10. Den oberen Kranzboden darauflegen und leicht andrücken.

11. Von der restlichen Creme gut 1 Esslöffel in ein Pergamentpapiertütchen oder einen Gefrierbeutel füllen und eine Spitze abschneiden. Den Kranz mit der restlichen Creme bestreichen und mit der Creme aus dem Pergamentpapiertütchen oder Gefrierbeutel verzieren.

12. Den Nougatkranz nach Belieben mit Raspelschokolade bestreuen und kalt stellen.

Nougat-Streifen-Rolle | Raffiniert

Insgesamt:
E: 68 g, F: 193 g, Kh: 505 g, kJ: 16905, kcal: 4033

Zum Vorbereiten:
1 Pck. Dr. Oetker Pudding-Pulver Vanille-Geschmack
40 g Zucker
300 ml Milch
50 g Schlagsahne
100 g Nuss-Nougat

Für den Biskuitteig:
3 Eier (Größe M)
1 Eigelb (Größe M)
125 g Zucker
1 Pck. Dr. Oetker Vanillin-Zucker
125 g Weizenmehl
1 Msp. Dr. Oetker Backin
½ gestr. TL Kakaopulver

Für die Füllung:
150 g Schlagsahne
1 Pck. Dr. Oetker Vanillin-Zucker
2 Pck. Dr. Oetker Sahnesteif
100 g Nuss-Nougat

Zum Verzieren und Garnieren:
125 g Schlagsahne
einige Schichtnougatwürfel

Zubereitungszeit: 60 Minuten, ohne Kühlzeit
Backzeit: 8–10 Minuten

1. Zum Vorbereiten das Pudding-Pulver und Zucker mischen, mit 6 Esslöffeln Milch anrühren. Restliche Milch mit Sahne in einem Topf zum Kochen bringen. Den Nougat in Stücke schneiden und in der Milchsahne schmelzen.

2. Angerührtes Pudding-Pulver in die von der Kochstelle genommenen Milch-Nougat-Sahne rühren und unter Rühren mindestens 1 Minute kochen lassen. Den Pudding in eine Schüssel geben. Frischhaltefolie direkt auf den heißen Pudding legen, damit sich keine Haut bildet. Den Pudding erkalten lassen.

3. Den Backofen vorheizen.
Ober-/Unterhitze: etwa 200 °C
Heißluft: etwa 180 °C

4. Für den Teig Eier und Eigelb mit Handrührgerät mit Rührbesen auf höchster Stufe in etwa 1 Minute schaumig schlagen. Zucker und Vanillin-Zucker mischen, in etwa 1 Minute unter Rühren einstreuen, dann noch etwa 2 Minuten schlagen. Das Mehl mit Backpulver mischen, auf die Eiercreme geben und kurz auf niedrigster Stufe unterrühren.

5. Den Teig halbieren. Unter eine Teighälfte den Kakao rühren. Den hellen und dunklen Teig jeweils in einen Gefrierbeutel füllen und gut verschließen. Von dem Beutel mit dem hellen Teig eine etwa 1 ½ cm große Ecke abschneiden. Den Teig in gleichmäßigen diagonalen Streifen mit etwa 2 cm Abstand auf ein Backblech (30 x 40 cm, gefettet, mit Backpapier belegt) spritzen. In die Zwischenräume den dunklen Teig spritzen.

6. Das Backpapier an der offenen Seite des Backblechs so zu einer Falte knicken, dass ein Rand entsteht. Den Teig nicht mehr glatt streichen. Das Backblech in den vorgeheizten Backofen schieben. Die Biskuitplatte **8–10 Minuten backen.**

7. Die Biskuitplatte vom Backblechrand lösen und auf eine Arbeitsfläche stürzen, damit sich beim Aufrollen die dunkle Backhaut löst. Backpapier nicht abziehen. Gebäckplatte erkalten lassen.

8. Für die Füllung die Sahne mit Vanillin-Zucker und Sahnesteif steif schlagen. Den erkalteten Pudding mit Handrührgerät mit Rührbesen cremig rühren. Die steif geschlagene Sahne vorsichtig unterrühren.

9. Das mitgebackene Backpapier von der Biskuitplatte abziehen. Biskuitplatte von der Arbeitsfläche lösen, sodass die Backhaut entfernt wird. Die Nougat-Pudding-Creme auf der Biskuitplatte verteilen.

10. Aus dem Nougat lange, schmale, gleich große Streifen schneiden und in 2 Reihen im Abstand von etwa 5 cm auf die Creme legen. Die Gebäckplatte von der längeren Seite aus aufrollen und auf eine

Kuchenplatte legen. Die Rolle bis zum Servieren kalt stellen.

11. Zum Verzieren und Garnieren kurz vor dem Servieren Sahne steif schlagen, in einen Spritzbeutel mit Lochtülle oder einen Gefrierbeutel füllen und eine Ecke abschneiden. Rolle mit der Sahne verzieren.

12. Nougatwürfel diagonal halbieren, auf die Sahne legen.

Nusskuchen, geschüttelt I

Gut vorzubereiten – mit Alkohol

Insgesamt:
E: 99 g, F: 270 g, Kh: 594 g, kJ: 23425, kcal: 5595

Für den Schüttelteig:
- *100 g Butter oder Margarine*
- *300 g Weizenmehl*
- *1 Pck. Dr. Oetker Backin*
- *150 g Zucker*
- *1 Pck. Dr. Oetker Vanillin-Zucker*
- *4 Eier (Größe M)*
- *150 ml Eierlikör*
- *50 g gemahlene Haselnusskerne*
- *100 g Raspelschokolade*

Für den Guss:
- *100 g Zartbitter-Kuvertüre*
- *1–2 EL Speiseöl*

Zum Bestreuen:
- *100 g weiße Kuvertüre*

Zubereitungszeit: 30 Minuten, ohne Abkühlzeit
Backzeit: etwa 40 Minuten

1. Den Backofen vorheizen.
Ober-/Unterhitze: etwa 180 °C
Heißluft: etwa 160 °C

2. Für den Teig die Butter oder Margarine zerlassen und abkühlen lassen. Mehl mit Backpulver mischen, in eine verschließbare Schüssel (etwa 3-Liter-Inhalt) geben, mit Zucker und Vanillin-Zucker mischen. Die Eier, Butter oder Margarine und Eierlikör hinzufügen. Schüssel mit dem Deckel fest verschließen.

3. Schüssel mehrmals (insgesamt 15–30 Sekunden) kräftig schütteln, sodass alle Zutaten gut vermischt sind. Die Haselnusskerne und Raspelschokolade hinzugeben. Alles mit einem Schneebesen oder Rührlöffel nochmals sorgfältig durchrühren, damit trockene Zutaten vom Rand mit untergerührt werden.

4. Den Teig in eine Springform (Ø 26 cm, Boden gefettet) geben und glatt streichen. Die Form auf dem Rost in den vorgeheizten Backofen schieben und den Kuchen **etwa 40 Minuten backen.**

5. Den Kuchen aus der Form lösen und auf einem Kuchenrost erkalten lassen.

6. Für den Guss Kuvertüre in kleine Stücke hacken, mit Speiseöl in einem kleinen Topf im heißen Wasserbad bei schwacher Hitze unter Rühren schmelzen. Den Kuchen mit dem Guss überziehen.

7. Zum Bestreuen die Kuvertüre mit einem Sparschäler raspeln und auf den noch nicht ganz fest gewordenen Guss streuen.

Nusskuchen mit Kaffeeguss

Einfach – mit Alkohol

Insgesamt:
E: 82 g, F: 443 g, Kh: 612 g, kJ: 28230, kcal: 6746

Für den Schüttelteig:

200 g Weizenmehl
4 gestr. TL Dr. Oetker Backin
225 g Zucker
1 Pck. Dr. Oetker Vanillin-Zucker
3 Eier (Größe M)
2–3 EL Rum
gut 200 ml Speiseöl
300 g gemahlene Haselnusskerne

Für den Guss:

20 g Butter
200 g gesiebter Puderzucker
1 geh. TL lösliches Kaffee-Pulver
150 g saure Sahne
2–3 EL heißes Wasser

Zubereitungszeit: 30 Minuten
Backzeit: etwa 25 Minuten

1. Den Backofen vorheizen.
Ober-/Unterhitze: etwa 180 °C
Heißluft: etwa 160 °C

2. Für den Teig Mehl mit Backpulver mischen, in eine verschließbare Schüssel (etwa 3-Liter-Inhalt) geben, mit Zucker und Vanillin-Zucker mischen. Eier, Rum und Speiseöl hinzufügen. Schüssel mit dem Deckel fest verschließen.

3. Schüssel mehrmals (insgesamt 15–30 Sekunden) kräftig schütteln, sodass alle Zutaten gut vermischt sind. Die Haselnusskerne hinzufügen. Alles mit einem Schneebesen oder einem Rührlöffel nochmals sorgfältig durchrühren, damit trockene Zutaten vom Rand mit untergerührt werden.

4. Den Teig auf ein Backblech (30 x 40 cm, gefettet) geben und glatt streichen. Das Backblech in den vorgeheizten Backofen schieben. Dann den Kuchen **etwa 25 Minuten backen.**

5. Das Backblech auf einen Kuchenrost stellen.

6. Für den Guss Butter zerlassen. Den Puderzucker mit Kaffee-Pulver in einer Schüssel mischen. Saure Sahne, Wasser und die zerlassene Butter hinzufügen. Die Zutaten zu einer dickflüssigen Masse verrühren. Den heißen Kuchen damit bestreichen. Den Guss fest werden lassen.

Tipp: Den Nusskuchen nach Belieben mit gehackten Haselnusskernen garnieren.

Nuss-Marzipan-Schnitten |

Gut vorzubereiten – mit Alkohol

Insgesamt:
E: 165 g, F: 627 g, Kh: 837 g, kJ: 44482, kcal: 10613

Zum Vorbereiten:
200 g Zartbitter-Schokolade
8 Eiweiß (Größe M)

Für den Rührteig:
300 g weiche Butter oder Margarine
300 g gesiebter Puderzucker
1 Pck. Dr. Oetker Vanillin-Zucker
8 Eigelb (Größe M)
3 EL Rum
200 g gemahlene Haselnusskerne
160 g Weizenmehl
1 TL Dr. Oetker Backin

Zum Bestreichen:
4 EL Aprikosenkonfitüre
3 EL Rum

Für den Belag:
400 g Marzipan-Rohmasse

Für den Guss:
150 g dunkle Kuchenglasur

Zubereitungszeit: 40 Minuten, ohne Abkühlzeit
Backzeit: etwa 25 Minuten

1. Zum Vorbereiten Schokolade in Stücke brechen, in einem kleinen Topf im heißen Wasserbad bei schwacher Hitze unter Rühren schmelzen, abkühlen lassen. Eiweiß steif schlagen und beiseitestellen.

2. Den Backofen vorheizen.
Ober-/Unterhitze: etwa 180 °C
Heißluft: etwa 160 °C

3. Für den Teig Butter oder Margarine in einer Rührschüssel mit Handrührgerät mit Rührbesen auf höchster Stufe geschmeidig rühren. Nach und nach Puderzucker und Vanillin-Zucker unterrühren. So lange rühren, bis eine gebundene Masse entstanden ist. Eigelb nach und nach unterrühren (jedes Eigelb knapp ½ Minute). Rum hinzufügen. Abgekühlte Schokolade unterrühren.

4. Haselnusskerne, Mehl und Backpulver mischen, in 2 Portionen auf mittlerer Stufe unterrühren. Beiseitegestellten Eischnee unterheben. Den Teig auf ein Backblech (30 x 40 cm, gefettet, mit Backpapier belegt) geben und glatt streichen. Das Backblech in den vorgeheizten Backofen schieben. Dann den Kuchen **etwa 25 Minuten backen.**

5. Das Backblech auf einen Kuchenrost stellen. Den Kuchen erkalten lassen.

6. Zum Bestreichen Konfitüre durch ein Sieb streichen, mit Rum in einem kleinen Topf erwärmen und glatt rühren. Den Kuchen damit bestreichen.

7. Für den Belag das Marzipan verkneten, zwischen Frischhaltefolie (oder aufgeschnittenen Gefrierbeuteln) zu 2 Platten (je etwa 20 x 30 cm) ausrollen. Dann die Marzipanplatten auf den Kuchen legen.

8. Für den Guss die Kuchenglasur nach Packungsanleitung schmelzen. Den Kuchen damit bestreichen. Guss fest werden lassen.

Tipps: Statt gemahlener Haselnusskerne können auch gehackte Haselnusskerne unter den Teig gehoben werden. Sehr lecker schmecken die Schnitten auch mit gemahlenen, nicht abgezogenen Mandeln. Gut verpackt hält sich der Kuchen mehrere Tage.

Nussrolle, schnell |

Beliebt – mit Alkohol

Insgesamt:
E: 47 g, F: 87 g, Kh: 382 g, kJ: 10744, kcal: 2566

Für den Biskuitteig:
4 Eier (Größe M)
4 EL heißes Wasser
100 g Zucker
1 Pck. Dr. Oetker Vanillin-Zucker
abgeriebene Schale von
½ Bio-Zitrone oder Bio-Orange (unbehandelt, ungewachst)
50 g Weizenmehl
1 gestr. TL Dr. Oetker Backin
100 g gemahlene Haselnusskerne

Für die Füllung:
300 g Aprikosenkonfitüre
3 EL Aprikosenlikör oder weißer Rum

Zum Bestäuben:
etwas Puderzucker

Zubereitungszeit: 35 Minuten, ohne Abkühlzeit
Backzeit: 12–15 Minuten

1. Den Backofen vorheizen.
Ober-/Unterhitze: etwa 200 °C
Heißluft: etwa 180 °C

2. Für den Teig Eier und Wasser mit Handrührgerät mit Rührbesen auf höchster Stufe in etwa 1 Minute schaumig schlagen. Zucker mit Vanillin-Zucker und Zitrusschale mischen, in etwa 1 Minute unter Rühren einstreuen, dann noch etwa 2 Minuten schlagen.

3. Mehl mit Backpulver mischen, auf die Eiercreme geben und kurz auf niedrigster Stufe unterrühren. Die Haselnusskerne vorsichtig unterheben.

4. Den Teig auf ein Backblech (30 x 40 cm, gefettet, mit Backpapier belegt) geben und glatt streichen. An der offenen Seite des Backbleches das Backpapier unmittelbar vor dem Teig zur Falte knicken, sodass ein Rand entsteht. Das Backblech in den vorgeheizten Backofen schieben. Die Biskuitplatte **12–15 Minuten backen.**

5. Die Biskuitplatte sofort vom Backblechrand lösen und auf mit Zucker bestreutes Backpapier stürzen. Mitgebackenes Backpapier mit kaltem Wasser bestreichen und vorsichtig, aber schnell abziehen.

6. Für die Füllung die Konfitüre mit Likör oder Rum verrühren. Die Biskuitplatte sofort mit der Konfitüre bestreichen und von der kürzeren Seite aus aufrollen. Nussrolle erkalten lassen und vor dem Servieren mit Puderzucker bestäuben.

Tipp: Statt Aprikosenkonfitüre können Sie auch Preiselbeer- oder Waldbeerkonfitüre und Rum verwenden.

Nuss-Rum-Schnitten I

Einfach – mit Alkohol

Insgesamt:
E: 55 g, F: 230 g, Kh: 459 g, kJ: 17695, kcal: 4207

Für den Teig:

1 Pck. Backmischung Nusskuchen (520 g)
150 g weiche Butter oder Margarine
3 Eier (Größe M)
100 ml Milch

Für den Guss:

1 Pck. Glasurmischung (ist in der Packung)
2–3 EL Rum

Zum Bestreichen:

100 g Zartbitter-Schokolade
1 EL Speiseöl

Zubereitungszeit: 35 Minuten, ohne Abkühlzeit
Backzeit: etwa 20 Minuten

1. Den Backofen vorheizen.
Ober-/Unterhitze: etwa 180 °C
Heißluft: etwa 160 °C

2. Für den Teig die Backmischung mit Butter oder Margarine, Eiern und Milch nach Packungsanleitung zubereiten.

3. Den Teig auf ein Backblech (30 x 40 cm, gefettet) geben und glatt streichen. Das Backblech in den vorgeheizten Backofen schieben und den Kuchen **etwa 20 Minuten backen.**

4. Das Backblech auf einen Kuchenrost stellen.

5. Für den Guss die Glasurmischung mit Rum zu einer streichfähigen Masse verrühren. Den warmen Kuchen sofort damit bestreichen. Guss einziehen lassen.

6. Zum Bestreichen Schokolade in Stücke brechen, mit Speiseöl in einem kleinen Topf im heißen Wasserbad bei schwacher Hitze unter Rühren schmelzen. Den Kuchen damit bestreichen. Schokolade fest werden lassen.

Obstkuchen mit Mohn-Marzipan-Creme | Raffiniert

Insgesamt:
E: 53 g, F: 91 g, Kh: 228 g, kJ: 8297, kcal: 1982

Für den Biskuitteig:
25 g Butter oder Margarine
2 Eier (Größe M)
2 EL heißes Wasser
60 g Zucker
35 g Weizenmehl
25 g Speisestärke
1 TL gesiebtes Kakaopulver

Für die Creme:
4 Blatt weiße Gelatine
500 g Mohn-Marzipan-Joghurt
100 g Schlagsahne

Zum Garnieren:
4 reife Aprikosen
½ Ogen-Melone
200 g frische Himbeeren

Zubereitungszeit: 45 Minuten, ohne Kühlzeit
Backzeit: etwa 25 Minuten

1. Den Backofen vorheizen.
Ober-/Unterhitze: etwa 180 °C
Heißluft: etwa 160 °C

2. Für den Teig Butter oder Margarine zerlassen und abkühlen lassen. Eier und Wasser mit Handrührgerät mit Rührbesen auf höchster Stufe in etwa 1 Minute schaumig schlagen. Danach den Zucker in etwa 1 Minute unter Rühren einstreuen, dann noch etwa 2 Minuten schlagen.

3. Mehl mit Speisestärke und Kakao mischen, auf die Eiercreme geben und kurz auf niedrigster Stufe unterrühren. Butter oder Margarine kurz unterrühren.

4. Den Teig in eine Obstkuchenform (Ø 28 cm, gefettet, gemehlt) geben und glatt streichen. Die Form auf dem Rost in den vorgeheizten Backofen schieben. Den Biskuitboden **etwa 25 Minuten backen.**

5. Die Form auf einen Kuchenrost stellen. Den Biskuitboden in der Form kurz stehen lassen, dann aus der Form lösen und auf den mit Backpapier belegten Kuchenrost stürzen. Biskuitboden erkalten lassen.

6. Für die Creme Gelatine in kaltem Wasser nach Packungsanleitung einweichen. Eingeweichte Gelatine leicht ausdrücken, in einem kleinen Topf bei schwacher Hitze unter Rühren erwärmen (nicht kochen), bis sie völlig gelöst ist. Die Gelatine zuerst mit 4 Esslöffeln Joghurt verrühren. Dann unter den restlichen Joghurt rühren und kalt stellen.

7. Die Sahne steif schlagen. Wenn die Joghurtmasse anfängt zu gelieren, Sahne unterheben. Die Joghurtcreme auf dem Biskuitboden verteilen und vorsichtig glatt streichen.

8. Zum Garnieren Aprikosen kurz in kochendes Wasser legen und in kaltem Wasser abschrecken, Aprikosen enthäuten, halbieren, entsteinen und in Spalten schneiden. Melonenhälfte entkernen. Das Fruchtfleisch mit einem Kugelausstecher aus der Schale lösen. Die Himbeeren verlesen und die Tortenoberfläche mit den Aprikosenspalten, Melonenkugeln und Himbeeren garnieren. Den Obstkuchen mit der Mohn-Marzipan-Creme etwa 2 Stunden kalt stellen.

Tipps: Mohn-Marzipan-Joghurt gibt es vor allem in der Winterzeit. Der Kuchen schmeckt aber auch mit Haselnussjoghurt sehr gut.

Omas Nusskuchen

Klassisch – mit Alkohol

Insgesamt:
E: 86 g, F: 466 g, Kh: 482 g, kJ: 27836, kcal: 6651

Für den Rührteig:
150 g gemahlene Haselnusskerne
100 g gehackte Haselnusskerne
275 g weiche Butter oder Margarine
175 g Zucker
1 Pck. Dr. Oetker Vanillin-Zucker
4 Eier (Größe M)
200 g Weizenmehl
1 gestr. TL Dr. Oetker Backin

Zum Tränken:
5 EL Rum

Zum Aprikotieren:
4 EL Aprikosenkonfitüre
3 EL Rum oder Wasser

Für den Guss:
100 g Zarbitter-Schokolade
2 EL Speiseöl

Zubereitungszeit: 30 Minuten, ohne Kühlzeit
Backzeit: 60–70 Minuten

1. Den Backofen vorheizen.
Ober-/Unterhitze: etwa 180 °C
Heißluft: etwa 160 °C

2. Für den Teig beide Sorten Haselnusskerne gleichmäßig auf einem Backblech verteilen, in den vorgeheizten Backofen schieben und leicht rösten. Haselnusskerne erkalten lassen.

3. Butter oder Margarine mit Handrührgerät mit Rührbesen auf höchster Stufe geschmeidig rühren. Nach und nach den Zucker und Vanillin-Zucker unterrühren. So lange rühren, bis eine gebundene Masse entstanden ist.

4. Die Eier nach und nach unterrühren (jedes Ei etwa ½ Minute).

5. Mehl mit Backpulver mischen, in 2 Portionen auf mittlerer Stufe unterrühren. Haselnusskerne unter den Teig heben.

6. Den Teig in eine Kastenform (30 x 11 cm, gefettet, gemehlt) geben und glatt streichen. Die Form auf dem Rost in den vorgeheizten Backofen schieben. Kuchen **bei gleicher Backofentemperatur 60–70 Minuten backen.**

7. Den Kuchen aus der Form lösen und auf einen Kuchenrost legen. Den Kuchen mehrmals mit einem Holzstäbchen einstechen und mithilfe eines Backpinsels von allen Seiten mit Rum bestreichen.

8. Zum Aprikotieren Konfitüre durch ein Sieb streichen, in einem kleinen Topf mit Rum oder Wasser verrühren und gut aufkochen lassen. Den Kuchen damit bestreichen. Kuchen erkalten lassen.

9. Für den Guss Schokolade in Stücke brechen, mit Speiseöl in einem kleinen Topf im heißen Wasserbad bei schwacher Hitze unter Rühren schmelzen. Den Kuchen damit bestreichen. Guss fest werden lassen.

Tipps: Wenn Kinder mitessen, anstelle von Rum Apfelsaft verwenden. Der Kuchen schmeckt am besten, wenn er 1–2 Tage durchgezogen ist. Gut verpackt hält er sich etwa 1 Woche.

Orangen-Marzipan-Kuchen I

Für Gäste

Insgesamt:
E: 89 g, F: 356 g, Kh: 431 g, kJ: 22195, kcal: 5304

450 g TK-Blätterteig (6 Platten)

Für die Füllung:
1 Bio-Orange (unbehandelt, ungewachst)
400 g Marzipan-Rohmasse
100 g weiche Butter
30 g Hartweizengrieß
25 g gemahlene Pistazienkerne
1 Ei (Größe M)
80 g Zucker
150 ml Orangensaft (von der Bio-Orange plus Handelsware)

Zum Bestreichen:
2 EL Schlagsahne

Zum Bestäuben:
evtl. Puderzucker

Zubereitungszeit: 30 Minuten, ohne Auftau-, Ruhe- und Abkühlzeit
Backzeit: etwa 30 Minuten

1. Blätterteigscheiben nebeneinander zugedeckt nach Packungsanleitung auftauen lassen.

2. Für die Füllung Orange heiß abwaschen, abtrocknen und die Schale dünn abreiben. Orange halbieren und den Saft auspressen.

3. Den Backofen vorheizen.
Ober-/Unterhitze: etwa 200 °C
Heißluft: etwa 180 °C

4. Marzipan in kleine Würfel schneiden und in eine Rührschüssel geben. Butter hinzufügen und mit Handrührgerät mit Rührbesen glatt rühren. Hartweizengrieß, Pistazienkerne, Ei, Zucker, Orangenschale und -saft hinzufügen und zu einer glatten Masse verrühren.

5. Vier Teigplatten aufeinanderlegen, auf einer leicht bemehlten Arbeitsfläche zu einer Platte (33 x 43 cm) ausrollen. Teigplatte auf ein Backblech (30 x 40 cm, gefettet) legen und ruhen lassen (Teig zieht sich etwas zusammen). Restliche Teigplatten ebenfalls aufeinanderlegen, zu einem Quadrat (etwa 27 x 27 cm) ausrollen und ruhen lassen.

6. Den Teig auf dem Backblech mehrmals mit einer Gabel einstechen. Orangen-Marzipan-Masse auf dem Teig verteilen.

7. Restlichen Teig mit Sahne bestreichen und mit einem Pizzaroller oder scharfen Messer zuerst zu einem Quadrat (etwa 25 x 25 cm) schneiden, dann den Teig in etwa 5 cm große Quadrate schneiden. Die Teigquadrate mit der bestrichenen Seite nach oben auf die Orangen-Marzipan-Füllung legen. Das Backblech in den vorgeheizten Backofen schieben. Den Kuchen **etwa 30 Minuten backen.**

8. Das Backblech auf einen Kuchenrost stellen. Den Kuchen erkalten lassen. Nach Belieben mit Puderzucker bestäuben.

Tipp: Sehr gut schmeckt griechischer Joghurt dazu.

Orangenrolle, schnell | Fruchtig

Insgesamt:
E: 65 g, F: 218 g, Kh: 517 g, kJ: 18100, kcal: 4319

Für den Biskuitteig:
50 g Butter
4 Eier (Größe M)
1 Eigelb (Größe M)
75 g Zucker
1 Pck. Dr. Oetker Vanillin-Zucker
125 g Weizenmehl
knapp ½ gestr. TL Dr. Oetker Backin

Für die Füllung:
3–4 Orangen
340 g Orangenmarmelade
½ Pck. Dr. Oetker Finesse Orangenschalen-Aroma

Zum Bestreichen:
400 g Schlagsahne
1 Pck. Saucenpulver Vanille-Geschmack ohne Kochen

Zum Garnieren:
50 g Orangenschokolade

Zubereitungszeit: 40 Minuten, ohne Kühlzeit
Backzeit: etwa 10 Minuten

1. Den Backofen vorheizen.
Ober-/Unterhitze: etwa 200 °C
Heißluft: etwa 180 °C

2. Für den Teig Butter zerlassen und abkühlen lassen. Eier und Eigelb mit Handrührgerät mit Rührbesen auf höchster Stufe in etwa 1 Minute schaumig schlagen. Zucker und Vanillin-Zucker mischen, in etwa 1 Minute unter Rühren einstreuen, dann noch etwa 2 Minuten schlagen.

3. Mehl mit Backpulver mischen, auf die Eiercreme geben und kurz auf niedrigster Stufe unterrühren. Zuletzt die flüssige Butter kurz unterrühren. Den Teig auf ein Backblech (30 x 40 cm, gefettet, mit Backpapier belegt) geben und glatt streichen. Das Backblech in den vorgeheizten Backofen schieben. Die Biskuitplatte **etwa 10 Minuten backen.**

4. Den Gebäckrand mit einem Messer vom Backblech lösen. Gebäckplatte auf mit wenig Zucker bestreutes Backpapier stürzen. Das mitgebackene Backpapier abziehen.

5. Für die Füllung die Orangen so schälen, dass die weiße Haut mitentfernt wird. Orangen filetieren und in einem Sieb abtropfen lassen. Orangenmarmelade mit Aroma verrühren, auf die Biskuitplatte streichen und mit den Orangenfilets belegen. Die Biskuitplatte mithilfe des Backpapiers aufrollen und kalt stellen.

6. Zum Bestreichen Sahne mit Saucenpulver steif schlagen. Die Biskuitrolle damit bestreichen.

7. Zum Garnieren Schokolade mit einem Sparschäler schaben. Die Orangenrolle damit garnieren und bis zum Servieren kalt stellen.

Osternest | Zum Verschenken

Insgesamt:
E: 121 g, F: 296 g, Kh: 1030 g, kJ: 31185, kcal: 7449

Für den Rührteig:
200 g weiche Butter oder Margarine
200 g Zucker
1 Pck. Dr. Oetker Vanillin-Zucker
5 Eier (Größe M)
300 g Weizenmehl
1 Pck. Gala Karamell-Pudding-Pulver
1 Pck. Dr. Oetker Backin
125 ml (1/8 l) Milch
50 g weiche Nuss-Nougat-Creme

Für den Knetteig:
125 g Weizenmehl
1 Msp. Dr. Oetker Backin
50 g Marzipan-Rohmasse
50 g Butter oder Margarine
50 g Zucker
1 Pck. Dr. Oetker Vanillin-Zucker
1–2 EL Milch

Zum Bestreichen:
1 EL Milch

Für den Guss:
150 g gesiebter Puderzucker
etwa 2 EL Wasser
gelbe und grüne Speisefarbe

Zum Garnieren und Verzieren:
100 g Marzipan-Rohmasse
25 g gesiebter Puderzucker
grüne Speisefarbe
20 g Zartbitter-Schokolade
einige kleine bunte Liebesperlen

Zubereitungszeit: 60 Minuten
Backzeit: Gebäckkranz etwa 50 Minuten
Backzeit: Figuren 15–20 Minuten

1. Den Backofen vorheizen.
Ober-/Unterhitze: etwa 180 °C
Heißluft: etwa 160 °C

2. Für den Rührteig Butter oder Margarine in einer Rührschüssel mit Handrührgerät mit Rührbesen auf höchster Stufe geschmeidig rühren. Nach und nach Zucker und Vanillin-Zucker unterrühren. So lange rühren, bis eine gebundene Masse entstanden ist. Eier nach und nach unterrühren (jedes Ei etwa 1/2 Minute). Mehl mit Pudding-Pulver und Backpulver mischen, in 2 Portionen abwechselnd mit der Milch auf mittlerer Stufe unterrühren.

3. Zwei Drittel des Teiges in eine Kranzform (Ø 24 cm, gefettet, gemehlt) streichen und mit einem Löffel eine durchgehende Vertiefung in den Teig ziehen. Den restlichen Teig mit Nuss-Nougat-Creme verrühren und mit einem Löffel in der Vertiefung verteilen. Die Form auf dem Rost in den vorgeheizten Backofen schieben. Den Gebäckkranz **etwa 50 Minuten backen.**

4. Die Form auf einen Kuchenrost stellen. Gebäckkranz etwa 5 Minuten in der Form stehen lassen, dann aus der Form lösen und auf den mit Backpapier belegten Kuchenrost stürzen. Gebäckkranz erkalten lassen.

5. Für den Knetteig Mehl mit Backpulver mischen und in eine Rührschüssel geben. Restliche Zutaten hinzugeben und mit Handrührgerät mit Knethaken zunächst kurz auf niedrigster, dann auf höchster Stufe gut durcharbeiten. Anschließend den Teig auf der leicht bemehlten Arbeitsfläche zu einem glatten Teig verkneten. Sollte er kleben, ihn in Frischhaltefolie gewickelt eine Zeit lang kalt stellen.

6. Teig auf der leicht bemehlten Arbeitsfläche etwa 1/2 cm dick ausrollen, mithilfe einer vorher angefertigten Schablone einen Hasen ausschneiden und mit Plätzchenausstechern mehrere Eier ausstechen. Die Figuren vorsichtig auf ein Backblech (mit Backpapier belegt) legen, mit Milch bestreichen und in den heißen Backofen schieben. Die Figuren **bei gleicher Backofentemperatur 15–20 Minuten backen.**

7. Die Figuren mit dem Backpapier vom Backblech auf einen Kuchenrost ziehen. Figuren erkalten lassen.

8. Für den Guss Puderzucker mit Wasser zu einer dickflüssigen Masse verrühren. 1 Esslöffel von dem Guss abnehmen und mit etwas gelber Speisefarbe verrühren. Restlichen Guss mit grüner Speisefarbe verrühren. Den Gebäckkranz auf eine Tortenplatte legen. Den grünen Guss auf den Gebäckkranz geben, sodass er in „Nasen" herunterläuft.

9. Zum Garnieren Marzipan mit Puderzucker und grüner Speisefarbe verkneten und durch ein Sieb oder eine Küchenreibe drücken. Das so entstandene „Gras" auf den Gebäckkranz in den noch feuchten Guss legen.

10. Zum Verzieren die Schokolade in einem kleinen Topf im heißen Wasserbad bei schwacher Hitze unter Rühren schmelzen. Schokolade und den gelben Zuckerguss getrennt voneinander in Gefrierbeutel oder Pergamentpapiertütchen füllen, eine kleine Ecke abschneiden. Den Hasen und die Eier damit verzieren, mit Liebesperlen bestreuen. Die Verzierung fest werden lassen. Das Nest mit dem Hasen und den Eiern schmücken und servieren.

Tipps: Das Osternest hält sich gut verpackt einige Tage und ist ohne Guss und Garnierung auch gefriergeeignet.

Passauer Apfelkuchen

Klassisch – mit Alkohol

Insgesamt:
E: 130 g, F: 332 g, Kh: 1008 g, kJ: 31729, kcal: 7577

Für den Knetteig:
300 g Weizenmehl
½ gestr. TL Dr. Oetker Backin
125 g Zucker
1 Pck. Dr. Oetker Vanillin-Zucker
abgeriebene Schale von
1 Bio-Zitrone (unbehandelt, ungewachst)
½ Eigelb
1 Eiweiß (Größe M)
150 g Butter oder Margarine

Für die Mohnfüllung:
250 g backfertige Mohnfüllung
2 Pck. Dr. Oetker Vanillin-Zucker
je 1 Msp. gemahlener Zimt und Nelken
etwa 50 g Semmelbrösel
125 ml (⅛ l) Milch
30 g Rum-Rosinen

2 dünne Wiener Böden (vom Konditor, jeweils etwa 1 cm dick)

Für die Nussfüllung:
200 g gemahlene Haselnusskerne
250 ml (¼ l) Milch
50 g Zucker
1 Msp. gemahlener Zimt
1 EL Rum
50 g Semmelbrösel

Für die Apfelfüllung:
750 g Äpfel
50 g Zucker
1 Msp. gemahlener Zimt
30 g Rum-Rosinen
etwas Wasser

½ Eigelb
1 TL Milch

Zubereitungszeit: 60 Minuten, ohne Abkühlzeit
Backzeit: etwa 80 Minuten

1. Für den Teig Mehl mit Backpulver mischen und in eine Rührschüssel geben. Den Zucker, Vanillin-Zucker, Zitronenschale, Eigelb, Eiweiß und Butter oder Margarine hinzufügen. Die Zutaten mit Handrührgerät mit Knethaken zunächst kurz auf niedrigster, dann auf höchster Stufe gut durcharbeiten. Anschließend den Teig auf der leicht bemehlten Arbeitsfläche zu einem glatten Teig verkneten. Sollte er kleben, ihn in Frischhaltefolie gewickelt eine Zeit lang kalt stellen. Dann die Hälfte des Teiges auf dem Boden einer Springform (Ø 28 cm, Boden gefettet) ausrollen. Den Springformrand darumlegen.

2. Für die Mohnfüllung Mohnfüllung, Vanillin-Zucker, Zimt, Nelken, Semmelbrösel und Milch mit Handrührgerät mit Rührbesen zu einer geschmeidigen Masse verrühren. Rum-Rosinen unterheben und die Mohnfüllung auf dem Knetteigboden verteilen und mit einem Wiener Boden belegen.

3. Für die Nussfüllung die Haselnusskerne mit Milch, Zucker, Zimt, Rum und Semmelbröseln in einer Rührschüssel gut verrühren. Dann die Nussfüllung auf den Wiener Boden geben und glatt streichen. Den zweiten Wiener Boden darauflegen und leicht andrücken.

4. Den Backofen vorheizen.
Ober-/Unterhitze: etwa 180 °C
Heißluft: etwa 160 °C

5. Für die Apfelfüllung Äpfel schälen, vierteln, entkernen und in kleine Stücke schneiden. Apfelstücke, Zucker, Zimt und Rum-Rosinen mit etwas Wasser in einem Topf unter Rühren leicht dünsten. Die Apfelfüllung auf dem Wiener Boden verteilen und abkühlen lassen.

6. Den restlichen Knetteig auf der leicht bemehlten Arbeitsfläche zu einer runden Platte (Ø etwa 28 cm) ausrollen und auf die Apfelfüllung legen. Die Teigplatte mehrmals mit einer Gabel einstechen.

7. Eigelb mit Milch verschlagen. Die Teigplatte damit bestreichen. Die Form auf dem Rost in den vorge-

heizten Backofen schieben. Dann den Kuchen **etwa 80 Minuten backen.**

8. Den Apfelkuchen aus der Form lösen und auf einem Kuchenrost erkalten lassen.

Tipps: Rosinen mit Rum schon einen Tag vor der Zubereitung in einem zugedeckten Gefäß einweichen und durchziehen lassen. Wer lieber auf Alkohol verzichten möchte, weicht die Rosinen jeweils in 2 Esslöffeln Orangensaft ein.

Pekannuss-Käsekuchen | Raffiniert

Insgesamt:
E: 170 g, F: 249 g, Kh: 551 g, kJ: 21532, kcal: 5138

Zum Vorbereiten:
2 Pck. Dr. Oetker Pudding-Pulver Vanille-Geschmack
180 g Zucker
500 ml (½ l) Milch
750 g Speisequark (Magerstufe)
1 Pck. Dr. Oetker Finesse Geriebene Zitronenschale
Mark von 1 Vanilleschote

Für den Knetteig:
50 g Pekannusskerne
200 g Weizenmehl
50 g Zucker
2 Eigelb (Größe M)
125 g Butter oder Margarine

2 Eiweiß (Größe M)
100 g Pekannusskerne

Zum Karamellisieren:
5 EL Puderzucker

Zubereitungszeit: 60 Minuten, ohne Abkühlzeit
Backzeit: etwa 75 Minuten

1. Zum Vorbereiten das Pudding-Pulver mit Zucker und etwas von der Milch anrühren. Die restliche Milch in einem Topf zum Kochen bringen. Das angerührte Pudding-Pulver in die von der Kochstelle genommene Milch rühren und unter Rühren gut aufkochen lassen. Den Topf von der Kochstelle nehmen. Den Pudding etwas abkühlen lassen, dabei ab und zu umrühren.

2. Quark, Zitronenschale und Vanillemark unterrühren. Die Pudding-Quark-Masse erkalten lassen.

3. Den Backofen vorheizen.
Ober-/Unterhitze: etwa 200 °C
Heißluft: etwa 180 °C

4. Für den Teig Pekannusskerne fein mahlen. Mehl in eine Rührschüssel geben. Zucker, Eigelb, Butter oder Margarine und Pekannusskerne hinzufügen.

5. Die Zutaten mit Handrührgerät mit Knethaken zunächst kurz auf niedrigster, dann auf höchster Stufe gut durcharbeiten.

6. Anschließend den Teig auf einer leicht bemehlten Arbeitsfläche zu einem glatten Teig verkneten. Sollte er kleben, ihn in Frischhaltefolie gewickelt eine Zeit lang kalt stellen.

7. Zwei Drittel des Teiges auf dem Boden einer Springform (Ø 26 cm, Boden gefettet) ausrollen. Springformrand darumlegen. Den Teigboden mehrmals mit einer Gabel einstechen.

8. Die Form auf dem Rost in den vorgeheizten Backofen schieben. Den Knetteigboden **etwa 15 Minuten vorbacken.**

9. Die Form auf einen Kuchenrost stellen. Den Knetteigboden etwas abkühlen lassen. Restlichen Teig zu einer Rolle formen und als Rand auf den vorgebackenen Boden legen. So an die Form drücken, dass ein etwa 3 cm hoher Rand entsteht.

10. Eiweiß steif schlagen und unter die erkaltete Pudding-Quark-Masse heben. Die Quarkmasse auf dem vorgebackenen Boden verteilen.

11. Form wieder auf dem Rost in den heißen Backofen schieben. Den Kuchen **bei gleicher Backofentemperatur in etwa 60 Minuten fertig backen.**

12. Die Form auf einen Kuchenrost stellen. Den Kuchen in der Form erkalten lassen.

13. Den Kuchen aus der Form lösen und auf eine Platte legen. Pekannusskerne auf die Kuchenoberfläche streuen.

14. Zum Karamellisieren Puderzucker in einer kleinen Pfanne unter Rühren goldbraun karamellisieren und sofort auf den Pekannusskernen verteilen. Karamell fest werden lassen.

Pfirsich-Kokos-Tarte

Einfach

Insgesamt:
E: 35 g, F: 231 g, Kh: 317 g, kJ: 14616, kcal: 3495

Für die Streusel:

50 g Weizenmehl
25 g Kokosraspel
50 g Zucker
50 g weiche Butter

Für den Belag:

465 g Pfirsichhälften (aus der Dose)

Für den All-in-Teig:

1 Bio-Limette (unbehandelt, ungewachst)
125 g Weizenmehl
1 gestr. TL Dr. Oetker Backin
50 g Zucker
1 Ei (Größe M)
100 ml Speiseöl
100 g Crème fraîche
50 g Kokosraspel

Zubereitungszeit: 30 Minuten
Backzeit: 40–45 Minuten

1. Den Backofen vorheizen.
Ober-/Unterhitze: etwa 180 °C
Heißluft: etwa 160 °C

2. Für die Streusel Mehl, Kokosraspel und Zucker in einer Rührschüssel mischen. Butter hinzufügen. Die Zutaten mit Handrührgerät mit Rührbesen zu Streuseln von gewünschter Größe verarbeiten. Je länger gerührt wird, desto größer werden die Streusel. Teigstreusel kalt stellen.

3. Für den Belag Pfirsichhälften in einem Sieb abtropfen lassen.

4. Für den Teig die Limette heiß abwaschen, abtrocknen und die Schale auf der Haushaltsreibe abreiben. Die Limettenschale mit Mehl und Backpulver in einer Rührschüssel mischen. Zucker, Ei, Speiseöl, Crème fraîche und Kokosraspel hinzufügen. Die Zutaten mit Handrührgerät mit Rührbesen in etwa 1 Minute zu einem glatten Teig verarbeiten.

5. Dann den Teig in eine Tarteform (Ø 28 cm, gefettet) geben und glatt streichen. Die Pfirsichhälften in jeweils 4 Spalten schneiden und kreisförmig auf den Teig legen.

6. Kalt gestellte Teigstreusel auf den Pfirsichspalten und den Teig verteilen. Die Form auf dem Rost in den vorgeheizten Backofen schieben. Tarte **40–45 Minuten backen.**

7. Die Form auf einen Kuchenrost stellen. Die Tarte lauwarm oder kalt servieren.

Tipp: Wenn Sie frische Pfirsiche verwenden möchten, ritzen Sie die Haut an der Unterseite der Pfirsiche kreuzweise ein. Die Pfirsiche zuerst kurz in kochendes, anschließend in kaltes Wasser legen und die Haut abziehen. Danach die Pfirsiche halbieren und jeweils den Stein entfernen.

Pfirsich-Tassenkuchen | Fruchtig

(1 Tasse = 150 ml)

Insgesamt:
E: 68 g, F: 373 g, Kh: 550 g, kJ: 25164, kcal: 6013

Für den All-in-Teig:
4 Eier (Größe M)
1 Tasse Speiseöl (150 ml)
1 Tasse Zucker (150 g)
2 Pck. Dr. Oetker Pudding-Pulver Vanille-Geschmack
1/2 Tasse Weizenmehl (50 g)
2 gestr. TL Dr. Oetker Backin

Für den Belag:
200–250 g Pfirsichjoghurt
750 g Pfirsichhälften (aus Dosen)
600 g Schlagsahne
2 Pck. Dr. Oetker Sahnesteif

Für den Guss:
375 ml (3/8 l) Pfirsichsaft (aus den Dosen)
2 Pck. Galetta Vanille-Geschmack (Pudding-Pulver ohne Kochen)

Zubereitungszeit: 25 Minuten, ohne Abkühlzeit
Backzeit: 20–25 Minuten

1. Den Backofen vorheizen.
Ober-/Unterhitze: etwa 180 °C
Heißluft: etwa 160 °C

2. Für den Teig Eier, Speiseöl, Zucker, Pudding-Pulver, Mehl und Backpulver in eine Rührschüssel geben. Die Zutaten mit Handrührgerät mit Rührbesen zunächst kurz auf niedrigster, dann auf höchster Stufe in etwa 2 Minuten zu einem glatten Teig verarbeiten.

3. Den Teig in eine Fettpfanne (30 x 40 cm, gefettet, gemehlt) geben und glatt streichen. Die Fettpfanne in den vorgeheizten Backofen schieben. Den Gebäckboden **20–25 Minuten backen.**

4. Das Backblech auf einen Kuchenrost stellen. Den Gebäckboden erkalten lassen.

5. Für den Belag Joghurt verrühren und dünn auf den Gebäckboden streichen. Die Pfirsichhälften in einem Sieb abtropfen lassen, den Saft auffangen und 375 ml (3/8 l) Saft abmessen. Dann Pfirsichhälften in Spalten schneiden, auf dem Gebäckboden verteilen. Sahne mit Sahnesteif steif schlagen und auf den Pfirsichspalten verstreichen.

6. Für den Guss den Pfirsichsaft mit Galetta nach Packungsanleitung, aber mit den hier angegebenen Mengen verrühren. Den Guss in einen Spritzbeutel mit kleiner Lochtülle oder einen Gefrierbeutel füllen und eine kleine Ecke abschneiden. Den Guss zügig in Form eines Gitters auf den Kuchen spritzen. Den Kuchen bis zum Servieren kalt stellen.

Tipp: Am besten schmeckt der Kuchen, wenn er am Vortag zubereitet wurde.

Pflaumenkuchen mit Mascarpone | Raffiniert

Insgesamt:
E: 56 g, F: 160 g, Kh: 392 g, kJ: 13844, kcal: 3306

Für den Rührteig:
50 g weiche Butter oder Margarine
75 g Zucker
1 Ei (Größe M)
125 g Weizenmehl
1 gestr. TL Dr. Oetker Backin
½ TL gemahlener Zimt
4 EL Milch

Zum Beträufeln:
100 ml kalter Kaffee

Für die Creme:
2 Blatt weiße Gelatine
250 g Mascarpone (ital. Frischkäse)
125 g Speisequark (Magerstufe)
50 g gesiebter Puderzucker
3 Tropfen Butter-Vanille-Aroma
3 EL Zitronensaft
50 ml kalter Kaffee

Für den Belag:
500 g große, runde Pflaumen
1 Pck. ungezuckerter Tortenguss, klar
2 EL Zucker
250 ml (¼ l) roter Johannisbeersaft

Zum Bestreuen und Garnieren:
etwas Hagelzucker
einige Minzeblättchen

Zubereitungszeit: 60 Minuten, ohne Kühlzeit
Backzeit: etwa 25 Minuten

1. Den Backofen vorheizen.
Ober-/Unterhitze: etwa 180 °C
Heißluft: etwa 160 °C

2. Für den Teig Butter oder Margarine mit Handrührgerät mit Rührbesen auf höchster Stufe geschmeidig rühren. Zucker unterrühren. So lange rühren, bis eine gebundene Masse entstanden ist. Ei in etwa ½ Minute unterrühren.

3. Mehl mit Backpulver und Zimt mischen, in 2 Portionen abwechselnd mit der Milch auf mittlerer Stufe unterrühren. Den Teig in eine Springform (Ø 20 cm, Boden gefettet) geben, glatt streichen.

4. Die Form auf dem Rost in den vorgeheizten Backofen schieben. Den Gebäckboden **etwa 25 Minuten backen.**

5. Den Gebäckboden aus der Form lösen, auf einen Kuchenrost stürzen und erkalten lassen.

6. Gebäckboden mit Kaffee beträufeln. Einen Tortenring darumlegen.

7. Für die Creme die Gelatine in kaltem Wasser nach Packungsanleitung einweichen. Mascarpone, Quark, Puderzucker, Aroma, Zitronensaft und Kaffee in einer Rührschüssel glatt rühren.

8. Eingeweichte Gelatine ausdrücken, in einem kleinen Topf bei schwacher Hitze unter Rühren erwärmen (nicht kochen), bis sie völlig gelöst ist. Gelatine zuerst mit 3–4 Esslöffeln der Mascarponecreme verrühren, dann unter die restliche Mascarponecreme rühren.

9. Die Mascarponecreme auf dem Gebäckboden verteilen. Den Kuchen kalt stellen. Die Creme fest werden lassen.

10. Für den Belag Pflaumen waschen, abtrocknen, entstielen, halbieren und entsteinen. Pflaumenhälften in Spalten schneiden.

11. Aus Tortengusspulver, Zucker und Saft einen Guss nach Packungsanleitung zubereiten. Die Hälfte des Gusses auf die fest gewordene Mascarponecreme geben. Die Pflaumenspalten darauflegen. Den restlichen Guss darauf verteilen.

12. Den Kuchen vor dem Servieren mit Hagelzucker bestreuen. Mit abgespülten und trocken getupften Minzeblättchen garnieren.

Pflaumenkuchen mit Zimtstreuseln | Für Kinder

Insgesamt:
E: 66 g, F: 140 g, Kh: 753 g, kJ: 19141, kcal: 4568

Zum Vorbereiten:
etwa 800 g Pflaumenhälften (aus Gläsern)
50 g Speisestärke
60 g Zucker
1 Pck. Dr. Oetker Finesse Geriebene Zitronenschale

Für den Quark-Öl-Teig:
300 g Weizenmehl
3 gestr. TL Dr. Oetker Backin
125 g Speisequark (Magerstufe)
75 g Zucker
1 Pck. Dr. Oetker Vanillin-Zucker
1 Prise Salz
1 Pck. Dr. Oetker Finesse Geriebene Zitronenschale
100 ml fettarme Milch (1,5 % Fett)
100 ml Sonnenblumenöl

Für die Streusel:
4 Zwiebäcke (je etwa 22 g)
50 g zerlassene, abgekühlte Halbfettbutter
2 EL Weizenmehl
2 EL Hagelzucker
1 TL gemahlener Zimt

Zubereitungszeit: 50 Minuten, ohne Abkühlzeit
Backzeit: etwa 20 Minuten

1. Zum Vorbereiten Pflaumenhälften in einem Sieb abtropfen lassen. Den Saft dabei auffangen. Speisestärke mit 4 Esslöffeln von dem Saft anrühren. Restlichen Pflaumensaft in einem kleinen Topf mit Zucker und Zitronenschale zum Kochen bringen. Angerührte Speisestärke unter Rühren in den von der Kochstelle genommenen Saft rühren und unter Rühren kurz aufkochen lassen. Die Pflaumenhälften unterheben, etwas abkühlen lassen.

2. Den Backofen vorheizen.
Ober-/Unterhitze: etwa 200 °C
Heißluft: etwa 180 °C

3. Für den Teig Mehl mit Backpulver mischen, in eine Rührschüssel geben. Restliche Zutaten hinzufügen. Zutaten mit Handrührgerät mit Knethaken zunächst kurz auf niedrigster, dann auf höchster Stufe zu einem glatten Teig verarbeiten (nicht zu lange, Teig klebt sonst).

4. Den Teig auf einem Backblech (30 x 40 cm, gefettet) ausrollen. Pflaumenkompott darauf verteilen.

5. Für die Streusel die Zwiebäcke in einen kleinen Gefrierbeutel geben. Beutel fest verschließen. Zwiebäcke mit einer Teigrolle fein zerbröseln und in eine Rührschüssel geben. Halbfettbutter, Mehl, Hagelzucker und Zimt hinzufügen. Die Zutaten mit Handrührgerät mit Rührbesen zunächst kurz auf niedrigster, dann auf höchster Stufe zu Streuseln von gewünschter Größe verarbeiten. Teigstreusel auf dem Pflaumenkompott verteilen. Das Backblech in den vorgeheizten Backofen schieben. Den Pflaumenkuchen **etwa 20 Minuten backen.**

6. Das Backblech auf einen Kuchenrost stellen. Den Pflaumenkuchen erkalten lassen.

Pflaumenkuchen, schnell | Fruchtig

Insgesamt:
E: 48 g, F: 204 g, Kh: 513 g, kJ: 17232, kcal: 4116

Für den Belag:
800 g frische Pflaumen

Für den All-in-Teig:
125 g Weizenmehl
1 gestr. TL Dr. Oetker Backin
125 g Zucker
1 Pck. Dr. Oetker Vanillin-Zucker
1 Pck. Dr. Oetker Finesse Geriebene Zitronenschale
125 g weiche Butter oder Margarine
2 Eier (Größe M)

Für die Streusel:
150 g Weizenmehl
100 g Zucker
1 Msp. gemahlener Zimt
100 g weiche Butter oder Margarine

Zubereitungszeit: 35 Minuten
Backzeit: etwa 50 Minuten

1. Für den Belag Pflaumen waschen, abtrocknen, halbieren, entsteinen, von oben längs einschneiden.

2. Den Backofen vorheizen.
Ober-/Unterhitze: etwa 180 °C
Heißluft: etwa 160 °C

3. Für den Teig Mehl mit Backpulver mischen und in eine Rührschüssel geben. Zucker, Vanillin-Zucker, Zitronenschale, Butter oder Margarine und Eier hinzufügen. Die Zutaten mit Handrührgerät mit Rührbesen zunächst kurz auf niedrigster, dann auf höchster Stufe in etwa 2 Minuten zu einem glatten Teig verarbeiten.

4. Den Teig in eine Springform (Ø 26 cm, Boden gefettet) geben, glatt streichen. Pflaumen dachziegelartig, mit der Innenseite nach oben auf den Teig legen.

5. Für die Streusel Mehl in eine Rührschüssel geben, mit Zucker und Zimt mischen. Butter oder Margarine hinzufügen. Die Zutaten mit Handrührgerät mit Rührbesen zu Streuseln von gewünschter Größe verarbeiten. Die Teigstreusel auf den Pflaumen verteilen. Die Form auf dem Rost in den vorgeheizten Backofen schieben. Den Kuchen **etwa 50 Minuten backen.**

6. Den Pflaumenkuchen aus der Form lösen und auf einem Kuchenrost erkalten lassen.

Pflaumen-Mohn-Schnitten |

Raffiniert – mit Alkohol

Insgesamt:
E: 97 g, F: 373 g, Kh: 464 g, kJ: 23855, kcal: 5693

Für den Biskuitteig:
5 Eier (Größe M)
3 EL heißes Wasser
120 g Zucker
1 Pck. Dr. Oetker Vanillin-Zucker
125 g Weizenmehl
50 g Speisestärke
2 gestr. TL Dr. Oetker Backin
100 g Mohnsamen

Für die Pflaumenfüllung:
500 g frische Pflaumen
125 ml (1/8 l) Weißwein
30 g Zucker
1/2 gestr. TL gemahlener Zimt
20 g Speisestärke
2 EL Wasser

Für den Belag:
400 g Schlagsahne
2 Pck. Dr. Oetker Sahnesteif

Zum Bestreichen und Verzieren:
500 g Schlagsahne
2 Pck. Dr. Oetker Sahnesteif
2 Pck. Dr. Oetker Vanillin-Zucker
50 g Vollmilch-Raspelschokolade

Zubereitungszeit: 75 Minuten, ohne Kühlzeit
Backzeit: 15–20 Minuten

1. Den Backofen vorheizen.
Ober-/Unterhitze: etwa 180 °C
Heißluft: etwa 160 °C

2. Für den Teig Eier und Wasser mit Handrührgerät mit Rührbesen auf höchster Stufe in etwa 1 Minute schaumig schlagen. Zucker mit Vanillin-Zucker mischen, in etwa 1 Minute unter Rühren einstreuen, dann noch etwa 2 Minuten schlagen. Das Mehl mit Speisestärke und Backpulver mischen, die Hälfte davon auf die Eiercreme geben und kurz auf niedrigster Stufe unterrühren. Restliches Mehlgemisch auf die gleiche Weise unterarbeiten. Mohn unterheben.

3. Den Teig auf ein Backblech (30 x 40 cm, gefettet, mit Backpapier belegt) geben und glatt streichen. Das Backblech in den vorgeheizten Backofen schieben. Die Biskuitplatte **15–20 Minuten backen.**

4. Das Backblech auf einen Kuchenrost stellen. Die Biskuitplatte erkalten lassen und zweimal senkrecht durchschneiden, sodass 3 längliche Gebäckstreifen entstehen. 1 Gebäckstreifen auf eine Platte legen.

5. Für die Pflaumenfüllung Pflaumen waschen, abtrocknen, entstielen, halbieren und entsteinen. Einige Pflaumenhälften zum Garnieren beiseitelegen.

6. Die restlichen Pflaumen in kleine Stücke schneiden. Mit Wein, Zucker und Zimt in einem Topf unter Rühren zum Kochen bringen, unter Rühren etwa 5 Minuten kochen lassen.

7. Speisestärke mit Wasser anrühren. Angerührte Speisestärke in die von der Kochstelle genommene Pflaumenmasse geben und unter Rühren nochmals kurz aufkochen lassen.

8. Die Pflaumenmasse auf dem unteren Gebäckstreifen verteilen. Den mittleren Gebäckstreifen darauflegen und leicht andrücken.

9. Für den Belag Sahne mit Sahnesteif steif schlagen, auf den mittleren Gebäckstreifen geben und glatt streichen. Den oberen Gebäckstreifen darauflegen. Den Kuchen kalt stellen.

10. Zum Bestreichen und Verzieren Sahne mit Sahnesteif und Vanillin-Zucker steif schlagen. Kuchenoberfläche und -rand mit zwei Dritteln der Sahne bestreichen. Die restliche Sahne in einen Spritzbeutel mit kleiner Sterntülle geben. Kleine Tuffs auf die Oberfläche spritzen.

11. Den Kuchenrand mit Raspelschokolade bestreuen. Beiseitegelegte Pflaumenhälften in Spalten schneiden. Kuchen damit garnieren, in Schnitten schneiden.

Pflaumenmuskuchen | Raffiniert

Insgesamt:
E: 64 g, F: 128 g, Kh: 400 g, kJ: 12496, kcal: 2992

Für den Quark-Öl-Teig:
250 g Weizenmehl
3 gestr. TL Dr. Oetker Backin
50 g Zucker
125 g Speisequark (Magerstufe)
5 EL Milch
5 EL Speiseöl, z. B. Sonnenblumenöl

Für die Füllung:
200 g Marzipan-Rohmasse
125 g Pflaumenmus (aus dem Glas)

Zum Bestreichen:
1 EL Kondensmilch

Für den Guss:
2 geh. EL Puderzucker
1–2 TL Zitronensaft

Zum Bestreuen:
1 EL Hagelzucker

Zubereitungszeit: 30 Minuten, ohne Abkühlzeit
Backzeit: etwa 35 Minuten

1. Für den Teig Mehl mit Backpulver mischen und in eine Rührschüssel geben. Zucker, Quark, Milch und Speiseöl hinzufügen. Die Zutaten mit Handrührgerät mit Knethaken zunächst kurz auf niedrigster, dann auf höchster Stufe zu einem glatten Teig verarbeiten (nicht zu lange kneten, Teig klebt sonst). Den Teig auf einer leicht bemehlten Arbeitsfläche zu einem Rechteck (etwa 30 x 25 cm) ausrollen. Teigrechteck der Länge nach halbieren.

2. Den Backofen vorheizen.
Ober-/Unterhitze: etwa 180 °C
Heißluft: etwa 160 °C

3. Für die Füllung Marzipan sehr klein würfeln und in eine Rührschüssel geben. Pflaumenmus hinzufügen und mit Handrührgerät mit Rührbesen zu einer glatten Masse verrühren. Die Marzipan-Pflaumenmus-Masse auf die Teigstreifen streichen. Dabei jeweils einen etwa 2 cm breiten Rand frei lassen. Die Teigstreifen jeweils von der längeren Seite aus aufrollen.

4. Beide Teigrollen wie Kordeln umeinanderdrehen. Den Teig in eine Kastenform (30 x 11 cm, gefettet) legen. Die Wölbungen mit einem Messer etwa ½ cm tief einschneiden. Den Teig mit Kondensmilch bestreichen. Die Form auf dem Rost in den vorgeheizten Backofen schieben. Den Kuchen **etwa 35 Minuten backen.**

5. Den Pflaumenmuskuchen sofort aus der Form lösen und auf einem Kuchenrost erkalten lassen.

6. Für den Guss Puderzucker mit Zitronensaft glatt rühren. Den Kuchen damit bestreichen und mit Hagelzucker bestreuen.

Tipp: Gebäck aus Quark-Öl-Teig schmeckt frisch am besten.

Pflaumen-Tarte | Fettarm

Insgesamt:
E: 51 g, F: 71 g, Kh: 396 g, kJ: 10314, kcal: 2464

Zum Vorbereiten:
etwa 400 g Pflaumenhälften (aus dem Glas)
100 g Trockenpflaumen ohne Stein
2–3 EL Wasser

Für den Teig:
100 g Zucker
3 EL Speiseöl
1 TL gemahlener Zimt
2 TL gesiebtes Kakaopulver
3 Eigelb (Größe M)
175 g Weizenmehl
2 gestr. TL Dr. Oetker Backin
3 EL Milch
3 Eiweiß (Größe M)
1 Prise Salz

Zum Bestreichen und Bestreuen:
2 EL rotes Johannisbeergelee
20 g gehobelte Mandeln

Zubereitungszeit: 40 Minuten, ohne Abkühlzeit
Backzeit: 30–35 Minuten

1. Zum Vorbereiten Pflaumenhälften in einem Sieb gut abtropfen lassen. Trockenpflaumen mit Wasser in einen hohen Rührbecher geben und pürieren.

2. Den Backofen vorheizen.
Ober-/Unterhitze: etwa 180 °C
Heißluft: etwa 160 °C

3. Für den Teig Pflaumenpüree in eine Rührschüssel geben. Zucker, Speiseöl, Zimt und Kakao hinzufügen. Die Zutaten mit Handrührgerät mit Rührbesen zu einer geschmeidigen Masse verrühren. Das Eigelb nach und nach unterrühren. Das Mehl mit Backpulver mischen, in 2 Portionen mit der Milch auf mittlerer Stufe unterrühren.

4. Eiweiß mit Salz sehr steif schlagen und vorsichtig unter den Teig heben. Dann den Teig in eine Tarteform (Ø 28 cm, gefettet) geben und glatt streichen. Die Pflaumenhälften dachziegelartig oder rosettenförmig darauflegen. Die Form auf dem Rost in den vorgeheizten Backofen schieben. Die Tarte **30–35 Minuten backen.**

5. Die Form auf einen Kuchenrost stellen. Die Tarte etwas abkühlen lassen.

6. Zum Bestreichen Gelee in einem kleinen Topf unter Rühren aufkochen. Die Tarte damit bestreichen.

7. Zum Bestreuen Mandeln in einer Pfanne ohne Fett goldbraun rösten, herausnehmen und auf einem Teller erkalten lassen. Die Pflaumentarte mit den Mandeln bestreuen und in der Form servieren.

Picasso-Kuchen | Beliebt

Insgesamt:
E: 120 g, F: 423 g, Kh: 1006 g, kJ: 34714, kcal: 8286

Für den Knetteig:
100 g gemahlene Haselnusskerne
150 g Weizenmehl
50 g Speisestärke
1 gestr. TL Dr. Oetker Backin
75 g Zucker
150 g Butter oder Margarine
1–2 EL Wasser

Für den Biskuitteig:
4 Eier (Größe M)
2 EL heißes Wasser
125 g Zucker
125 g Weizenmehl
25 g Speisestärke
1 gestr. TL Dr. Oetker Backin

Für die Nuss-Streusel:
100 g gemahlene Haselnusskerne
200 g Weizenmehl
150 g Zucker
150 g weiche Butter oder Margarine

Für den Belag:
1 Pck. Dr. Oetker Pudding-Pulver Vanille-Geschmack
50 g Zucker
400 ml Milch
720 g Apfelmus (aus dem Glas)

Zubereitungszeit: 70 Minuten, ohne Abkühlzeit
Backzeit: etwa 40 Minuten

1. Für den Knetteig Nusskerne in einer Pfanne ohne Fett unter Rühren leicht bräunen, herausnehmen und auf einem Teller erkalten lassen.

2. Den Backofen vorheizen.
Ober-/Unterhitze: etwa 180 °C
Heißluft: etwa 160 °C

3. Mehl mit Speisestärke und Backpulver mischen, in eine Rührschüssel geben. Nusskerne, Zucker, Butter oder Margarine und Wasser hinzufügen. Die Zutaten mit Handrührgerät mit Knethaken zunächst kurz auf niedrigster, dann auf höchster Stufe gut durcharbeiten.

4. Anschließend den Teig auf einer leicht bemehlten Arbeitsfläche zu einem glatten Teig verkneten und auf einem Backblech (30 x 40 cm, gut gefettet) ausrollen. Einen Backrahmen darumlegen. Das Backblech in den vorgeheizten Backofen schieben. Den Knetteigboden **etwa 10 Minuten vorbacken.**

5. Das Backblech auf einen Kuchenrost stellen. Den Knetteigboden etwas abkühlen lassen.

6. Für den Biskuitteig Eier und Wasser mit Handrührgerät mit Rührbesen auf höchster Stufe in etwa 1 Minute schaumig schlagen. Den Zucker in etwa 1 Minute unter Rühren einstreuen und dann noch weitere etwa 2 Minuten schlagen. Mehl mit Speisestärke und Backpulver mischen, auf die Eiercreme geben und kurz auf niedrigster Stufe unterrühren.

7. Den Biskuitteig auf dem vorgebackenen Knetteigboden in dem Backrahmen verteilen, glatt streichen. Das Backblech in den heißen Backofen schieben. Den Biskuitboden **bei gleicher Backofentemperatur etwa 10 Minuten backen.**

8. Das Backblech auf einen Kuchenrost stellen. Den Gebäckboden etwas abkühlen lassen.

9. Für die Nuss-Streusel die Haselnusskerne in einer Pfanne ohne Fett leicht bräunen, herausnehmen und auf einem Teller abkühlen lassen. Die Nusskerne in eine Rührschüssel geben. Mehl, Zucker und Butter oder Margarine hinzufügen. Die Zutaten mit Handrührgerät mit Rührbesen zu Streuseln von gewünschter Größe verarbeiten.

10. Für den Belag aus Pudding-Pulver, Zucker und Milch einen Pudding nach Packungsanleitung, aber mit den hier angegebenen Zutaten zubereiten. Abwechselnd Apfelmus- und Puddingkleckse auf dem Biskuitboden verteilen. Dann die Teigstreusel daraufstreuen.

11. Das Backblech (im oberen Drittel) wieder in den heißen Backofen schieben. Den Kuchen **bei gleicher Backofentemperatur in etwa 20 Minuten fertig backen.**

12. Das Backblech auf einen Kuchenrost stellen. Den Backrahmen lösen und entfernen. Den Picasso-Kuchen vom Backblech lösen und anschließend erkalten lassen.

Tipps: Sie können den Kuchen statt mit Backrahmen auch in einer Fettpfanne zubereiten. Statt der Haselnusskerne können Sie auch andere Nüsse oder Mandeln für diesen Kuchen verwenden.

Piña-Colada-Kranz I

Zum Verschenken – mit Alkohol

Insgesamt:
E: 88 g, F: 377 g, Kh: 458 g, kJ: 23940, kcal: 5721

Für den Rührteig:
- *150 g weiche Butter oder Margarine*
- *150 g Zucker*
- *1 Pck. Dr. Oetker Vanillin-Zucker*
- *4 Eier (Größe M)*
- *150 g Weizenmehl*
- *3 gestr. TL Dr. Oetker Backin*
- *100 g Kokosraspel*

Für die Füllung:
- *6 Blatt weiße Gelatine*
- *125 ml (1/8 l) fertiges Piña-Colada-Getränk (6 Vol.-%)*
- *250 g Ananasjoghurt*
- *75 g Zucker*
- *300 g Schlagsahne*
- *340 g Ananasstücke (aus der Dose)*

Zum Bestreuen und Verzieren:
- *50 g Kokosraspel*
- *100 g Schlagsahne*
- *evtl. einige Cocktailkirschen*

Zubereitungszeit: 60 Minuten, ohne Kühlzeit
Backzeit: etwa 35 Minuten

1. Den Backofen vorheizen.
Ober-/Unterhitze: etwa 180 °C
Heißluft: etwa 160 °C

2. Für den Teig Butter oder Margarine in einer Rührschüssel mit Handrührgerät mit Rührbesen geschmeidig rühren. Nach und nach Zucker und Vanillin-Zucker unterrühren. So lange rühren, bis eine gebundene Masse entstanden ist. Eier nach und unterrühren (jedes Ei etwa 1/2 Minute).

3. Mehl mit Backpulver mischen, mit den Kokosraspeln kurz auf mittlerer Stufe unterrühren. Den Teig in eine Kranzform (Ø 20–22 cm, gefettet, gemehlt) geben und glatt streichen. Die Form auf dem Rost in den vorgeheizten Backofen schieben. Den Gebäckkranz **etwa 35 Minuten backen.**

4. Die Form auf einen Kuchenrost stellen. Den Gebäckkranz etwa 10 Minuten in der Form stehen lassen, dann aus der Form lösen und auf den mit Backpapier belegten Kuchenrost stürzen. Den Gebäckkranz erkalten lassen, anschließend zweimal waagerecht durchschneiden.

5. Für die Füllung Gelatine in kaltem Wasser nach Packungsanleitung einweichen. Piña-Colada-Getränk mit Joghurt und Zucker verrühren. Die Gelatine leicht ausdrücken, in einem Topf bei schwacher Hitze unter Rühren erwärmen (nicht kochen), bis sie völlig gelöst ist. Gelatine mit 2–3 Esslöffeln von der Joghurtmasse verrühren, danach unter die restliche Joghurtmasse rühren, kalt stellen.

6. Sahne steif schlagen. Sobald die Joghurtmasse anfängt zu gelieren, Sahne unterheben.

7. Die Ananasstücke in einem Sieb abtropfen lassen. Einige Ananasstücke zum Garnieren beiseitelegen. Den unteren Gebäckboden auf eine Tortenplatte legen. Ein Viertel der Ananasstücke darauflegen. Mit einem Drittel der Joghurt-Sahne-Creme bestreichen. Den zweiten Gebäckboden darauflegen, mit den restlichen Ananasstücken belegen und mit der Hälfte der restlichen Joghurt-Sahne-Creme bestreichen. Mit dem dritten Gebäckboden bedecken.

8. Den Kranz rundherum mit der restlichen Creme bestreichen und 2–3 Stunden kalt stellen.

9. Zum Bestreuen Kokosraspel in einer Pfanne ohne Fett unter Rühren bräunen, herausnehmen und auf einem Teller erkalten lassen. Den Kranz vollständig mit den Kokosraspeln bestreuen.

10. Zum Verzieren die Sahne steif schlagen, in einen Spritzbeutel mit Sterntülle füllen. Den Kranz damit verzieren. Den Piña-Colada-Kranz mit den beiseitegelegten Ananasstücken und evtl. einigen Cocktailkirschen garnieren.

Popcornkuchen mit Coca-Cola*

Einfach – beliebt

Insgesamt:
E: 91 g, F: 258 g, Kh: 890 g, kJ: 26370, kcal: 6301

Für den All-in-Teig:

300 g Weizenmehl
40 g gesiebtes Kakaopulver
2 gestr. TL Dr. Oetker Backin
300 g Zucker
4 Eier (Größe M)
1 Fl. Zitronen-Aroma
200 g weiche Butter oder Margarine
150 ml Buttermilch
150 ml Coca-Cola
30 g Popcorn

Für den Guss:

40 g Butter
35 g gesiebtes Kakaopulver
75 ml Coca-Cola
300 g gesiebter Puderzucker

30 g Popcorn
evtl. Weingummi-Fläschchen oder -früchte

Zubereitungszeit: 30 Minuten, ohne Abkühlzeit
Backzeit: 25–30 Minuten

1. Den Backofen vorheizen.
Ober-/Unterhitze: etwa 180 °C
Heißluft: etwa 160 °C

2. Für den Teig Mehl, Kakao und Backpulver mischen, in eine Rührschüssel geben. Den Zucker, Eier, Aroma, Butter oder Margarine, Buttermilch und Coca-Cola hinzugeben. Die Zutaten mit Handrührgerät mit Rührbesen zunächst kurz auf niedrigster, dann auf höchster Stufe in etwa 2 Minuten zu einem glatten Teig verarbeiten. Popcorn unterheben.

3. Den Teig auf ein Backblech (30 x 40 cm, gefettet) geben und glatt streichen. Das Backblech in den vorgeheizten Backofen schieben. Den Gebäckboden **25–30 Minuten backen.**

4. Das Backblech auf einen Kuchenrost stellen. Den Kuchen kurz abkühlen lassen.

5. Für den Guss Butter mit Kakao und Coca-Cola in einen Topf geben, zum Kochen bringen und gut aufkochen lassen. Den Topf von der Kochstelle nehmen. Puderzucker unterrühren. Den heißen Guss (etwas von dem Guss beiseitestellen) auf den fast noch heißen Kuchen geben.

6. Das Popcorn auf den feuchten Guss streuen. Den beiseitegestellten Guss mithilfe eines Teelöffels oder eines Pergamentpapiertütchens auf den Kuchen sprenkeln. Den Popcorn-Cola-Kuchen nach Belieben mit Weingummi-Fläschchen oder -früchten garnieren. Guss trocknen lassen.

Tipp: Der Kuchen kann statt mit einem Puderzuckerguss auch mit 200 g geschmolzener Schokolade überzogen werden.

* Rezept nicht durch Coca-Cola autorisiert.

Portugiesischer Mandelkuchen I

Raffiniert

Insgesamt:
E: 148 g, F: 303 g, Kh: 583 g, kJ: 25139, kcal: 6002

Für den Teig:
- *450 g Zucker*
- *100 ml Wasser*
- *300 g gehackte Mandeln*
- *50 g abgezogene, gemahlene Mandeln*
- *6 Eigelb (Größe M)*
- *75 g Weizenmehl*
- *2 gestr. TL Dr. Oetker Backin*
- *6 Eiweiß (Größe M)*

Zum Bestreuen und Bestreichen:
- *75 g gehobelte Mandeln*
- *2 EL Aprikosenkonfitüre*
- *1 EL Wasser*
- *etwas Zimt-Zucker*

Zum Garnieren:
- *16 abgezogene, ganze Mandeln*

Zubereitungszeit: 35 Minuten, ohne Abkühlzeit
Backzeit: etwa 60 Minuten

1. Den Backofen vorheizen.
Ober-/Unterhitze: etwa 180 °C
Heißluft: etwa 160 °C

2. Für den Teig Zucker mit Wasser in einem Topf unter Rühren erwärmen, bis der Zucker gelöst ist, Mandeln unterrühren. Eigelb in einer Rührschüssel im heißen Wasserbad mit Handrührgerät mit Rührbesen so lange schlagen, bis die Masse anfängt dicklich zu werden (etwa 5 Minuten). Die Mandelmasse unterheben.

3. Mehl mit Backpulver mischen, auf mittlerer Stufe unter die Eigelb-Mandel-Masse rühren. Eiweiß steif schlagen und unterheben. Den Teig in eine Springform (Ø 26 cm, Boden gefettet, mit Backpapier belegt) geben und glatt streichen. Die Form auf dem Rost in den vorgeheizten Backofen schieben. Den Kuchen **etwa 60 Minuten backen.**

4. Den Kuchen aus der Form lösen. Mitgebackenes Backpapier entfernen. Den Kuchen auf einem Kuchenrost erkalten lassen.

5. Zum Bestreuen Mandeln in einer Pfanne ohne Fett unter Rühren leicht bräunen, herausnehmen und auf einem Teller erkalten lassen.

6. Zum Bestreichen die Konfitüre durch ein Sieb streichen, mit Wasser in einem kleinen Topf unter Rühren aufkochen lassen. Den Kuchenrand mit der Konfitüre bestreichen. Mit Mandeln und Zimt-Zucker bestreuen. Den Kuchen mit ganzen Mandeln garnieren.

Preiselbeer-Aprikosen-Kuchen

Fruchtig – einfach

Insgesamt:
E: 57 g, F: 243 g, Kh: 588 g, kJ: 20251, kcal: 4836

Zum Vorbereiten:

480 g Aprikosenhälften (aus Dosen)

Für den All-in-Teig:

220 g Weizenmehl
80 g Haferflocken, blütenzart
2 gestr. TL Dr. Oetker Backin
120 g Zucker
1 Pck. Dr. Oetker Finesse Geriebene Zitronenschale
3 Eier (Größe M)
250 g weiche Butter oder Margarine

Für den Belag:

400 g Wild-Preiselbeeren (aus dem Glas)

Zubereitungszeit: 25 Minuten, ohne Abkühlzeit
Backzeit: etwa 25 Minuten

1. Zum Vorbereiten Aprikosen in einem Sieb abtropfen lassen.

2. Den Backofen vorheizen.
Ober-/Unterhitze: etwa 200 °C
Heißluft: etwa 180 °C

3. Für den Teig Mehl mit Haferflocken und Backpulver in einer Rührschüssel mischen. Den Zucker, Zitronenschale, Eier und Butter oder Margarine hinzufügen. Die Zutaten mit Handrührgerät mit Rührbesen zunächst kurz auf niedrigster, dann auf höchster Stufe in etwa 2 Minuten zu einem glatten Teig verarbeiten. Den Teig auf ein Backblech (30 x 40 cm, gefettet) geben und glatt streichen.

4. Für den Belag Preiselbeeren durchrühren und auf dem Teig verteilen. Aprikosenhälften mit der Wölbung nach oben auf den Teig legen. Das Backblech in den vorgeheizten Backofen schieben. Den Kuchen **etwa 25 Minuten backen.**

5. Das Backblech auf einen Kuchenrost stellen. Den Kuchen erkalten lassen.

Preiselbeer-Gugelhupf | Einfach

(1 Tasse = 200 ml)

Insgesamt:
E: 96 g, F: 291 g, Kh: 770 g, kJ: 26487, kcal: 6328

Zum Vorbereiten:
100 g gestiftelte Mandeln

Für den Rührteig:
1 Pck. weiche Butter oder Margarine (250 g)
knapp
1 ½ Tassen Zucker (230 g)
1 Prise Salz
1 Pck. Dr. Oetker Vanillin-Zucker
4 Eier (Größe M)
4 Tassen Weizenmehl (400 g)
4 gestr. TL Dr. Oetker Backin
400 g Wild-Preiselbeeren (aus dem Glas)

Für den Guss:
1–2 EL Zitronensaft
1 Tasse gesiebter Puderzucker (125 g)

Zubereitungszeit: 35 Minuten, ohne Abkühlzeit
Backzeit: etwa 60 Minuten

1. Zum Vorbereiten Mandeln in einer Pfanne ohne Fett goldbraun rösten, herausnehmen und auf einem Teller erkalten lassen.

2. Den Backofen vorheizen.
Ober-/Unterhitze: etwa 180 °C
Heißluft: etwa 160 °C

3. Für den Teig Butter oder Margarine mit Handrührgerät mit Rührbesen auf höchster Stufe geschmeidig rühren. Nach und nach Zucker, Salz und Vanillin-Zucker unterrühren. So lange rühren, bis eine gebundene Masse entstanden ist. Eier nach und nach unterrühren (jedes Ei etwa ½ Minute).

4. Mehl mit Backpulver mischen, in 2 Portionen auf mittlerer Stufe unterrühren. Preiselbeeren (2 Esslöffel Preiselbeeren für den Guss beiseitestellen) und die gerösteten Mandeln unterrühren. Den Rührteig in eine Gugelhupfform (Ø 22 cm, gefettet) geben und glatt streichen. Die Form auf dem Rost in den vorgeheizten Backofen schieben. Den Gugelhupf **etwa 60 Minuten backen.**

5. Die Form auf einen Kuchenrost stellen. Den Gugelhupf etwa 10 Minuten in der Form stehen lassen, aus der Form lösen und auf einen mit Backpapier belegten Kuchenrost stürzen. Den Gugelhupf erkalten lassen.

6. Für den Guss die beiseitegestellten Preiselbeeren mit Zitronensaft durch ein Sieb streichen. Aufgefangenes Püree mit Puderzucker verrühren. Den Kuchen mit dem Guss bestreichen. Guss fest werden lassen.

Preiselbeerkranz mit Walnusskernen | Raffiniert

Insgesamt:
E: 70 g, F: 205 g, Kh: 390 g, kJ: 16097, kcal: 3845

Zum Vorbereiten für die Füllung:

100 g Walnusskerne
1–2 EL Zucker
2 gestr. EL Orangenmarmelade
220 g Wild-Preiselbeeren (aus dem Glas)

Für den Quark-Öl-Teig:

250 g Weizenmehl
2 gestr. TL Dr. Oetker Backin
125 g Speisequark (Magerstufe)
70 g Zucker
4 EL Milch
1 Ei (Größe M)
125 ml (1/8 l) Speiseöl

Zum Bestreichen:

1 Eigelb
1 EL Milch

Zubereitungszeit: 50 Minuten
Backzeit: 30–40 Minuten

1. Zum Vorbereiten Walnusskerne fein hacken. Mit Zucker, Marmelade und Preiselbeeren mischen.

2. Den Backofen vorheizen.
Ober-/Unterhitze: etwa 200 °C
Heißluft: etwa 180 °C

3. Für den Teig Mehl mit Backpulver mischen und in eine Rührschüssel geben. Quark, Zucker, Milch, Ei und Speiseöl hinzufügen. Die Zutaten mit Handrührgerät mit Knethaken zunächst kurz auf niedrigster, dann auf höchster Stufe in etwa 1 Minute zu einem glatten Teig verarbeiten (nicht zu lange, Teig klebt sonst).

4. Den Teig auf einer leicht bemehlten Arbeitsfläche zu einer Rolle formen und anschließend zu einem Rechteck (etwa 30 x 40 cm) ausrollen.

5. Die Preiselbeermasse daraufstreichen, dabei rundherum einen etwa 2 cm breiten Rand frei lassen. Den Teig von der längeren Seite aus aufrollen und auf ein Backblech (mit Backpapier belegt) legen. Die Teigrolle zu einem Kranz formen. Die Teigenden zusammendrücken.

6. Den Teigkranz rundherum einschneiden. Dabei das Messer etwa 2 cm vom Innenrand entfernt ansetzen und den Kranz in 2–3 cm breiten Abständen von innen nach außen einschneiden. Die einzelnen Stücke nach außen drehen.

7. Zum Bestreichen Eigelb mit Milch verschlagen. Den Teigkranz damit bestreichen. Das Backblech in den vorgeheizten Backofen schieben. Den Preiselbeerkranz **30–40 Minuten backen.**

8. Den Preiselbeerkranz mit dem Backpapier vom Backblech auf einen Kuchenrost ziehen und erkalten lassen.

Quark-Stachelbeer-Kuchen | Fruchtig

Insgesamt:
E: 81 g, F: 96 g, Kh: 384 g, kJ: 11664, kcal: 2784

Zum Vorbereiten:
60 g Sesamsamen

Für den Streuselteig:
100 g Vollkorn-Weizenmehl
100 g Vollkorn-Dinkelmehl
1 Msp. Dr. Oetker Backin
100 g flüssiger Honig
1 Prise Salz
1/2 TL Dr. Oetker Bourbon-Vanille-Zucker
3 EL Milch
60 g Butter oder Margarine

Für den Guss:
250 g Speisequark (Magerstufe)
1 Ei (Größe M)
120 g flüssiger Honig
abgeriebene Schale von
1 Bio-Zitrone (unbehandelt, ungewachst)
1 EL Zitronensaft

Für den Belag:
360 g Stachelbeeren (aus dem Glas)
150 g frische Heidelbeeren

Zubereitungszeit: 40 Minuten, ohne Abkühlzeit
Backzeit: etwa 35 Minuten

1. Zum Vorbereiten Sesam in einer Pfanne ohne Fett unter Rühren rösten, herausnehmen und auf einem Teller erkalten lassen.

2. Den Backofen vorheizen.
Ober-/Unterhitze: etwa 200 °C
Heißluft: etwa 180 °C

3. Für den Teig beide Mehlsorten mit Backpulver in einer Rührschüssel mischen. Honig, Salz, Vanille-Zucker, Milch und Butter oder Margarine hinzufügen. Die Zutaten mit Handrührgerät mit Rührbesen zunächst kurz auf niedrigster, dann auf höchster Stufe zu Streuseln verarbeiten.

4. Von den Teigstreuseln 3–4 Esslöffel abnehmen, mit zwei Dritteln des Sesamsamens vermengen und beiseitestellen. Restliche Teigstreusel in eine Springform (Ø 26 cm, Boden gefettet) geben und zu einem Boden andrücken.

5. Für den Guss Quark mit Ei, Honig, Zitronenschale und -saft gut verrühren. Den Guss auf den Streuselteig geben und glatt streichen.

6. Für den Belag die Stachelbeeren in einem Sieb abtropfen lassen. Heidelbeeren verlesen, abspülen und gut trocken tupfen. Die Stachelbeeren kranzförmig auf den Guss legen. Die Mitte mit Heidelbeeren belegen. Die Früchte mit den beiseitegestellten Sesamstreuseln und dem restlichen Sesam bestreuen. Die Form auf dem Rost in den vorgeheizten Backofen schieben. Den Kuchen **etwa 35 Minuten backen.**

7. Die Form auf einen Kuchenrost stellen. Den Kuchen etwa 10 Minuten in der Form stehen lassen, dann aus der Form lösen und auf einem Kuchenrost erkalten lassen.

Raspelkuchen mit Sauerkirschen | Schnell – einfach

Insgesamt:
E: 98 g, F: 506 g, Kh: 842 g, kJ: 34884, kcal: 8326

Zum Vorbereiten:
750 g Sauerkirschen (aus Gläsern)

Für den Rührteig:
250 g weiche Butter oder Margarine
200 g Zucker
1 Pck. Dr. Oetker Vanillin-Zucker
1 Prise Salz
5 Eier (Größe M)
375 g Weizenmehl
3 gestr. TL Dr. Oetker Backin
2 EL Milch

Für den Belag:
150 g Butter
200 g Zucker
1 Pck. Dr. Oetker Vanillin-Zucker
200 g Kokosraspel
2–3 EL Milch

Zubereitungszeit: 25 Minuten
Backzeit: etwa 40 Minuten

1. Zum Vorbereiten Sauerkirschen in einem Sieb gut abtropfen lassen.

2. Den Backofen vorheizen.
Ober-/Unterhitze: etwa 180 °C
Heißluft: etwa 160 °C

3. Für den Teig Butter oder Margarine mit Handrührgerät mit Rührbesen auf höchster Stufe geschmeidig rühren. Nach und nach Zucker, Vanillin-Zucker und Salz unterrühren. So lange rühren, bis eine gebundene Masse entstanden ist.

4. Die Eier nach und nach unterrühren (jedes Ei etwa ½ Minute). Mehl mit Backpulver mischen, abwechselnd in 2 Portionen mit der Milch auf mittlerer Stufe unterrühren. Den Teig auf ein Backblech (30 x 40 cm, gefettet) geben und glatt streichen. Die Sauerkirschen darauf verteilen.

5. Für den Belag die Butter in einem Topf zerlassen. Nach und nach Zucker und Vanillin-Zucker hinzufügen, unter Rühren schmelzen lassen. Den Topf von der Kochstelle nehmen. Kokosraspel und Milch unterrühren. Die Kokosmasse auf dem mit Sauerkirschen belegten Teig verteilen. Das Backblech in den vorgeheizten Backofen schieben. Kuchen **etwa 40 Minuten backen.**

6. Das Backblech auf einen Kuchenrost stellen. Den Raspelkuchen erkalten lassen und in Stücke schneiden.

Rhabarber-Bananen-Kuchen mit Guss | Für Kinder

Insgesamt:
E: 61 g, F: 175 g, Kh: 478 g, kJ: 16206, kcal: 3874

Für den Knetteig:
200 g Weizenmehl
1 gestr. TL Dr. Oetker Backin
125 g Zucker
1 EL Milch
100 g Butter oder Margarine
50 g gemahlene Haselnusskerne

Für die Füllung:
25 g gemahlene Haselnusskerne
560 g Rhabarberkompott (aus dem Glas)
3 Bananen
2 EL Zitronensaft

Für den Guss:
2 Eigelb (Größe M)
1 EL heißes Wasser
50 g Zucker
1 Pck. Dr. Oetker Vanillin-Zucker
1 Pck. Dr. Oetker Pudding-Pulver Vanille-Geschmack
50 g gemahlene Haselnusskerne
2 Eiweiß (Größe M)

Zubereitungszeit: 60 Minuten, ohne Abkühlzeit
Backzeit: 45–55 Minuten

1. Den Backofen vorheizen.
Ober-/Unterhitze: etwa 180 °C
Heißluft: etwa 160 °C

2. Für den Teig das Mehl mit Backpulver mischen, in eine Rührschüssel geben. Restliche Zutaten hinzufügen. Die Zutaten mit Handrührgerät mit Knethaken zunächst kurz auf niedrigster, dann auf höchster Stufe gut durcharbeiten.

3. Anschließend den Teig auf einer leicht bemehlten Arbeitsfläche zu einem glatten Teig verkneten. Zwei Drittel des Teiges auf dem Boden einer Springform (Ø 26 cm, Boden gefettet) ausrollen. Den Springformrand darumlegen. Die Form auf dem Rost in den vorgeheizten Backofen schieben. Den Knetteigboden **etwa 15 Minuten vorbacken.**

4. Die Form auf einen Kuchenrost stellen. Den Knetteigboden etwas abkühlen lassen. Restlichen Teig zu einer Rolle formen, als Rand auf den vorgebackenen Boden legen und so an die Form drücken, dass ein etwa 2 cm hoher Rand entsteht.

5. Für die Füllung Haselnusskerne auf den vorgebackenen Boden streuen. Rhabarberkompott darauf verteilen. Bananen schälen, in Scheiben schneiden und auf das Rhabarberkompott legen. Bananenscheiben mit Zitronensaft beträufeln.

6. Für den Guss das Eigelb und Wasser mit Handrührgerät mit Rührbesen auf höchster Stufe in etwa 1 Minute schaumig rühren. Den Zucker und Vanillin-Zucker mischen, in etwa 1 Minute unter Rühren einstreuen, dann noch etwa 2 Minuten schlagen. Pudding-Pulver und Haselnusskerne unterheben.

7. Eiweiß steif schlagen, ebenfalls unterheben. Guss auf die Füllung streichen. Die Form wieder auf dem Rost in den heißen Backofen schieben. Den Kuchen **bei gleicher Backofentemperatur in 30–40 Minuten fertig backen** (Kuchen **evtl. gegen Ende der Backzeit** mit Backpapier belegen).

8. Die Form auf einen Kuchenrost stellen. Kuchen etwas abkühlen lassen. Dann den Kuchen aus der Form lösen und auf einem Kuchenrost erkalten lassen.

Rhabarber-Pie

Fruchtig – beliebt

Insgesamt:
E: 66 g, F: 234 g, Kh: 275 g, kJ: 14594, kcal: 3491

Für den Belag:
500 g Rhabarber

Für den Rührteig:
125 g weiche Butter oder Margarine
75 g Zucker
1 Pck. Dr. Oetker Vanillin-Zucker
1/2 Pck. Dr. Oetker Finesse Geriebene Zitronenschale
1 Prise Salz
2 Eier (Größe M)
125 g Weizenmehl
1 TL Dr. Oetker Backin
100 g abgezogene, gemahlene Mandeln

Für den Guss:
2 Eiweiß (Größe M)
2 Eigelb (Größe M)
75 g Zucker
1/2 TL gemahlener Zimt
150 g Crème fraîche

Zum Bestäuben:
etwas Puderzucker

Zubereitungszeit: 45 Minuten, ohne Abkühlzeit
Backzeit: etwa 50 Minuten

1. Den Backofen vorheizen.
Ober-/Unterhitze: etwa 180 °C
Heißluft: etwa 160 °C

2. Für den Belag Rhabarber waschen, abtropfen lassen. Stielenden und Blattansätze entfernen. Stangen in etwa 2 cm lange Stücke schneiden.

3. Für den Teig Butter oder Margarine in einer Rührschüssel mit Handrührgerät mit Rührbesen auf höchster Stufe geschmeidig rühren. Nach und nach Zucker, Vanillin-Zucker, Zitronenschale und Salz unterrühren.

So lange rühren, bis eine gebundene Masse entstanden ist.

4. Die Eier nach und nach unterrühren (jedes Ei etwa 1/2 Minute). Das Mehl mit Backpulver und Mandeln mischen, in 2 Portionen auf mittlerer Stufe unterrühren. Den Teig in eine Pie- oder Tarteform (Ø 28 cm, gefettet) geben, glatt streichen, am Rand etwas hochdrücken. Rhabarberstücke auf dem Teigboden verteilen. Die Form auf dem Rost in den vorgeheizten Backofen schieben. Die Pie **etwa 30 Minuten backen.**

5. Die Form auf einen Kuchenrost stellen.

6. Für den Guss Eiweiß steif schlagen. Das Eigelb mit Zucker zu einer hellen Creme aufschlagen. Zimt und Crème fraîche unterrühren. Eischnee mit einem Teigschaber unter die Eigelbmasse heben. Den Guss auf den Rhabarberstücken verteilen. Die Form wieder auf dem Rost in den heißen Backofen schieben. Pie **bei gleicher Backofentemperatur in etwa 20 Minuten fertig backen.**

7. Die Form auf einen Kuchenrost stellen. Rhabarber-Pie lauwarm servieren. Vor dem Servieren mit Puderzucker bestäuben.

Ricotta-Frucht-Strudel | Raffiniert

Insgesamt:
E: 69 g, F: 159 g, Kh: 366 g, kJ: 13415, kcal: 3203

Zum Vorbereiten:
50 g Rosinen
200 g gemischte, fein gewürfelte, kandierte Früchte
100 ml Orangensaft

Für den Strudel:
50 g gehobelte Mandeln
100 g Butter
250 g Ricotta (ital. Frischkäse)
150 g Joghurt
1 gestr. TL gemahlener Zimt
½ TL Dr. Oetker Finesse Orangenschalen-Aroma
56 Yufkateig-Blätter (Strudelteigblätter, aus türkischen Lebensmittelläden)
40 g Semmelbrösel

Zubereitungszeit: 60 Minuten, ohne Abkühlzeit
Backzeit: 35–40 Minuten

1. Zum Vorbereiten Rosinen mit kandierten Früchten und Orangensaft mischen, etwa 10 Minuten durchziehen lassen.

2. Für den Strudel in der Zwischenzeit die Mandeln in einer Pfanne ohne Fett unter Rühren leicht bräunen, herausnehmen und auf einem Teller abkühlen lassen. Butter zerlassen. Ricotta mit Joghurt, Zimt und Aroma verrühren.

3. Den Backofen vorheizen.
Ober-/Unterhitze: etwa 200 °C
Heißluft: etwa 180 °C

4. Die Teigblätter aufeinanderlegen und auf ein Backblech (mit Backpapier belegt) legen. Das obere Teigblatt dünn mit Butter bestreichen und mit Semmelbröseln bestreuen. Dabei einen etwa 2 cm breiten Rand frei lassen. Ricotta mit den gebräunten Mandeln und eingeweichten Früchten mischen, auf die Semmelbrösel streichen, dabei ebenfalls einen etwa 2 cm breiten Rand frei lassen.

5. Das obere Teigblatt mit der Ricottamasse von der längeren Seite aus einrollen. Darunterliegendes Teigblatt dünn mit Butter bestreichen und die gefüllte Rolle darin einrollen. Wieder das darunterliegende Teigblatt mit Butter bestreichen und die Rolle wieder darin einrollen. Restliche Teigblätter auf die gleiche Weise mit Butter bestreichen und einrollen. Die Rolle mit der restlichen Butter bestreichen. Das Backblech in den vorgeheizten Backofen schieben. Den Strudel **35–40 Minuten backen.**

6. Das Backblech auf einen Kuchenrost stellen. Den Strudel etwas abkühlen lassen und lauwarm servieren.

Tipp: Dazu Vanille- oder Schokoladensauce servieren.

Rotweinschnitten mit Schüttelteig | Mit Alkohol

Insgesamt:
E: 102 g, F: 320 g, Kh: 762 g, kJ: 27528, kcal: 6552

Zum Vorbereiten:
80 g Edelbitter-Schokolade (70 % Kakaoanteil)
150 g Butter oder Margarine

Für den Schüttelteig:
150 g Weizenmehl
2 gestr. TL Dr. Oetker Backin
150 g Zucker
1 Pck. Dr. Oetker Vanillin-Zucker
100 g abgezogene, gemahlene Mandeln
2 Eier (Größe M)
6 EL Milch

Für die Füllung:
200 g Schlagsahne
1 TL Puderzucker
1 Pck. Dr. Oetker Sahnesteif
1 Pck. Rotweincreme (Dessertpulver)
4 EL kaltes Wasser

Zum Bestreichen:
2 EL Johannisbeer- oder Sauerkirschkonfitüre
1 EL Wasser

Zum Garnieren und Verzieren:
200 g grüne und blaue, kernlose Weintrauben
100 g Schlagsahne
20 g Edelbitter-Schokolade (70 % Kakaoanteil)

Zubereitungszeit: 35 Minuten, ohne Kühlzeit
Backzeit: etwa 25 Minuten

1. Zum Vorbereiten Schokolade in Stücke brechen und in einem kleinen Topf im heißen Wasserbad bei schwacher Hitze unter Rühren schmelzen. Butter oder Margarine zerlassen und abkühlen lassen.

2. Den Backofen vorheizen.
Ober-/Unterhitze: etwa 180 °C
Heißluft: etwa 160 °C

3. Für den Teig Mehl mit Backpulver mischen, in eine verschließbare Schüssel (etwa 3-Liter-Inhalt) geben, mit Zucker, Vanillin-Zucker und den Mandeln mischen. Eier, Butter oder Margarine, die flüssige Schokolade und Milch hinzufügen. Die Schüssel mit dem Deckel fest verschließen.

4. Schüssel mehrmals (insgesamt 15–30 Sekunden) kräftig schütteln, sodass alle Zutaten gut vermischt sind. Alles mit einem Schneebesen oder Rührlöffel nochmals sorgfältig durchrühren, damit trockene Zutaten vom Rand mit untergerührt werden.

5. Den Teig auf ein Backblech (30 x 40 cm, gefettet, mit Backpapier belegt) geben und glatt streichen. Das Backblech in den vorgeheizten Backofen schieben. Die Gebäckplatte **etwa 25 Minuten backen.**

6. Die Gebäckplatte auf eine Arbeitsfläche oder auf Backpapier stürzen. Gebäckplatte erkalten lassen. Mitgebackenes Backpapier abziehen. Gebäckplatte senkrecht halbieren. Eine Gebäckhälfte auf eine rechteckige Platte legen und einen Backrahmen darumlegen.

7. Für die Füllung die Sahne mit Puderzucker und Sahnesteif steif schlagen. Rotwein aus der Packung mit 4 Esslöffeln Wasser in eine fettfreie Rührschüssel geben. Dessertpulver hinzufügen.

8. Die Creme nach Packungsanleitung zubereiten. Die steif geschlagene Sahne unterheben.

9. Die Rotweincreme auf die untere Gebäckhälfte streichen. Die zweite Gebäckhälfte darauflegen und leicht andrücken.

10. Zum Bestreichen die Johannisbeer- oder Sauerkirschkonfitüre mit Wasser in einem kleinen Topf unter Rühren gut aufkochen lassen und durch ein Sieb streichen. Konfitüre auf den Kuchen streichen. Dann den Kuchen etwa 1 Stunde kalt stellen, den Backrahmen lösen und entfernen.

11. Zum Garnieren und Verzieren die Weintrauben waschen, abtropfen lassen, entstielen und halbieren. Den Kuchen in Stücke schneiden. Zum Verzieren Sahne steif schlagen. Die Kuchenstücke jeweils mit einem Klecks Sahne verzieren. Die Weintraubenhälften in die Sahne legen.

12. Schokolade mit einem Sparschäler darüberhobeln.

Russischer Birnenkuchen

Raffiniert – mit Alkohol

Insgesamt:
E: 83 g, F: 360 g, Kh: 653 g, kJ: 25937, kcal: 6195

Zum Vorbereiten für den Belag:
100 ml Wasser
1 EL Zucker
1 Stange Zimt
50 ml Rum
6–8 Birnen

Für den Rührteig:
200 g weiche Butter oder Margarine
200 g Zucker
1 Pck. Dr. Oetker Vanillin-Zucker
4 Eier (Größe M)
200 g Weizenmehl
2 TL gemahlener Zimt
1 gestr. EL Kakaopulver
2 ½ gestr. TL Dr. Oetker Backin
125 g gemahlene Haselnusskerne

Für die Streusel:
150 g Weizenmehl
1 Msp. gemahlener Zimt
75 g Zucker
1 Pck. Dr. Oetker Vanillin-Zucker
100 g weiche Butter oder Margarine

Zubereitungszeit: 35 Minuten, ohne Durchziehzeit
Backzeit: etwa 60 Minuten

1. Zum Vorbereiten für den Belag Wasser mit Zucker und Zimtstange in einem Topf aufkochen lassen. Rum unterrühren.

2. Birnen schälen, halbieren und entkernen. Birnenhälften in eine Schüssel geben, mit der Flüssigkeit übergießen und zugedeckt etwa 2 Stunden durchziehen lassen.

3. Den Backofen vorheizen.
Ober-/Unterhitze: etwa 180 °C
Heißluft: etwa 160 °C

4. Für den Rührteig Butter oder Margarine mit Handrührgerät mit Rührbesen auf höchster Stufe geschmeidig rühren. Nach und nach Zucker und Vanillin-Zucker unterrühren. So lange rühren, bis eine gebundene Masse entstanden ist. Eier nach und nach unterrühren (jedes Ei etwa ½ Minute).

5. Mehl mit Zimt, Kakao und Backpulver mischen, auf mittlerer Stufe unter den Teig rühren. Haselnusskerne unterrühren. Den Teig in eine Springform (Ø 26 cm, Boden gefettet) geben und glatt streichen.

6. Die eingelegten Birnenhälften abtropfen lassen. Die Birnenhälften an der gewölbten Seite mehrmals längs einschneiden und mit der Wölbung nach oben auf den Teig legen.

7. Für die Streusel das Mehl in eine Rührschüssel geben. Zimt, Zucker, Vanillin-Zucker und Butter oder Margarine hinzufügen. Die Zutaten mit Handrührgerät mit Rührbesen zunächst kurz auf niedrigster, dann auf höchster Stufe zu Streuseln von gewünschter Größe verarbeiten. Die Teigstreusel auf den Birnenhälften verteilen.

8. Die Form auf dem Rost in den vorgeheizten Backofen schieben. Den Birnenkuchen **etwa 60 Minuten backen.**

9. Den Kuchen aus der Form lösen und auf einem Kuchenrost erkalten lassen.

Saftiger Zuckerkuchen | Klassisch

Insgesamt:
E: 57 g, F: 158 g, Kh: 521 g, kJ: 15937, kcal: 3810

Für den Hefeteig:
50 g Butter
375 g Weizenmehl
1 Pck. Hefeteig Garant
75 g Zucker
1 Pck. Dr. Oetker Vanillin-Zucker
1 Prise Salz
1 Ei (Größe M)
150 ml Milch

Für den Belag:
75 g kalte Butter
150 g Zucker
150 g saure Sahne oder Crème fraîche

Zubereitungszeit: 20 Minuten, ohne Abkühlzeit
Backzeit: etwa 20 Minuten

1. Für den Teig Butter zerlassen und abkühlen lassen. Mehl in eine Rührschüssel geben und mit Hefeteig Garant sorgfältig vermischen. Zucker, Vanillin-Zucker, Salz, Ei, Milch und die zerlassene Butter hinzufügen. Die Zutaten mit Handrührgerät mit Knethaken zunächst kurz auf niedrigster, dann auf höchster Stufe in etwa 2 Minuten zu einem glatten Teig verarbeiten.

2. Den Teig auf einer leicht bemehlten Arbeitsfläche zu einer Rolle verkneten und auf einem Backblech (30 x 40 cm, gefettet) ausrollen.

3. Den Backofen vorheizen.
Ober-/Unterhitze: etwa 200 °C
Heißluft: etwa 180 °C

4. Für den Belag die Butter in Flöckchen gleichmäßig auf den Teig setzen. Den Zucker daraufstreuen. Das Backblech in den vorgeheizten Backofen schieben. Den Kuchen **etwa 20 Minuten backen.**

5. **Etwa 5 Minuten vor Ende der Backzeit** den Kuchen gleichmäßig mit saurer Sahne oder Crème fraîche bestreichen und fertig backen. Das Backblech auf einen Kuchenrost stellen. Kuchen erkalten lassen.

Tipps: Der Zuckerkuchen eignet sich zum Einfrieren, schmeckt aber frisch am besten. Zusätzlich können noch 50 g gehobelte Mandeln oder Haselnusskerne auf den Teig gestreut werden.

Sandschnitten

Klassisch – schnell

Insgesamt:
E: 52 g, F: 290 g, Kh: 669 g, kJ: 23052, kcal: 5508

Für den Rührteig:
125 g Butterschmalz
125 g Butter
200 g feinkörniger Zucker
1 Pck. Dr. Oetker Vanillin-Zucker
4 Eier (Größe M)
1 Prise Salz
125 g Weizenmehl
125 g Speisestärke
1 gestr. TL Dr. Oetker Backin

Zum Bestreuen:
50 g gehobelte Mandeln

Für den Guss:
150 g gesiebter Puderzucker
5 EL Orangensaft
3 EL Zitronensaft

Zum Verzieren:
100 g gesiebter Puderzucker
etwas gelbe Speisefarbe

Zubereitungszeit: 25 Minuten
Backzeit: etwa 20 Minuten

1. Den Backofen vorheizen.
Ober-/Unterhitze: etwa 180 °C
Heißluft: etwa 160 °C

2. Für den Teig Butterschmalz und Butter in kleine Stücke schneiden, mit Zucker und Vanillin-Zucker in eine Rührschüssel geben und mit Handrührgerät mit Rührbesen zu einer weiß-schaumigen Masse verrühren. Nach und nach Eier (jedes Ei etwa ½ Minute) und Salz unterrühren.

3. Mehl mit Speisestärke und Backpulver mischen, in 2 Portionen auf mittlerer Stufe unterrühren. Den Teig auf einem Backblech (30 x 40 cm, gefettet, gemehlt) verteilen, glatt streichen und mit Mandeln bestreuen.

Das Backblech in den vorgeheizten Backofen schieben. Den Kuchen **etwa 20 Minuten backen.**

4. Für den Guss den Puderzucker nach und nach mit Orangensaft und Zitronensaft verrühren. Ein Drittel von dem Guss abnehmen und zum Verzieren beiseitestellen. Den noch warmen Kuchen mit dem restlichen Guss bestreichen. Guss einziehen lassen.

5. Zum Verzieren den beiseitegestellten Guss nach und nach mit Puderzucker zu einer dickflüssigen Masse verrühren. Die Hälfte des Gusses mit Speisefarbe leicht einfärben. Die beiden Gussmassen getrennt in Papiertütchen oder Gefrierbeutel füllen und eine kleine Ecke abschneiden. Das Gebäck in Schnitten teilen und mit dem Guss verzieren. Guss fest werden lassen.

Tipps: Der Kuchen bleibt gut verpackt mehrere Tage frisch. Ohne Guss ist der Kuchen gefriergeeignet. Der Teig kann zusätzlich noch mit Orangen- oder Zitronenschale aromatisiert werden.

Sauerkirsch-Pie | Für Gäste

Insgesamt:
E: 53 g, F: 201 g, Kh: 338 g, kJ: 14282, kcal: 3412

Für den Knetteig:
250 g Weizenmehl
1 Prise Salz
1 gestr. EL Zucker
1 Pck. Dr. Oetker Vanillin-Zucker
2 EL kaltes Wasser
175 g Butter oder Margarine

Für die Füllung:
75 g Löffelbiskuits
75 g abgezogene, gemahlene Mandeln
500 g Sauerkirschen

Zum Bestreichen und Bestreuen:
2 EL Wasser
2 EL Zimt-Zucker

Zubereitungszeit: 50 Minuten, ohne Kühlzeit
Backzeit: etwa 45 Minuten

1. Für den Teig Mehl und Salz in einer Rührschüssel mischen. Zucker, Vanillin-Zucker, Wasser und Butter oder Margarine hinzufügen. Die Zutaten mit Handrührgerät mit Knethaken zunächst kurz auf niedrigster, dann auf höchster Stufe gut durcharbeiten.

2. Anschließend auf einer leicht bemehlten Arbeitsfläche zu einem glatten Teig verkneten. Den Teig in Frischhaltefolie wickeln, etwa 1 Stunde kalt stellen.

3. Für die Füllung Löffelbiskuits in einen Gefrierbeutel geben. Den Beutel fest verschließen. Löffelbiskuits mit einer Teigrolle fein zerbröseln. Biskuitbrösel mit den Mandeln vermischen.

4. Die Sauerkirschen abspülen, abtropfen lassen, entstielen und entsteinen.

5. Den Backofen vorheizen.
Ober-/Unterhitze: etwa 200 °C
Heißluft: etwa 180 °C

6. Zwei Drittel des Teiges auf der leicht bemehlten Arbeitsfläche zu einer runden Platte (Ø etwa 32 cm) ausrollen. Die Teigplatte in eine Pie- oder Tarteform (Ø 28 cm, Boden gefettet) legen. Den Teig am Rand leicht andrücken. Den Teigboden mit einer Gabel mehrmals einstechen.

7. Das Brösel-Mandel-Gemisch auf den Teigboden geben und glatt streichen. Sauerkirschen darauf verteilen. Überstehenden Teigrand auf die Füllung legen und mit Wasser bestreichen.

8. Restlichen Teig auf der leicht bemehlten Arbeitsfläche zu einer runden Platte in Größe der Form ausrollen. Mit einer Ausstechform in der Mitte ein Loch (Ø etwa 2 cm) ausstechen, damit beim Backen entstehender Dampf entweichen kann. Die Teigplatte auf die Füllung legen und am Rand andrücken.

9. Zum Bestreichen und Bestreuen die Teigplatte mit Wasser bestreichen und mehrmals mit einer Gabel einstechen. Mit Zimt-Zucker bestreuen. Die Form auf dem Rost in den vorgeheizten Backofen schieben. Die Pie **etwa 45 Minuten backen.**

10. Die Form auf einen Kuchenrost stellen. Die Pie in der Form erkalten lassen.

Tipp: Anstelle der frischen Sauerkirschen können Sie auch 350–400 g gut abgetropfte Sauerkirschen aus dem Glas verwenden.

Sauerkirsch-Wähe | Fruchtig

Insgesamt:
E: 63 g, F: 206 g, Kh: 395 g, kJ: 15565, kcal: 3729

Für den Knetteig:
200 g Weizenmehl
50 g Zucker
1 Prise Salz
1 Ei (Größe M)
100 g Butter oder Margarine

370 g Sauerkirschen (aus dem Glas)
1 EL Semmelbrösel

Für den Guss:
3 Eier (Größe M)
75 g Zucker
1 Pck. Dr. Oetker Vanillin-Zucker
2 TL Dr. Oetker Finesse Geriebene Zitronenschale
300 g Crème fraîche

Zubereitungszeit: 55 Minuten, ohne Kühlzeit
Backzeit: etwa 45 Minuten

1. Für den Teig das Mehl in eine Rührschüssel geben. Zucker, Salz, Ei und Butter oder Margarine hinzufügen. Zutaten mit Handrührgerät mit Knethaken zunächst kurz auf niedrigster, dann auf höchster Stufe gut durcharbeiten.

2. Anschließend auf einer leicht bemehlten Arbeitsfläche zu einem glatten Teig verkneten. Den Teig in Frischhaltefolie wickeln, etwa 1 Stunde kalt stellen.

3. Sauerkirschen in einem Sieb abtropfen lassen.

4. Den Backofen vorheizen.
Ober-/Unterhitze: etwa 180 °C
Heißluft: etwa 160 °C

5. Zwei Drittel des Teiges auf der leicht bemehlten Arbeitsfläche zu einer runden Platte (Ø etwa 28 cm) ausrollen. Die Teigplatte in eine Wähen- oder Tarteform (Ø 28 cm, gefettet) legen. Teigplatte mit einer Gabel mehrmals einstechen. Die Form auf dem Rost in den vorgeheizten Backofen schieben. Den Boden **etwa 15 Minuten vorbacken.**

6. Die Form auf einen Kuchenrost stellen. Den vorgebackenen Boden etwas abkühlen lassen. Restlichen Teig auf der leicht bemehlten Arbeitsfläche zu einer Rolle (etwa 80 cm Länge) formen. Teigrolle auf den vorgebackenen Boden legen und so an den Rand der Form drücken, dass ein etwa 2 cm hoher Rand entsteht. Den vorgebackenen Boden mit Semmelbröseln bestreuen und mit Sauerkirschen belegen.

7. Für den Guss die Eier mit Zucker, Vanillin-Zucker, Zitronenschale und Crème fraîche verrühren. Den Guss auf den Sauerkirschen verteilen.

8. Die Form wieder auf dem Rost in den heißen Backofen schieben. Die Wähe **bei gleicher Backofentemperatur in etwa 30 Minuten fertig backen.**

9. Die Form auf einen Kuchenrost stellen. Die Wähe etwas abkühlen lassen und lauwarm servieren.

Schnelle Aprikosen-Rotwein-Tarte | Mit Alkohol

Insgesamt:
E: 68 g, F: 162 g, Kh: 412 g, kJ: 14486, kcal: 3456

Für den Belag:
480 g Aprikosenhälften (aus der Dose)
2 EL brauner Zucker (Rohrzucker)

Für den All-in-Teig:
150 g Weizenmehl
2 gestr. TL Dr. Oetker Backin
170 g gehackte Mandeln
3 EL Schokoblättchen, dragiert
70 g Rosinen
100 g brauner Zucker (Rohrzucker)
1 Pck. Dr. Oetker Bourbon-Vanille-Zucker
2 Eier (Größe M)
5 EL Speiseöl
100 ml Rotwein

Zubereitungszeit: 15 Minuten
Backzeit: 40–45 Minuten

1. Für den Belag Aprikosenhälften in einem Sieb abtropfen lassen und in breite Spalten schneiden. Dann den braunen Zucker auf den Boden einer Tarteform (Ø 28 cm, gefettet, mit Backpapier belegt) streuen. Die Aprikosenhälften darauf verteilen.

2. Den Backofen vorheizen.
Ober-/Unterhitze: etwa 200 °C
Heißluft: etwa 180 °C

3. Für den Teig Mehl und Backpulver in einer Rührschüssel mischen. Mandeln, Schokoblättchen, Rosinen, braunen Zucker, Vanille-Zucker, Eier, Speiseöl und Rotwein hinzufügen. Die Zutaten mit Handrührgerät mit Rührbesen in etwa 1 Minute zu einem glatten Teig verarbeiten.

4. Den Teig esslöffelweise in die Form auf die Aprikosenspalten geben und glatt streichen. Die Form auf dem Rost in den vorgeheizten Backofen schieben. Die Tarte **40–45 Minuten backen.**

5. Die Form auf einen Kuchenrost stellen. Die Tarte etwa 15 Minuten in der Form stehen lassen. Dann aus der Form auf einen mit Backpapier belegten Kuchenrost stürzen. Mitgebackenes Backpapier vorsichtig abziehen. Die Tarte erkalten lassen.

Tipp: Wenn Sie das Rezept ohne Rotwein zubereiten möchten, können Sie ihn durch 80 ml roten Traubensaft oder Johannisbeernektar ersetzen. Verwenden Sie zusätzlich 1 Esslöffel Zitronen- oder Limettensaft, dann ist der Boden genauso locker.

Schneller Apfel-Buttermilch-Kuchen | Einfach

Insgesamt:
E: 55 g, F: 285 g, Kh: 636 g, kJ: 22499, kcal: 5380

Für den Rührteig:
250 g weiche Butter oder Margarine
250 g brauner Zucker
1 Prise Salz
2 Eier (Größe M)
350 g Weizenmehl
2 gestr. TL Dr. Oetker Backin
125 ml (1/8 l) Buttermilch

Für den Belag:
1 kg säuerliche Äpfel
60 g Butter
50 g brauner Zucker

Zubereitungszeit: 45 Minuten
Backzeit: etwa 35 Minuten

1. Für den Teig Butter oder Margarine mit Handrührgerät mit Rührbesen auf höchster Stufe geschmeidig rühren. Nach und nach Zucker und Salz unterrühren. So lange rühren, bis eine gebundene Masse entstanden ist.

2. Die Eier nach und nach unterrühren (jedes Ei etwa 1/2 Minute). Mehl mit Backpulver mischen, abwechselnd portionsweise mit der Buttermilch auf mittlerer Stufe unterrühren.

3. Den Backofen vorheizen.
Ober-/Unterhitze: etwa 180 °C
Heißluft: etwa 160 °C

4. Den Teig auf ein Backblech (30 x 40 cm, gefettet) geben und glatt streichen.

5. Für den Belag Äpfel schälen, vierteln und entkernen. Die Apfelviertel quer in Scheiben schneiden und dachziegelartig auf den Teig legen. Butter in Flöckchen auf den Apfelscheiben verteilen. Mit Zucker bestreuen. Das Backblech in den vorgeheizten Backofen schieben. Den Kuchen **etwa 35 Minuten backen.**

6. Das Backblech auf einen Kuchenrost stellen. Den Kuchen erkalten lassen.

Schoko-Kirsch-Kuchen mit Mandelstreuseln | Für Gäste

Insgesamt:
E: 111 g, F: 341 g, Kh: 807 g, kJ: 28472, kcal: 6801

Für den Kirsch-Schoko-Belag:
1 kg Sauerkirschen
2 Pck. Dr. Oetker Pudding-Pulver Schokoladen-Geschmack
100 g Zucker
500 ml (1/2 l) Milch
200 g Schlagsahne

Für den Quark-Öl-Teig:
300 g Weizenmehl
4 gestr. TL Dr. Oetker Backin
125 g Speisequark (Magerstufe)
100 ml Milch
100 ml Speiseöl
100 g Zucker
1 Pck. Dr. Oetker Vanillin-Zucker

Für die Mandelstreusel:
100 g abgezogene, gemahlene Mandeln
100 g Weizenmehl
100 g Zucker
1 Pck. Dr. Oetker Vanillin-Zucker
100 g Butter oder Margarine

Zubereitungszeit: 55 Minuten, ohne Abkühlzeit
Backzeit: etwa 30 Minuten

1. Für den Belag Kirschen waschen, abtropfen lassen, entstielen und entsteinen.

2. Aus Pudding-Pulver, Zucker, Milch und Sahne einen Pudding nach Packungsanleitung, aber mit den hier angegebenen Zutaten zubereiten. Den Pudding etwas abkühlen lassen, dabei zwischendurch umrühren.

3. Den Backofen vorheizen.
Ober-/Unterhitze: etwa 180 °C
Heißluft: etwa 160 °C

4. Für den Teig das Mehl mit Backpulver in einer Rührschüssel mischen. Quark, Milch, Speiseöl, Zucker und Vanillin-Zucker hinzufügen. Die Zutaten mit Handrührgerät mit Knethaken zunächst kurz auf niedrigster, dann auf höchster Stufe zu einem glatten Teig verarbeiten (nicht zu lange, Teig klebt sonst). Den Teig auf einem Backblech (30 x 40 cm, gefettet) ausrollen. Den Pudding daraufgeben und glatt streichen. Kirschen darauf verteilen. Einen Backrahmen darumlegen.

5. Für die Streusel Mandeln mit Mehl in einer Rührschüssel mischen. Zucker, Vanillin-Zucker und Butter oder Margarine hinzugeben. Die Zutaten mit Handrührgerät mit Rührbesen zunächst kurz auf niedrigster, dann auf höchster Stufe zu Streuseln von gewünschter Größe verarbeiten. Die Teigstreusel auf den Kirschen verteilen. Das Backblech in den vorgeheizten Backofen schieben. Den Schoko-Kirsch-Kuchen **etwa 30 Minuten backen.**

6. Das Backblech auf einen Kuchenrost stellen. Den Schoko-Kirsch-Kuchen erkalten lassen. Backrahmen lösen und entfernen.

Tipps: Anstelle der frischen Sauerkirschen können auch 700 g Sauerkirschen (aus Gläsern) oder 600 g TK-Sauerkirschen verwendet werden. Kirschen aus dem Glas und aufgetaute TK-Kirschen gut abtropfen lassen.

Schoko-Nougat-Stücke | Für Gäste

Insgesamt:
E: 84 g, F: 317 g, Kh: 403 g, kJ: 20297, kcal: 4849

Für den Biskuitteig:
5 Eier (Größe M)
2 EL heißes Wasser
150 g Zucker
1 Prise Salz
1 Pck. Dr. Oetker Bourbon-Vanille-Zucker
100 g Weizenmehl
30 g gesiebtes Kakaopulver
1 gestr. TL Dr. Oetker Backin

Zum Bestreuen:
100 g gehobelte Haselnusskerne
1 EL Zucker

Für die Füllung:
200 g weiche Nuss-Nougat-Creme
200 g Mascarpone (ital. Frischkäse)
200 g Schlagsahne
1 Pck. Dr. Oetker Sahnesteif

Zubereitungszeit: 30 Minuten, ohne Kühlzeit
Backzeit: etwa 15 Minuten

1. Den Backofen vorheizen.
Ober-/Unterhitze: etwa 200 °C
Heißluft: etwa 180 °C

2. Für den Teig Eier und Wasser mit Handrührgerät mit Rührbesen auf höchster Stufe in etwa 1 Minute schaumig schlagen. Den Zucker, Salz und Vanille-Zucker mischen, in etwa 1 Minute einstreuen und dann noch etwa 2 Minuten schlagen.

3. Das Mehl mit Kakao und Backpulver mischen, in 2 Portionen auf die Eiercreme geben und kurz auf niedrigster Stufe unterrühren. Den Teig auf ein Backblech (30 x 40 cm, gefettet, gemehlt) geben und glatt streichen.

4. Zum Bestreuen zuerst die Haselnusskerne, dann Zucker gleichmäßig auf den Teig streuen. Das Backblech in den vorgeheizten Backofen schieben. Den Biskuitboden **etwa 15 Minuten backen.**

5. Das Backblech auf einen Kuchenrost stellen. Den Biskuitboden erkalten lassen.

6. Für die Füllung Nuss-Nougat-Creme und Mascarpone mit Handrührgerät mit Rührbesen zu einer Creme aufschlagen. Sahne mit Sahnesteif steif schlagen. Die Hälfte der Sahne kurz unter die Mascarpone-Nougat-Creme rühren. Restliche Sahne vorsichtig unterheben.

7. Den Biskuitboden vierteln. Die Gebäckstücke vom Backblech lösen. 2 Gebäckstücke auf der Nussseite mit der Creme bestreichen und mit den restlichen Gebäckstücken (Nussseite nach oben) belegen. Das Gebäck mindestens 30 Minuten in den Kühlschrank stellen. Das Gebäck in Stücke schneiden.

Stachelbeer-Grieß-Tarte | Raffiniert

Insgesamt:
E: 98 g, F: 253 g, Kh: 474 g, kJ: 19557, kcal: 4674

Für den Rührteig:
750 ml (3/4 l) Milch
150 g Hartweizengrieß
390 g Stachelbeeren (aus dem Glas)
30 g gehacktes Zitronat (Sukkade)
150 g weiche Butter oder Margarine
200 g Zucker
1 Pck. Dr. Oetker Vanillin-Zucker
1 Pck. Dr. Oetker Finesse Geriebene Zitronenschale
1 Prise Salz
5 Eigelb (Größe M)
30 g Speisestärke
1 Msp. Dr. Oetker Backin
125 g abgezogene, gemahlene Mandeln
5 Eiweiß (Größe M)

Zum Bestäuben:
etwas Puderzucker

Zubereitungszeit: 30 Minuten, ohne Abkühlzeit
Backzeit: 60–70 Minuten

1. Für den Teig die Milch in einem Topf zum Kochen bringen. Den Topf von der Kochstelle nehmen. Grieß unter Rühren einstreuen, kurz aufkochen und abkühlen lassen. Die Stachelbeeren in einem Sieb abtropfen lassen. Zitronat etwas kleiner hacken.

2. Den Backofen vorheizen.
Ober-/Unterhitze: etwa 180 °C
Heißluft: etwa 160 °C

3. Butter oder Margarine mit Handrührgerät mit Rührbesen auf höchster Stufe geschmeidig rühren. Nach und nach Zucker, Vanillin-Zucker, Zitronenschale und Salz unterrühren. So lange rühren, bis eine gebundene Masse entstanden ist. Eigelb nach und nach unterrühren (jedes Eigelb knapp 1/2 Minute). Die Grießmasse in kleinen Portionen unterrühren.

4. Die Speisestärke mit Backpulver und Mandeln mischen, zusammen mit dem Zitronat unter den Grießteig rühren. Eiweiß steif schlagen und unterheben. Die Stachelbeeren ebenfalls unterheben.

5. Den Teig in eine Springform (Ø 28 cm, gefettet) geben und glatt streichen. Die Form auf dem Rost in den vorgeheizten Backofen schieben und die Tarte **60–70 Minuten backen.**

6. Die Form auf einen Kuchenrost stellen. Die Tarte etwa 10 Minuten in der Form abkühlen lassen. Dann den Springformrand mit einem Messer lösen und entfernen. Die Tarte erkalten lassen, auf eine Platte geben und kurz vor dem Servieren mit Puderzucker bestäuben.

Tipps: Anstelle der Stachelbeeren aus dem Glas können Sie auch frische Stachelbeeren verwenden. Die Stachelbeeren waschen, abtropfen lassen, Blüten- und Stängelansätze entfernen. Die Stachelbeeren roh unter den Teig heben. Dann 250 g statt 200 g Zucker für den Teig verwenden.

Stachelbeer-Pie | Für Gäste

Insgesamt:
E: 62 g, F: 254 g, Kh: 537 g, kJ: 19930, kcal: 4760

Für den Knetteig:
350 g Weizenmehl
1 Prise Salz
50 g Zucker
3 EL kaltes Wasser
180 g Butter oder Margarine

Für die Füllung:
780 g Stachelbeeren (aus Gläsern)

Für die Mandel-Zucker-Masse:
50 g Butter
30 g Zucker
100 g gehobelte Mandeln

250 ml (1/4 l) Stachelbeersaft (aus den Gläsern)
20 g Speisestärke

Zum Bestreichen und Bestreuen:
1 EL Wasser
1 EL Zucker

Zubereitungszeit: 50 Minuten, ohne Kühlzeit
Backzeit: 30–40 Minuten

1. Für den Teig Mehl und Salz in einer Rührschüssel mischen. Zucker, Wasser und Butter oder Margarine hinzufügen. Die Zutaten mit Handrührgerät mit Knethaken zunächst kurz auf niedrigster, dann auf höchster Stufe gut durcharbeiten.

2. Anschließend auf einer leicht bemehlten Arbeitsfläche zu einem glatten Teig verkneten. Den Teig in 3 gleich große Portionen teilen. Die Teigportionen jeweils in Frischhaltefolie wickeln und etwa 1 Stunde kalt stellen.

3. Für die Füllung Stachelbeeren in einem Sieb abtropfen lassen, dabei den Saft auffangen und 250 ml (1/4 l) abmessen.

4. Für die Mandel-Zucker-Masse die Butter in einer Pfanne zerlassen. Zucker und Mandeln hinzufügen, unter Rühren goldbraun rösten, herausnehmen und erkalten lassen.

5. Den Backofen vorheizen.
Ober-/Unterhitze: etwa 200 °C
Heißluft: etwa 180 °C

6. Eine Teigportion auf der leicht bemehlten Arbeitsfläche zu einer runden Platte (Ø etwa 28 cm) ausrollen und in eine Pie- oder Tarteform (Ø 28 cm, gefettet) legen.

7. Die zweite Teigportion ebenfalls auf der leicht bemehlten Arbeitsfläche zu einer Rolle (etwa 80 cm Länge) formen. Die Teigrolle auf den Teigboden legen und an den Rand der Form drücken. Den Teig etwa 1/2 cm überstehen lassen.

8. Die Mandel-Zucker-Masse auf dem Teigboden verteilen.

9. Drei Esslöffel des aufgefangenen Stachelbeersaftes mit Speisestärke anrühren. Restlichen Saft in einem Topf aufkochen. Die angerührte Speisestärke in den von der Kochstelle genommenen Saft rühren und unter Rühren aufkochen lassen. Den Topf von der Kochstelle nehmen. Stachelbeeren unterheben.

10. Die Stachelbeermasse auf der Mandel-Zucker-Masse verteilen und glatt streichen. Überstehenden Teigrand auf die Stachelbeermasse legen.

11. Restlichen Teig auf der leicht bemehlten Arbeitsfläche zu einer runden Platte (Ø etwa 28 cm) ausrollen und auf die Stachelbeermasse legen. Den Teig am Rand andrücken. Die Teigplatte mehrmals mit einer Gabel einstechen. Mit Wasser bestreichen und mit Zucker bestreuen. Die Form auf dem Rost in den vorgeheizten Backofen schieben. Die Pie **30–40 Minuten backen.**

12. Die Form auf einen Kuchenrost stellen. Die Pie etwas abkühlen lassen. Warm oder kalt servieren.

Tipp: Dazu passt halbsteif geschlagene Schlagsahne.

Tarte à l'orange | Raffiniert – fruchtig

Insgesamt:
E: 54 g, F: 158 g, Kh: 417 g, kJ: 14113, kcal: 3372

Für den Knetteig:
200 g Weizenmehl
1 Prise Salz
25 g Zucker
1 Pck. Dr. Oetker Vanillin-Zucker
1 EL Speiseöl
100 g Butter oder Margarine

etwas Weizenmehl

Für den Belag:
5 EL bittere Orangenmarmelade
125 g Schlagsahne
50 g Zucker
3 Eier (Größe M)
1 Pck. Dr. Oetker Finesse Orangenschalen-Aroma
5 Orangen

Zum Bestäuben:
evtl. etwas Puderzucker

Zubereitungszeit: 55 Minuten, ohne Kühlzeit
Backzeit: etwa 30 Minuten

1. Für den Teig Mehl und Salz in einer Rührschüssel mischen. Zucker, Vanillin-Zucker, Speiseöl und Butter oder Margarine hinzufügen. Die Zutaten mit Handrührgerät mit Knethaken zunächst kurz auf niedrigster, dann auf höchster Stufe gut durcharbeiten. Den Teig auf einer leicht bemehlten Arbeitsfläche zu einem glatten Teig verkneten. Den Teig in Frischhaltefolie wickeln und etwa 1 Stunde kalt stellen.

2. Teig mit Mehl bestäuben, auf der leicht bemehlten Arbeitsfläche zu einer runden Platte (Ø etwa 32 cm) ausrollen. Danach die Teigplatte in eine Tarteform (Ø 28 cm, gefettet) legen, am Rand etwa 2 cm hoch andrücken. Den Teigboden mit einer Gabel mehrmals einstechen.

3. Den Backofen vorheizen.
Ober-/Unterhitze: etwa 200 °C
Heißluft: etwa 180 °C

4. Für den Belag 2–3 Esslöffel Marmelade auf den Teigboden streichen. Die Sahne mit Zucker, Eiern und Orangenschalen-Aroma verrühren und auf dem Teigboden verteilen. Die Orangen so schälen, dass die weiße Haut mitentfernt wird, dabei den Orangensaft auffangen. Orangen in Scheiben schneiden und dachziegelartig in Kreisen auf den Teig in die Form legen.

5. Form auf dem Rost in den vorgeheizten Backofen schieben. Die Tarte **etwa 30 Minuten backen.**

6. Die Form auf einen Kuchenrost stellen. Die Tarte in der Form erkalten lassen. Restliche Marmelade und 1 Esslöffel von dem aufgefangenen Orangensaft aufkochen, durch ein Sieb geben und auf die Orangenscheiben streichen. Die Tarte nach Belieben mit Puderzucker bestäuben.

Tipps: Wenn Sie den Geschmack der bitteren Orangenmarmelade nicht mögen, verwenden Sie Orangenmarmelade, die ohne Bitterorangen hergestellt wurde. Oder nehmen Sie z. B. eine Sauerkirsch- oder Himbeerkonfitüre. Die geben der Tarte zusätzlich einen fruchtigen Geschmack.

Tarte Tatin | Klassisch

Insgesamt:
E: 23 g, F: 120 g, Kh: 371 g, kJ: 11228, kcal: 2685

Für den Knetteig:

20 g gesiebter Puderzucker
150 g Weizenmehl
1 Pck. Dr. Oetker Vanillin-Zucker
1 Prise Salz
1 Eigelb (Größe M)
3–4 EL kaltes Wasser
80 g Butter oder Margarine

Für den Belag:

1,2 kg Äpfel, z. B. Boskop oder Elstar
2 EL Zitronensaft
120 g Zucker
50 g weiche Butter

etwas Weizenmehl

Zubereitungszeit: 30 Minuten, ohne Kühlzeit
Backzeit: etwa 40 Minuten

1. Für den Teig Puderzucker mit Mehl in einer Rührschüssel mischen. Vanillin-Zucker, Salz, Eigelb, Wasser und Butter oder Margarine hinzufügen. Die Zutaten mit Handrührgerät mit Knethaken zunächst kurz auf niedrigster, dann auf höchster Stufe gut durcharbeiten. Anschließend auf einer leicht bemehlten Arbeitsfläche zu einem glatten Teig verkneten. Den Teig in Frischhaltefolie wickeln und etwa 1 Stunde kalt stellen.

2. Den Backofen vorheizen.
Ober-/Unterhitze: etwa 200 °C
Heißluft: etwa 180 °C

3. Für den Belag Äpfel schälen, vierteln und entkernen. Apfelviertel mit Zitronensaft beträufeln.

4. Zucker in einer Pfanne goldbraun karamellisieren. Die Butter mit einem Kochlöffel unterrühren. Den heißen Karamell in eine Tarteform (Ø 28 cm) gießen. Die Apfelviertel mit einer glatten Seite nach unten in die Form legen.

5. Den Teig mit etwas Mehl bestäuben und auf der leicht bemehlten Arbeitsfläche zu einer runden Platte (Ø etwa 32 cm) ausrollen. Die Teigplatte auf die Apfelspalten legen. Teigplatte mit einer Gabel mehrmals einstechen. Überstehenden Teigrand nach innen, an den Rand der Form legen. Die Form auf dem Rost in den vorgeheizten Backofen schieben. Die Tarte **etwa 40 Minuten backen.**

6. Die Form auf einen Kuchenrost stellen. Die Tarte etwa 20 Minuten in der Form abkühlen lassen, damit sich die ausgetretene Flüssigkeit sammeln kann. Die Tarte vorsichtig auf eine Platte stürzen.

Tipps: Die Tarte Tatin ist auch als Dessert sehr gut geeignet. Dazu schmeckt steif geschlagene Schlagsahne.

Trauben-Wähe | Fruchtig

Insgesamt:
E: 40 g, F: 123 g, Kh: 355 g, kJ: 11353, kcal: 2714

Für den Hefeteig:
200 g Weizenmehl
2 gestr. TL Dr. Oetker Trockenbackhefe
50 g Zucker
1 Pck. Dr. Oetker Vanillin-Zucker
100 ml lauwarme Milch
50 g weiche Butter oder Margarine

Für den Belag:
je 250 g grüne und blaue Weintrauben

Für den Guss:
200 g Schlagsahne
1 Eigelb (Größe M)
1 Pck. Saucenpulver Vanille-Geschmack zum Kochen
1 EL Zucker

Zubereitungszeit: 30 Minuten, ohne Teiggehzeit
Backzeit: etwa 25 Minuten

1. Für den Teig das Mehl in eine Rührschüssel geben und mit der Trockenbackhefe sorgfältig vermischen. Zucker, Vanillin-Zucker, Milch und Butter oder Margarine hinzufügen. Die Zutaten mit Handrührgerät mit Knethaken zunächst kurz auf niedrigster, dann auf höchster Stufe in etwa 5 Minuten zu einem glatten Teig verarbeiten.

2. Den Teig zugedeckt so lange an einem warmen Ort gehen lassen, bis er sich sichtbar vergrößert hat (etwa 20 Minuten).

3. Für den Belag Weintrauben abspülen, trocken tupfen, entstielen, halbieren und entkernen.

4. Den gegangenen Teig mit etwas Mehl bestäuben, aus der Schüssel nehmen und auf einer leicht bemehlten Arbeitsfläche nochmals kurz durchkneten. Den Teig zu einer runden Platte (Ø etwa 34 cm) ausrollen, in eine Wähen- oder Tarteform (Ø 28 cm, gefettet) legen und am Rand leicht andrücken.

5. Die Weintraubenhälften auf dem Teig verteilen. Den Teig nochmals zugedeckt so lange an einem warmen Ort gehen lassen, bis er sich sichtbar vergrößert hat (etwa 20 Minuten).

6. Den Backofen vorheizen.
Ober-/Unterhitze: etwa 200 °C
Heißluft: etwa 180 °C

7. Für den Guss Sahne mit Eigelb, Saucenpulver und Zucker verschlagen. Den Guss auf den Weintraubenhälften verteilen. Die Form auf dem Rost in den vorgeheizten Backofen schieben. Die Wähe **etwa 25 Minuten backen.**

8. Die Form auf einen Kuchenrost stellen und die Trauben-Wähe in der Form erkalten lassen.

Walnusshappen | Mit Alkohol

Insgesamt:
E: 93 g, F: 466 g, Kh: 470 g, kJ: 27138, kcal: 6470

Für den Rührteig:
- *75 g Zartbitter-Schokolade*
- *200 g weiche Butter oder Margarine*
- *150 g gesiebter Puderzucker*
- *1 Pck. Dr. Oetker Vanillin-Zucker*
- *1 Prise Salz*
- *1 EL Rum*
- *4 Eier (Größe M)*
- *200 g Weizenmehl*
- *1 gestr. TL Dr. Oetker Backin*
- *200 g gehackte Walnusskerne*

Für den Guss:
- *200 g dunkle Kuchenglasur*

- *einige Walnusskernhälften*

Zubereitungszeit: 30 Minuten, ohne Abkühlzeit
Backzeit: etwa 30 Minuten

1. Für den Teig die Schokolade in Stücke brechen, in einem kleinen Topf im heißen Wasserbad bei schwacher Hitze unter Rühren schmelzen, abkühlen lassen.

2. Den Backofen vorheizen.
Ober-/Unterhitze: etwa 180 °C
Heißluft: etwa 160 °C

3. Butter oder Margarine mit Handrührgerät mit Rührbesen auf höchster Stufe geschmeidig rühren. Nach und nach Puderzucker, Vanillin-Zucker, Salz und Rum unterrühren. So lange rühren, bis eine gebundene Masse entstanden ist.

4. Die Eier nach und nach unterrühren (jedes Ei etwa $1/2$ Minute). Abgekühlte Schokolade unterrühren. Mehl mit Backpulver und Walnusskernen mischen, in 2 Portionen kurz auf mittlerer Stufe unterrühren.

5. Den Teig auf einem Backblech (30 x 40 cm, gefettet, gemehlt) verteilen und glatt streichen. Das Backblech in den vorgeheizten Backofen schieben. Den Kuchen **etwa 30 Minuten backen.**

6. Das Backblech auf einen Kuchenrost stellen. Den Kuchen erkalten lassen.

7. Für den Guss die Kuchenglasur nach Packungsanleitung schmelzen. Den Kuchen mit der Glasur dick bestreichen. Die Stücke auf dem Guss mit einem Messer markieren und mit je 1 Walnusskernhälfte belegen. Die Glasur fest werden lassen.

Zitronen-Klecksel-Kuchen I

Für Gäste – schnell

Insgesamt:
E: 142 g, F: 343 g, Kh: 481 g, kJ: 23669, kcal: 5660

Für den All-in-Teig:

200 g Weizenmehl
1 gestr. TL Dr. Oetker Backin
100 g Zucker
1 Prise Salz
250 g weiche Butter oder Margarine
2 Eier (Größe M)
100 g Vollmilch-Raspelschokolade
1 EL Wasser

Für die Füllung:

1 Bio-Zitrone (unbehandelt, ungewachst)
1 Zitrone
500 g Sahne-Pudding Bourbon-Vanille (aus dem Kühlregal)
500 g Speisequark (20 % Fett)
70 g Zucker
3 Eier (Größe M)
30 g Hartweizengrieß

Zum Bestäuben:

etwas Puderzucker

Zubereitungszeit: 20 Minuten, ohne Abkühlzeit
Backzeit: etwa 38 Minuten

1. Den Backofen vorheizen.
Ober-/Unterhitze: etwa 200 °C
Heißluft: etwa 180 °C

2. Für den Teig das Mehl mit Backpulver in einer Rührschüssel mischen. Zucker, Salz, Butter oder Margarine und Eier hinzufügen. Die Zutaten mit Handrührgerät mit Rührbesen zunächst kurz auf niedrigster, dann auf höchster Stufe in etwa 2 Minuten zu einem glatten Teig verarbeiten. Raspelschokolade unterrühren.

3. Ein Drittel des Teiges für die Klecksel abnehmen, mit dem Wasser verrühren und beiseitestellen. Restlichen Teig gleichmäßig auf einem tiefen Backblech oder in einer Fettpfanne (30 x 40 cm, gefettet) verteilen. Das Backblech in den vorgeheizten Backofen schieben. Den Kuchen **etwa 8 Minuten vorbacken.**

4. Für die Füllung die Bio-Zitrone heiß abwaschen, abtrocknen und die Schale abreiben. Beide Zitronen halbieren, den Saft auspressen. Zitronenschale und 5 Esslöffel Zitronensaft mit Sahne-Pudding, Quark, Zucker, Eiern und Grieß zu einer glatten Masse verrühren und auf dem heißen, vorgebackenen Boden verteilen.

5. Den beiseitegestellten Teig (Kleckselteig) in einen Spritzbeutel mit großer Lochtülle füllen und Kleckse auf die Füllung spritzen.

6. Das Backblech wieder in den heißen Backofen schieben. Den Kuchen **bei gleicher Backofentemperatur in etwa 30 Minuten fertig backen.**

7. Das Backblech auf einen Kuchenrost stellen. Den Kuchen erkalten lassen und mit etwas Puderzucker bestäuben.

Tipps: Wenn Sie keinen Spritzbeutel haben, können Sie den Teig auch in einen Gefrierbeutel füllen, eine Ecke abschneiden und den Teig aufspritzen. Oder den Teig mit zwei Teelöffeln auf die Füllung klecksen.

Zitronen-Tarte mit Lemoncurd

Fruchtig

Insgesamt:
E: 44 g, F: 137 g, Kh: 329 g, kJ: 11527, kcal: 2762

Für den Knetteig:
160 g Weizenmehl
80 g Butter oder Margarine
40 g Zucker
1 gestr. TL Salz

Für die Füllung:
3 Eier (Größe M)
150 g Crème fraîche
80 g Zucker
100 ml Zitronensaft

Für den Guss:
130 g Lemoncurd (Zitronencreme)

Zubereitungszeit: 45 Minuten, ohne Abkühlzeit
Backzeit: etwa 60 Minuten

1. Den Backofen vorheizen.
Ober-/Unterhitze: etwa 180 °C
Heißluft: etwa 160 °C

2. Für den Teig das Mehl in eine Rührschüssel geben. Butter oder Margarine, Zucker und Salz hinzufügen. Die Zutaten mit Handrührgerät mit Knethaken zunächst kurz auf niedrigster, dann auf höchster Stufe gut durcharbeiten.

3. Anschließend auf einer leicht bemehlten Arbeitsfläche zu einem glatten Teig verkneten. Sollte er kleben, ihn in Frischhaltefolie gewickelt eine Zeit lang kalt stellen.

4. Zwei Drittel des Knetteiges auf dem Boden einer Spring- oder Tarteform (Ø 26 cm, gefettet) ausrollen. Den Springformrand um den Springformboden legen. Den Teigboden mehrmals mit einer Gabel einstechen. Die Form auf dem Rost in den vorgeheizten Backofen schieben. Den Knetteigboden **etwa 15 Minuten vorbacken.**

5. Die Form auf einen Kuchenrost stellen. Den Knetteigboden etwas abkühlen lassen.

6. Für die Füllung Eier, Crème fraîche und Zucker in einer Rührschüssel zu einer glatten Masse verrühren, Zitronensaft unterrühren.

7. Restlichen Teig zu einer langen Rolle formen, auf den vorgebackenen Boden legen und so an die Form drücken, dass ein etwa 1 cm hoher Rand entsteht.

8. Die Eier-Crème fraîche-Masse auf den Knetteigboden geben und glatt streichen. Die Form wieder auf dem Rost in den heißen Backofen schieben. Tarte **bei gleicher Backofentemperatur in etwa 45 Minuten fertig backen.**

9. Die Tarte etwa 10 Minuten in der Form stehen lassen, dann aus der Form lösen und auf einem Kuchenrost erkalten lassen.

10. Für den Guss den Lemoncurd glatt rühren. Die Zitronen-Tarte vor dem Servieren mit der Lemoncurd bestreichen.

Zitrus-Pie | Etwas aufwendiger – raffiniert

Insgesamt:
E: 46 g, F: 198 g, Kh: 602 g, kJ: 18646, kcal: 4457

Für den Knetteig:

200 g Weizenmehl
1 Msp. Dr. Oetker Backin
75 g Zucker
1 Pck. Dr. Oetker Vanillin-Zucker
1 Prise Salz
120 g Butter oder Margarine

Für den Belag:

30 g Cornflakes
1 EL abgezogene, gemahlene Mandeln
2 rosa Grapefruits oder
4 Blutorangen (etwa 700 g)
30 g Speisestärke
200 ml Saft (von den Grapefruits oder Blutorangen, evtl. mit Wasser aufgefüllt)
50 ml Zitronensaft
120 g Zucker
100 g Butter

Für die Baiserhaube:

4 Eiweiß (Größe M)
150 g Zucker
2 TL Zitronensaft

Zubereitungszeit: 50 Minuten, ohne Kühlzeit
Backzeit: etwa 30 Minuten
Überbackzeit: 8–10 Minuten

1. Für den Teig Mehl und Backpulver in einer Rührschüssel mischen. Zucker, Vanillin-Zucker, Salz und Butter oder Margarine hinzufügen. Die Zutaten mit Handrührgerät mit Knethaken zunächst kurz auf niedrigster, dann auf höchster Stufe gut durcharbeiten. Anschließend auf einer leicht bemehlten Arbeitsfläche zu einem glatten Teig verkneten. Den Teig in Frischhaltefolie wickeln und etwa 1 Stunde kalt stellen.

2. Zwei Drittel des Teiges auf der bemehlten Arbeitsfläche zu einer runden Platte (Ø 28 cm) ausrollen. In eine Pie- oder Tarteform (Ø 28 cm, Boden gefettet) legen.

3. Restlichen Teig zu einer langen Rolle (etwa 80 cm Länge) formen und auf den Teigboden legen. So an den Rand der Form drücken, dass ein etwa 2 cm hoher Rand entsteht. Den Teigboden mehrmals mit einer Gabel einstechen.

4. Für den Belag Cornflakes in einen Gefrierbeutel geben. Beutel fest verschließen. Cornflakes mit einer Teigrolle zerbröseln. Brösel mit den Mandeln mischen und auf den Teigboden streuen. Kalt stellen.

5. Den Backofen vorheizen.
Ober-/Unterhitze: etwa 200 °C
Heißluft: etwa 180 °C

6. Die Grapefruits oder Orangen mit einem scharfen Messer so schälen, dass die weiße Haut mitentfernt wird. Grapefruits oder Orangen filetieren, dabei den Saft auffangen. Den Saft abmessen und mit Wasser auf 200 ml Saft auffüllen. Speisestärke mit etwas Saft anrühren. Restlichen Saft in einem kleinen Topf mit Zitronensaft und Zucker zum Kochen bringen. Angerührte Speisestärke in den von der Kochstelle genommenen Saft rühren, unter Rühren kurz aufkochen lassen. Butter hinzugeben und unter Rühren schmelzen.

7. Die Fruchtfilets auf dem Teigboden verteilen. Den angedickten Saft daraufgeben. Die Form auf dem Rost in den vorgeheizten Backofen schieben. Die Pie **etwa 30 Minuten backen.**

8. Die Form auf einen Kuchenrost stellen. Pie etwas abkühlen lassen. Die **Backofentemperatur um etwa 20 °C erhöhen.**

9. Für die Baiserhaube das Eiweiß steif schlagen. Der Schnee muss so fest sein, dass ein Messerschnitt sichtbar bleibt. Nach und nach Zucker und Zitronensaft unterschlagen. So lange weiterschlagen, bis der Eischnee glänzt. Die Baisermasse mit einem Esslöffel kuppelartig auf den Fruchtbelag geben und die Oberfläche wellenartig verstreichen. Die Form wieder auf dem Rost in den heißen Backofen schieben. Die Baiserhaube **8–10 Minuten überbacken.**

10. Die Form auf einen Kuchenrost stellen. Die Pie etwas abkühlen lassen. Warm oder kalt servieren.

Zwetschen-Tarte mit Karamell-Pudding | Für Gäste

Insgesamt:
E: 28 g, F: 122 g, Kh: 266 g, kJ: 9789, kcal: 2341

Für den Knetteig:
150 g Weizenmehl
1 Prise Salz
2–3 EL kaltes Wasser
130 g Butter oder Margarine

Für den Belag:
500 g Zwetschen
½ Pck. Dr. Oetker Pudding-Pulver Karamell-Geschmack (20 g)
250 ml (¼ l) Milch
2 EL Zucker

etwas Weizenmehl

Zum Bestreuen:
30 g brauner Zucker (Rohrzucker)
1 TL gemahlener Zimt
etwas Puderzucker

Zubereitungszeit: 25 Minuten, ohne Kühlzeit
Backzeit: etwa 35 Minuten

1. Für den Teig Mehl und Salz in einer Rührschüssel mischen. Wasser und Butter oder Margarine hinzufügen. Die Zutaten mit Handrührgerät mit Knethaken zunächst kurz auf niedrigster, dann auf höchster Stufe gut durcharbeiten.

2. Anschließend auf einer leicht bemehlten Arbeitsfläche zu einem glatten Teig verkneten. Den Teig in Frischhaltefolie wickeln und etwa 1 Stunde kalt stellen.

3. Für den Belag Zwetschen waschen, abtropfen lassen, entstielen, halbieren und entsteinen. Zwetschenhälften nochmals längs durchschneiden.

4. Das Pudding-Pulver mit 6 Esslöffeln Milch und dem Zucker verrühren. Restliche Milch in einem Topf zum Kochen bringen. Den Topf von der Kochstelle nehmen, angerührtes Pudding-Pulver einrühren und unter Rühren aufkochen lassen. Den Pudding etwas abkühlen lassen, dabei ab und zu umrühren.

5. Den Backofen vorheizen.
Ober-/Unterhitze: etwa 200 °C
Heißluft: etwa 180 °C

6. Den Teig mit etwas Mehl bestäuben und auf der leicht bemehlten Arbeitsfläche zu einer runden Platte (Ø etwa 32 cm) ausrollen. Die Teigplatte in eine Tarteform (Ø 28 cm, gefettet) legen und am Rand andrücken. Evtl. überstehenden Teigrand abschneiden und auf den Teigboden legen, andrücken. Den Teigboden mit einer Gabel mehrmals einstechen.

7. Die Puddingmasse auf den Teigboden geben und glatt streichen. Zwetschenviertel dachziegelartig darauf verteilen und leicht in den Pudding drücken.

8. Zum Bestreuen den braunen Zucker mit Zimt mischen und auf die Zwetschenviertel streuen. Die Form auf dem Rost in den vorgeheizten Backofen schieben. Die Tarte **etwa 35 Minuten backen.**

9. Die Form auf einen Kuchenrost stellen. Die Tarte warm oder kalt servieren. Vor dem Servieren mit Puderzucker bestäuben.

Tipps: Statt der frischen Zwetschen können Sie auch gut abgetropfte Zwetschen aus dem Glas verwenden. Der Pudding schmeckt cremiger, wenn Sie die Milch durch 300 g Schlagsahne ersetzen.

Zwetschen-Wähe | Für Gäste

Insgesamt:
E: 34 g, F: 148 g, Kh: 361 g, kJ: 12482, kcal: 2986

Für den Rührteig:
100 g weiche Butter oder Margarine
75 g Zucker
1 Pck. Dr. Oetker Vanillin-Zucker
1 Prise Salz
1 Ei (Größe M)
120 g Weizenmehl
½ gestr. TL Dr. Oetker Backin

Für den Belag:
750–1000 g Zwetschen

Für den Guss:
10 g Speisestärke
80–100 g Zucker
1 Pck. Dr. Oetker Vanillin-Zucker
1 Eigelb (Größe M)
150 g Schlagsahne
1 Eiweiß (Größe M)

Zum Bestäuben:
etwas Puderzucker

Zubereitungszeit: 65 Minuten
Backzeit: etwa 50 Minuten

1. Für den Teig Butter oder Margarine mit Handrührgerät mit Rührbesen auf höchster Stufe geschmeidig rühren. Nach und nach Zucker, Vanillin-Zucker und Salz unterrühren. So lange rühren, bis eine gebundene Masse entstanden ist. Ei in etwa ½ Minute unterrühren. Mehl mit Backpulver mischen, in 2 Portionen auf mittlerer Stufe unterrühren. Den Teig in eine Tarteform oder in ein Kuchenblech (Ø 30 cm, gefettet) geben und glatt streichen.

2. Den Backofen vorheizen.
Ober-/Unterhitze: etwa 180 °C
Heißluft: etwa 160 °C

3. Für den Belag die Zwetschen waschen, trocken tupfen, entstielen, halbieren und entsteinen. Zwetschenhälften an der schmale Spitze etwas einschneiden. Zwetschenhälften mit der Innenseite nach oben auf den Teig legen. Die Form auf dem Rost in den vorgeheizten Backofen schieben. Die Wähe **etwa 25 Minuten vorbacken.**

4. Für den Guss die Speisestärke mit Zucker, Vanillin-Zucker, Eigelb und Sahne verrühren. Das Eiweiß steif schlagen und unterheben.

5. Die Form auf einen Kuchenrost stellen. Den Guss auf den Zwetschenhälften verteilen. Die Form wieder auf dem Rost in den heißen Backofen schieben. Die Wähe **bei gleicher Backofentemperatur in weiteren etwa 25 Minuten fertig backen.**

6. Die Form auf einen Kuchenrost stellen. Die Wähe lauwarm oder kalt servieren. Den oberen Wähenrand vor dem Servieren mit Puderzucker bestäuben.

Tipps: Heimische Zwetschen kommen im Sommer meistens etwas später auf den Markt als Pflaumen. Sie können die Wähe auch mit Pflaumen, Renekloden und Mirabellen zubereiten.

Zwieback-Kuchen | Gut vorzubereiten

Insgesamt:
E: 82 g, F: 74 g, Kh: 314 g, kJ: 10482, kcal: 2501

Für den Biskuitteig:
100 g getrocknete Aprikosen
100 g getrocknete Feigen
4 Eier (Größe M)
150 g Zucker
1 Pck. Dr. Oetker Vanillin-Zucker
1 Pck. Dr. Oetker Finesse Orangenschalen-Aroma
1 Prise Salz
150 g Dinkel-Vollkornmehl
1 gestr. TL Dr. Oetker Backin
50 g Leinsamen

Zubereitungszeit: 45 Minuten, ohne Abkühlzeit
Back- und Trockenzeit: etwa 90 Minuten

1. Für den Teig Aprikosen und Feigen in kleine Stücke schneiden.

2. Den Backofen vorheizen.
Ober-/Unterhitze: etwa 180 °C
Heißluft: etwa 160 °C

3. Eier mit Handrührgerät mit Rührbesen auf höchster Stufe in etwa 1 Minute schaumig schlagen. Den Zucker mit Vanillin-Zucker, Aroma und Salz mischen, in etwa 1 Minute einstreuen, dann noch etwa 2 Minuten schlagen.

4. Mehl mit Backpulver mischen, auf die Eiercreme geben und kurz auf niedrigster Stufe unterrühren. Zuletzt Aprikosen-, Feigenstückchen und Leinsamen kurz unterrühren.

5. Den Teig in eine Gugelhupfform (Ø 24 cm, gefettet, mit Sesam ausgestreut) geben und glatt streichen. Die Form auf dem Rost in den vorgeheizten Backofen (unteres Drittel) schieben. Den Kuchen **etwa 45 Minuten backen.**

6. Den Kuchen aus der Form lösen und auf einen Kuchenrost stürzen. Den Kuchen erkalten lassen.

7. Die **Backofentemperatur auf Ober-/Unterhitze: etwa 120 °C, Heißluft: etwa 100 °C herunterschalten.**

8. Den erkalteten Kuchen in etwa 16 Scheiben schneiden. Die Kuchenscheiben nebeneinander auf ein Backblech (mit Backpapier belegt) legen. Das Backblech in den heißen Backofen schieben. Die Kuchenscheiben **etwa 45 Minuten trocknen. Nach etwa 20 Minuten Trockenzeit** die Kuchenscheiben wenden.

Tipps: Trocken verpackt ist der Kuchen 2–3 Wochen haltbar. Sie können den Kuchen jedoch auch einfrieren. Servieren Sie den Kuchen mit Butter, z. B. zum Frühstück. Der Kuchen hat nach dem zweiten Backen einen leichten Zwieback-Charakter. Er schmeckt jedoch auch schon nach dem ersten Backen sehr gut.

Zwieback-Streusel-Kuchen

Raffiniert

Insgesamt:
E: 95 g, F: 259 g, Kh: 609 g, kJ: 21652, kcal: 5150

Für den Hefeteig:
1 Pck. Grundmischung Hefeteig
50 g weiche Butter oder Margarine
150 ml warme Milch
1 Ei (Größe M)

Zum Bestreichen:
3–4 EL Milch

Für die Zwiebackstreusel:
100 g Zwieback
75 g Weizenmehl
100 g Zucker
½ TL gemahlener Zimt
100 g abgezogene, gemahlene Mandeln
150 g Butter oder Margarine

Für den Belag:
1 Pck. backfeste Puddingcreme Vanille-Geschmack
250 ml (¼ l) Milch

Zum Bestreichen:
2–3 EL Aprikosenkonfitüre oder Apfelgelee

Zubereitungszeit: 35 Minuten, ohne Teiggehzeit
Backzeit: etwa 25 Minuten

1. Für den Teig die Grundmischung mit Butter oder Margarine, Milch und Ei nach Packungsanleitung zubereiten. Den Teig zugedeckt so lange an einem warmen Ort gehen lassen, bis er sich sichtbar vergrößert hat (etwa 30 Minuten).

2. Dann den Teig leicht mit Mehl bestäuben, aus der Schüssel nehmen, auf einer leicht bemehlten Arbeitsfläche gut durchkneten und auf einem Backblech (30 x 40 cm, gefettet) ausrollen. Den Teig mit Milch bestreichen.

3. Für die Streusel Zwiebäcke in einen Gefrierbeutel geben. Beutel fest verschließen. Zwiebäcke mit einer Teigrolle fein zerbröseln.

4. Mehl in eine Rührschüssel geben. Zucker, Zimt, Mandeln, Butter oder Margarine und Zwiebackbrösel hinzufügen. Die Zutaten mit Handrührgerät mit Rührbesen zu Streuseln von gewünschter Größe verarbeiten. Die Streusel auf dem Teigboden verteilen.

5. Für den Belag die Puddingcreme mit Milch nach Packungsanleitung zubereiten.

6. Mit einem Esslöffel kleine Vertiefungen in den Teig drücken. Die Puddingcreme mithilfe eines Teelöffels in etwa walnussgroßen Häufchen in die Vertiefungen geben.

7. Den Backofen vorheizen.
Ober-/Unterhitze: etwa 200 °C
Heißluft: etwa 180 °C

8. Den Teig nochmals zugedeckt so lange an einem warmen Ort gehen lassen, bis er sich sichtbar vergrößert hat (etwa 20 Minuten).

9. Das Backblech in den vorgeheizten Backofen schieben. Den Kuchen **etwa 25 Minuten backen.**

10. Das Backblech auf einen Kuchenrost stellen. Zum Bestreichen Konfitüre oder Gelee gut verrühren. Die Puddinghäufchen sofort damit bestreichen. Den Kuchen erkalten lassen. Den Kuchen in beliebig große Stücke schneiden.

Fruchtig

Mit Alkohol

Für Gäste

Fettarm

Schnell & einfach

Für Kinder

Zum Verschenken

Für Fragen, Vorschläge oder Anregungen steht Ihnen der Verbraucherservice der Dr. Oetker Versuchsküche Telefon: 00800 71 72 73 74 Mo.–Fr. 8:00–18:00 Uhr, Sa. 9:00–15:00 Uhr (gebührenfrei in Deutschland) oder die Mitarbeiter des Dr. Oetker Verlages Telefon: +49 (0) 521 520650 Mo.-Fr. 9:00–15:00 Uhr zur Verfügung.

Oder schreiben Sie uns:
Dr. Oetker Verlag KG, Am Bach 11, 33602 Bielefeld oder besuchen Sie uns im Internet unter www.oetker-verlag.de oder www.oetker.de.

Umwelthinweis Dieses Buch und der Einband wurden auf chlorfrei gebleichtem Papier gedruckt. Die Einschrumpffolie – zum Schutz vor Verschmutzung – ist aus umweltfreundlichem und recyclingfähigem PE-Material.

Redaktion Carola Reich, Annette Riesenberg

Innenfotos Walter Cimbal, Hamburg (S. 5, 32, 46, 52, 150, 152, 174, 228, 250, 258, 267, 268, 269, 270, 277, 278)
Thomas Diercks, Kai Boxhammer, Christiane Krüger, Hamburg (S. 6, 10, 13, 15, 16, 20, 21, 23–26, 28, 29, 30, 31, 34, 37–40, 42, 43, 47, 48, 50, 55, 56, 57, 59, 60, 61, 63, 65– 68, 69, 71, 73, 75, 76, 80, 84, 85, 87, 89, 90–93, 96, 97, 98, 101, 102, 105, 112, 113, 114, 118, 120–124, 127, 129, 131, 134, 138, 141–143, 145–149, 153–155, 159–165, 167, 169–173, 177–183, 185, 186, 192, 195, 197–199, 200, 202, 206, 207, 209, 211–213, 215, 216, 219, 220, 226, 229, 231, 232, 234, 237, 242–248, 254, 259, 276, 280)
Ulli Hartmann, Halle/Westf. (S. 27, 265)
Ulrich Kopp, Sindelfingen (S. 33, 36, 115, 214, 217, 225, 233, 239, 243)
Bernd Lippert (S. 196, 210, 223, 249)
Antje Plewinski, Berlin (S. 35, 95, 125, 189)
Norbert Toelle, Bielefeld (S. 99, 144, 218)
Axel Struwe, Bielefeld (S. 7, 9, 45, 51, 74, 83, 137, 191, 205, 209, 221, 241)
Brigitte Wegner, Bielefeld (S. 8, 53, 58, 79, 86, 100, 104, 107, 109, 110, 117, 128, 130, 133, 156, 184, 193, 194, 203, 236, 255, 261, 262, 279)
Bernd Wohlgemuth, Hamburg (S. 62, 135, 166)

Lektorat no:vum, Susanne Noll, Leinfelden-Echterdingen

Wir danken für die freundliche Unterstützung
Coca-Cola, Berlin
Hosta Werk, Stimpfach-Randenweiler
Kraft Foods, Bremen
Nestlé Deutschland, Frankfurt/ Main

Nährwertberechnungen Nutri Service, Hennef

Grafisches Konzept und Gestaltung MDH Haselhorst, Bielefeld
Titelgestaltung kontur:design GmbH, Bielefeld
Satz und Layout MDH Haselhorst, Bielefeld
Druck und Bindung Mohn media Mohndruck GmbH, Gütersloh

ISBN: 978–3–7670–0718–5